Auf eigenen Wegen

Oktober im Waggon

(Aufzeichnungen jener Tage)

Zweieinhalb Tage lang keinen Bissen, keinen Schluck. (Die Kehle ist wie zugeschnürt.) Die Soldaten bringen Zeitungen – auf rosa Papier gedruckt. Der Kreml und alle Baudenkmäler wurden gesprengt. Das 56. Regiment. Gesprengt wurden die Gebäude mit den Junkern und Offizieren, die sich nicht hatten ergeben wollen. 16 000 Tote. An der nächsten Bahnstation – schon 25 000. Ich schweige. Rauche. Mitreisende steigen, einer nach dem anderen, in die Züge in Gegenrichtung um.
Traum (2. November 1917, nachts)
Wir retten uns. Aus einem Keller heraus ein Mann mit Gewehr. Mit leerer Hand ziele ich. – Er läßt es sinken. – Ein sonniger Tag. Wir klettern auf irgendwelche Trümmer. S. spricht von Wladiwostok. Wir fahren in einer Equipage durch Ruinen. Ein Mann mit Schwefelsäure.

Brief ins Heft

Wenn Sie leben, wenn ich Sie noch einmal wiedersehen darf – hören Sie: gestern, als wir uns Charkow näherten, las ich die »Südliche Heimat«. 9 000 Tote. Ich kann Ihnen diese Nacht nicht erzählen, denn sie n a h m k e i n E n d e. Jetzt ist grauer Morgen. Ich bin auf dem Gang. Verstehen Sie doch! Ich fahre und schreibe Ihnen und weiß jetzt nicht – aber hier folgen Worte, die ich nicht hinschreiben kann.
Wir nähern uns Orel. Ich habe Angst, Ihnen so zu schreiben, wie ich möchte, denn ich werde in Tränen ausbrechen. All das ist ein schrecklicher Traum. Ich versuche zu schlafen. Ich weiß nicht, wie ich Ihnen schreiben soll. Wenn ich Ihnen schreibe, gibt es Sie, denn ich schreibe Ihnen ja! Und dann – ach! – das 56. Reserve-Regiment, der Kreml. (Erinnern Sie sich an die riesigen Schlüssel, mit denen Sie zur Nacht das

Tor abschlossen?) Doch das Wichtigste, Wichtigste, Wichtigste sind Sie, Sie selbst, Sie mit Ihrem Selbstzerstörungsinstinkt. Können denn Sie zu Hause sitzen? Und wenn alle zu Hause geblieben wären, so wären Sie eben alleine gegangen. Weil Sie untadelig sind. Weil Sie es nicht ertragen können, daß andere getötet werden. Weil Sie ein Löwe sind, der seinen Löwenanteil: das Leben – hergibt für alle anderen, für Hasen und Füchse. Weil Sie selbstlos sind und Selbstschutz verachten, weil das »Ich« für Sie unbedeutend ist und weil ich all das von der ersten Stunde an wußte!

Wenn Gott dieses Wunder vollbringt – und Sie am Leben läßt, werde ich Ihnen folgen wie ein Hund.

Die Nachrichten sind verworren, ich weiß nicht, was ich glauben soll. Ich lese über den Kreml, die Twerskaja, den Arbat, das »Metropol«, den Wosnessenskaja-Platz, über Berge von Leichen. In der sozialrevolutionären Zeitung »Kursker Leben« vom gestrigen Tag (vom 1.), daß die Entwaffnung begonnen habe. Andere (von heute) schreiben von Kampf. Ich lasse mir jetzt nicht volle Freiheit zu schreiben, aber tausendmal sah ich, wie ich unser Haus betrat. Wird man in die Stadt hineingelangen können?

Bald sind wir in Orel. Jetzt ist es ungefähr 2 Uhr mittags. In Moskau werden wir um 2 Uhr nachts sein. Und wenn ich das Haus betrete – und es ist niemand da, keine Menschenseele? Wo soll ich Sie suchen? Vielleicht gibt es auch das Haus schon nicht mehr? Die ganze Zeit habe ich das Gefühl: das ist ein schrecklicher Traum. Ich warte immerzu, daß gleich etwas geschieht und es weder Zeitungen noch irgend etwas sonst gegeben hat. Daß mir das träumt, daß ich aufwachen werde.

Die Kehle ist zugeschnürt, wie von Fingern. Dauernd ziehe ich den Kragen zur Seite, auseinander. Serjoschenka

Ich habe Ihren Namen hingeschrieben und kann nicht mehr weiterschreiben.

Drei Tage lang – mit niemandem einen Ton. Nur mit den Soldaten, um Zeitungen zu kaufen. (Schreckliche rosa Blätter, unheilverkündende. Theater-Anschläge des Todes. Nein, Moskau hat sie rot gefärbt! Sie sagen, es gäbe kein Papier mehr. Es gab welches, doch dann ist es ausgegangen. Der eine sieht darin weiter nichts, der andere ein Zeichen.)
Einer schließlich: »Was ist Ihnen denn, Fräulein? Die ganze Strecke über haben Sie nicht ein Stück Brot gegessen, schon seit Losowaja fahre ich mit Ihnen. Ich schaue immer und denke: Wann wird denn unser Fräulein zu essen anfangen? Da denke ich, jetzt holt sie Brot heraus, nein – wieder das Heft und schreibt. Sie bereiten sich wohl auf eine Prüfung vor, wie?«
Ich, vage: »Ja.«
Der da spricht, ist ein Handwerker, schwarze Augen, wie Kohlen, schwarzbärtig, etwas von einem zärtlichen Pugatschow. Ein wenig unheimlich und angenehm. Wir unterhalten uns. Er beklagt sich über seine Söhne: »Nach dem neuen Leben sind sie verrückt, nach dieser Krätze. Sie, mein Fräulein, sind ein junger Mensch, Sie werden das vielleicht verurteilen, aber meiner Meinung nach sind dieser ganze rote Abschaum und diese unzüchtigen Freiheiten nichts anderes als die Versuchung des Antichrists. Er ist der Fürst und hat große Macht, er hat nur auf die rechte Stunde gewartet, hat Kräfte gesammelt. Kommst du aufs Dorf, ist das Leben dort grau, das Weibervolk gräulich. ›Teufel, Narr! . . .‹ Hast du nicht acht, werfen sie mit Kohlstrünken. Aber was ist dir das für ein Narr, wenn er doch der eingeborene Fürst, das erschaffene Licht ist. Gegen ihn mußt du nicht mit Kohlstrünken angehen, sondern mit Engelslegionen . . .«
Ein dicker Offizier steigt zu: rundes Gesicht, Schnauzbart, etwa fünfzig Jahre alt, ein wenig ordinär, ein wenig Stutzer.
»Ich habe einen Sohn im 56. Regiment! Ich mache mir schreckliche Sorgen! Am Ende, denke ich, ist der Teufel mit ihm durchgegangen.« (Aus irgendeinem Grund beruhige ich mich sofort) . . . »Im übrigen, mein Sohn ist kein Dummkopf: hat

selbst keine Lust, sich in die Hölle vorzudrängeln!« (Meine Ruhe vergeht augenblicklich.) ... »Er ist Ingenieur von Beruf, und wissen Sie, es ist doch ganz egal, für wen man Brücken baut: ob für den Zaren oder die Republik, – Hauptsache, sie tragen!«
Ich ertrage es nicht mehr: »Und ich habe meinen Mann im sechsundfünfzigsten.« – »Ihren Ma-ann? Sie sind verheiratet? Sagen Sie bloß! Das hätte ich nie gedacht! Ich dachte, Sie sind noch ein Fräulein, beenden gerade das Gymnasium. Im sechsundfünfzigsten also? Da machen Sie sich wohl auch große Sorgen?« – »Ich weiß nicht, wie ich die Fahrt durchstehen soll.« – »Das werden Sie schon! Und Sie werden sich wiedersehen! Aber erlauben Sie, hat so eine Frau – und geht in den Kugelhagel hinaus! Ihr Gatte wird sich schon nichts antun! Er ist wohl auch noch sehr jung?« – »Dreiundzwanzig.« – »Na sehen Sie! Und Sie machen sich Sorgen! Wenn ich dreiundzwanzig wäre und so eine Frau hätte ... Aber selbst mit meinen dreiundfünfzig Jahren und ohne auch nur im entferntesten so eine Frau zu haben ...« (Ich, in Gedanken: »Das ist es eben!« Aber aus irgendeinem Grund, obwohl ich mir deutlich der Unsinnigkeit bewußt bin, beruhige ich mich trotzdem.)

Der Handwerker und ich verabreden miteinander, vom Bahnhof aus zusammen zu fahren. Und obwohl wir überhaupt nicht denselben Weg haben: er muß zur Taganka, ich in die Powarskaja, baue ich weiter darauf: Aufschub für die nächste halbe Stunde. (In einer halben Stunde sind wir in Moskau.) Der Handwerker ist meine Schutzwehr, und aus irgendeinem Grund scheint mir, daß er alles weiß, mehr noch, – daß er selbst einer aus der Heerschar des Fürsten ist (nicht umsonst – Pugatschow!) und daß er, gerade weil er ein Feind ist, mich (S.) retten wird. – Schon gerettet hat. – Und daß er mit Absicht in diesen Waggon eingestiegen ist, um mich zu beschützen und mir Hoffnung zu machen – und Losowaja will nichts besagen, er hätte auch einfach vor dem Fenster erscheinen können, bei voller Fahrt, mitten in der Steppe. Und daß er gleich in Moskau auf dem Bahnhof zu Staub zerfallen wird.

Noch zehn Minuten bis Moskau. Es wird schon ein ganz klein wenig hell, – oder ist es nur der Himmel? Haben sich meine Augen schon an die Dunkelheit gewöhnt? Ich habe Angst vor dem Weg, vor der Stunde in der Droschke, vor dem herannahenden Haus (Tod, denn – wenn er tot ist, sterbe ich). Ich habe Angst zu hören –

Moskau. Es ist finster. Mit einem Passierschein darf man in die Stadt. Ich habe einen, einen ganz anderen, aber das ist egal. (Für die Fahrt zurück nach Feodossija: als Frau des Fähnrichs.) Ich nehme eine Droschke. Der Handwerker ist natürlich spurlos verschwunden. Ich fahre. Der Kutscher erzählt, ich bin abwesend, das Straßenpflaster wirft mich in die Höhe. Dreimal kommen Leute mit Laternen heran. – Den Passierschein! – Ich strecke ihn hinaus. Sie geben ihn zurück, ohne hinzusehen. Das erste Läuten. Ungefähr halb sechs Uhr. Es wird ein wenig heller. (Oder scheint es nur so?) Leere Straßen, unbewohnte. Ich erkenne den Weg nicht, kenne ihn nicht (er fährt eine Umleitung), das Gefühl, als gehe es immerzu nach links, wie manchmal ein Gedanke im Gehirn. Irgendwohin durch etwas h i n d u r c h, und aus irgendeinem Grund riecht es nach Heu. (Aber vielleicht meine ich auch nur, das sei der Heu-Platz, und deshalb – der Heugeruch?) Kurzer Schußwechsel bei den Grenzposten: jemand ergibt sich nicht.
Kein einziges Mal – an die Kinder. Wenn S. nicht mehr ist, bin auch ich nicht mehr, also auch sie nicht. Alja wird ohne mich nicht leben, nicht wollen, nicht können. Wie ich nicht ohne S.

Die Boris-und-Gleb-Kirche. Unsere, die Powarskajer*. Wir biegen in die Gasse ein – unsere, die Boris-und-Gleb-Gasse. Das weiße Haus der Eparchialschule, ich nannte es immer die »*volière*«: eine offene Galerie und Kinderstimmen. Und links jenes, das grüne, altertümliche, strammstehende Haus (der Stadthauptmann wohnte hier und Schutzleute standen Wache). Und noch eines. Dann unseres.
Der Hauseingang den beiden Bäumen gegenüber. Ich steige aus. Nehme das Gepäck herunter. Zwei aus dem Toreingang sich lösende Gestalten in halbmilitärischer Kleidung. Sie kommen heran. »Wir sind die Hauswache. Was wünschen Sie?« – »Ich bin die und die, und ich wohne hier.« – »Wir dürfen nachts niemanden hereinlassen.« – »Dann rufen Sie bitte das Dienstmädchen. Aus Wohnung No. 3.« (Der Gedanke: Gleich, gleich, gleich werden sie es mir sagen. Sie wohnen hier und wissen alles.)
»Wir sind nicht Ihre Diener.« – »Ich werde bezahlen.«
Sie gehen. Ich warte. Lebe nicht. Beine, auf denen ich stehe, Hände, mit denen ich die Koffer halte (ich hatte sie nicht einmal abgesetzt). Und das Herz höre ich nicht. Ohne den Zuruf des Kutschers hätte ich gar nicht wahrgenommen, wie lange das ging, wie ungeheuer lange.
»Ja was denn nun, Fräulein, kann ich fahren oder nicht? Ich muß noch in die Pokrowskaja.«
»Ich zahle drauf.«
Stilles Entsetzen, er könnte gleich fortfahren: in ihm ist mein letztes Leben, das letzte Leben v o r ... Doch ich setze das Gepäck ab und öffne die Handtasche: drei, zehn, zwölf, siebzehn ... ich brauche fünfzig ... Woher soll ich sie nehmen, wenn ...
Schritte. Das Geräusch zunächst einer Tür, dann einer anderen. Jetzt öffnet sich die Eingangstür. Eine Frau im Umschlagtuch, mir unbekannt.

* Es gibt noch eine auf dem Arbat-Platz.

Ich, ohne sie erst reden zu lassen:
»Sind Sie das neue Dienstmädchen?«
»Ja.«
»Ist der gnädige Herr tot?«
»Er lebt.«
»Ist er verwundet?«
»Nein.«
»Wie das? Wo war er denn die ganze Zeit?«
»Na in der Alexander-Akademie doch, bei den Junkern, – haben wir eine Angst ausgestanden! Gott sei Dank, der Herr hat sich erbarmt. Nur abgemagert ist er sehr. Und jetzt ist der gnädige Herr in der N-Gasse, bei Bekannten. Auch die Kinderchen sind dort, und die Schwestern des gnädigen Herrn ... Alle sind gesund und wohlbehalten, sie warten nur auf Sie.«
»Hätten Sie wohl 33 Rubel, den Kutscher zu bezahlen?«
»Aber natürlich, natürlich, jetzt bringen wir nur erst das Gepäck hinein.«
Wir bringen das Gepäck hinein und entlassen den Kutscher. Dunja übernimmt es, mich zu begleiten. Ich stecke noch eines der beiden Brote von der Krim ein. Wir gehen. Die zerstörte Powarskaja. Pflastersteine. Radspuren. Der Himmel wird ein wenig heller. Glocken.
Wir biegen in die Gasse ein. Ein siebenstöckiges Haus. Ich klingele. Zwei in Pelzen und Mützen. Beim Anzünden eines Streichholzes – Aufblitzen eines Pincenez. Das Streichholz mir geradewegs ins Gesicht:
»Sie wünschen?«
»Ich komme gerade von der Krim zurück und möchte zu meiner Familie.«
»Das ist ja unerhört, um 6 Uhr morgens ins Haus hereinzuplatzen!«
»Ich möchte zu meiner Familie.«
»Nur keine Eile. Kommen Sie um 9 Uhr wieder, dann werden wir weitersehen.«

Da setzt sich das Dienstmädchen für mich ein:
»Aber wo denken Sie hin, meine Herren, sie hat doch kleine Kinder. Gott weiß, wie lange sie sich nicht gesehen haben. Ich kenne die Dame sehr gut, sie ist eine absolut vertrauenswürdige Person, ihr eigenes Haus ist in der Poljanka.«
»Und trotzdem können wir Sie nicht hereinlassen.«
Da halte ich es nicht mehr aus:
»Und wer sind Sie?«
»Wir sind die Hauswache.«
»Und ich bin die und die, die Frau meines Mannes und die Mutter meiner Kinder. Lassen Sie mich hinein, ich gehe sowieso.«
Und, halb durchgelassen, halb durchgebrochen, – sechs Etagen wie nichts! – die siebte.

(So ist sie mir auch in Erinnerung geblieben, die erste Erscheinung von Bourgeoisie in der Revolution: Ohren, die sich in Mützen verstecken, Seelen, die sich in Pelzen verstecken, Köpfe, die sich in Nacken verstecken, Augen, die sich hinter Gläsern verstecken. Die – beim Aufflammen eines Streichholzes – blendende Erscheinung von dickem Fell.)

Die Stimme des Dienstmädchens von unten herauf: »Ein glückliches Wiedersehen!«
Ich klopfe. Es wird geöffnet.
»Schläft Serjoscha? Wo ist sein Zimmer?«
Und, nach einer Sekunde, von der Schwelle aus:
»Serjoscha! Ich bin's! Eben angekommen. Ihr habt entsetzliche Schufte da unten. Aber die Junker haben trotzdem gesiegt! Ja, sind Sie hier oder nicht?«
Im Zimmer ist es dunkel. Und, nachdem ich mir Gewißheit verschafft habe:
»Drei Tage lang hat die Fahrt gedauert. Ich habe Ihnen Brot mitgebracht. Verzeihen Sie, daß es altbacken ist. Die Matrosen

sind entsetzliche Schufte! Ich habe Pugatschow kennengelernt. Serjoschenka, Sie leben – und . . .«

Am Abend desselben Tages reisen wir ab auf die Krim: S., sein Freund G-zew und ich.

Ein kleines Stück Krim

Ankunft in Koktebel bei irrsinnigem Schneesturm. Das Meer ist grau. Die riesige, fast physisch brennende Freude von Max W. beim Anblick des lebenden Serjoscha. Riesige weiße Brote.

Das Bild von Max W. auf dem kleinen Podest im Turm, wie er, Taine auf den Knien, Zwiebeln brät. Und während die Zwiebeln braten, liest er Serjoscha und mir die Geschicke Rußlands von morgen und übermorgen vor.
»Und jetzt, Serjoscha, kommt das und das . . . Merk es dir.«
Und einschmeichelnd, fast freudig, wie ein guter Zauberer den Kindern, Bild für Bild – die ganze russische Revolution auf fünf Jahre im voraus: Terror, Bürgerkrieg, Erschießungen, Straßensperren, Vendée, Verrohung, Gesichtsverlust, die entfesselten Geister der Natur, Blut, Blut, Blut . . .

Mit G-zew Brot holen.
Ein Kaffeehaus in Otusi. An den Wänden bolschewistische Aufrufe. An den Tischen langbärtige Tataren. Wie langsam sie trinken, wie sparsam sie reden, wie gewichtig sie sich bewegen. Für sie ist die Zeit stehengeblieben. Das 17. Jahrhundert gleicht dem 20. Jahrhundert. Auch die Täßchen sind die gleichen, blaue, mit kabbalistischen Zeichen, ohne Henkel . . . Bolschewismus? Marxismus?
Plakate, schreit euch die Kehle heiser! Was gehen uns eure Maschinen, Lenins und Trotzkis an, was eure neugeborenen Proletariate, eure sich zersetzenden Bourgeoisien . . . Wir haben den Ramadan, den Mullah, den Wein und die dunkle

Erinnerung an eine große Herrscherin ... Hier dieses siedende Pech auf dem Grund vergoldeter Täßchen ...
Wir stehen außerhalb, wir stehen darüber, wir sind seit ewigen Zeiten. Ihr müßt erst werden, wir sind schon vergangen. Wir sind ein für allemal. Uns gibt es gar nicht.

Monddämmerung. Moschee. Heimkehr der Ziegen. Ein Mädchen in himbeerfarbenem bodenlangem Rock. Tabaksbeutel. Eine Greisin, herausgemeißelt wie Gebein. Das Ausgeformte alter Rassen.

Im Waggon (Rückfahrt nach Moskau, 25. November.)
»Die Breschko-Breschkowskaja gehört auch zu dem Pack! Hat gesagt: Kämpfen müßt ihr!«

»Die Klasse der Armen noch mehr zugrunde richten und selbst nur wieder im Luxus schwelgen!«

»Armes Mütterchen Moskau, die ganze Front bekleidet und beschuht es! Moskau macht uns keine Schande! Eher verwirren all die Zeitungen. Die Bolschewiken haben ganz recht, wenn sie sagen, sie wollen kein Blut vergießen, die sehen schon nach dem Rechten.«

In der Waggonluft – wie ein Beil – drei Worte: Bourgeois, Junker, Blutsauger.

»Damit ihnen der Handel besser geht!«

»Unsere Revolution ist jung, aber ihre da, in Frankreich, alt und abgestanden.«

»Wie der Bauer, so der Herr – das Fell ist dasselbe!« (Ich, in Gedanken: Ein Fell gibt es doch gerade nicht!)

»Und der Offizier, Genossen, das ist der größte Schurke. Ich meine: der hat am allerwenigsten Bildung.«

Mir gegenüber auf der Sitzbank schläft ein niedergeschlagener, abgemagerter, vernünftiger Eisenbahn-Gewerkschafter.

»Gott, Genossen, ist der größte Revolutionär!«

»Sie sind wohl Moskauerin? Bei uns im Süden gibt es solche Typen nicht!« (Ein Fähnrich aus Kertscha)

Streitgespräch über den Tabak.
»Ein Fräulein und raucht! Sicher, alle Menschen sind gleich, aber trotzdem, für ein Fräulein schickt sich das nicht. Auch die Stimme wird rauh vom Tabak, und aus dem Mund heraus riecht's nach Mann. Ein Fräulein soll Bonbons lutschen, sich mit Parfüm bespritzen, damit es gut riecht. Sonst macht der Kavalier mit seinen Komplimenten – einen Satz, und Sie mit Ihrem Männergeruch hinterdrein – keuch!
Männer können Männergeruch nicht ausstehen. Was meinen Sie dazu, Fräulein?«
Ich: »Sie haben natürlich recht: das ist eine dumme Angewohnheit!«
Ein anderer Soldat: »Und ich, Genossen, also ich bin der Meinung: Mit dem weiblichen Geschlecht hat das überhaupt nichts zu tun. Du ziehst ihn dir doch in den Hals hinein, – und der Hals ist bei allen der gleiche. Wie den Tabak, so das Brot. Und wenn die Kavaliere sie nicht mögen, dann ist das vielleicht auch besser so, unsereiner scharwenzelt sowieso mehr herum, als gut ist. Li-iebe! Geilheit ist das, und nicht Liebe! Und wenn einer sie liebt, – dann um der Seele willen, egal mit welchem Geruch wird er sie nehmen, sogar selbst wird er ihr welche drehen. Hab ich recht, Fräulein?«
Ich: »Ja, – mein Mann dreht mir immer Zigaretten. Aber selbst raucht er nicht.« (Ich lüge.)

Mein Verteidiger – zu dem anderen: »So ist sie also auch gar kein Fräulein mehr! Na bitte, mein Lieber, da hast du am Ziel vorbeigeschossen! Ihr Mann ist wohl einer von den Studenten, wie?«
Ich, mich an die Warnungen erinnernd: »Nein, er macht so dies und das . . .«
Der andere, erklärend: »Das heißt, sie leben von ihrem Kapital.«
Mein Verteidiger: »Sie fahren also zu ihm?«
Ich: »Nein, die Kinder holen, er ist auf der Krim geblieben.«
»Sie haben da auf der Krim Ihre eigene Datscha, was?«
Ich, ruhig: »Ja, und ein Haus in Moskau.« (Die Datscha ist erfunden.)

– Schweigen. –

Mein Verteidiger: »Ich sehe, Sie sind doch ein kühnes Frauenzimmer! Gibt man denn jetzt solche Sachen zu? Jetzt ist doch jeder heilfroh, wenn er nicht bloß sein Haus oder sein Geld, nein – sich selbst vor Angst mit eigenen Händen in der Erde vergraben kann!«
Ich: »Warum selbst? Es kommt eine Zeit, – da werden andere mich vergraben. Übrigens hat es das auch früher schon gegeben: Leute, die sich selbst vergraben haben: bei lebendigem Leib gruben sie sich selbst in die Erde ein – zur Rettung ihrer Seele. Und jetzt – zur Rettung ihres Leibes.«

– Sie lachen und auch ich lache. –

Mein Verteidiger: »Und Ihr Gatte, der hält es wohl nicht mit dem einfachen Volk, wie?«
Ich: »Nein, mit dem g a n z e n Volk.«
»Das verstehe ich nicht ganz.«
Ich: »Wie Christus befohlen hat: weder den Armen noch den Reichen, heißt es, sondern den Menschen, und Christus in allen.«
Mein Verteidiger, freudig: »So ist es! Du hast nicht schuld an deiner Hoheit und auch nicht an deiner Niedrigkeit . . .« Mit einigem Verdacht: ». . . Sie werden wohl keine Bolschewikin sein, Fräulein?«

Der andere: »Was für eine Bolschewikin denn, wenn sie ihr eigenes Haus haben!«
Der erste: »Sag das nicht, viele unter ihnen sind aus der gebildeten Klasse, – und auch Adlige und Kaufleute sind dabei. Zu den Bolschewiken kommen jetzt mehr und mehr von der Herrschaft.« Mit einem prüfenden Blick, unsicher: »Und kurzgeschnittene Haare.«
Ich: »Das ist jetzt so Mode.«*
Plötzlich mischt sich ein Matrose ein, genauer gesagt – er explodiert:
»Und bei alldem, Genossen, argumentiert ihr doch ganz falsch, ohne Bewußtsein. Diese Gebildeten da und die Adligen und die verdammten Junker haben doch ganz Moskau mit Blut überschwemmt! Die Blutsauger! Das Pack!« Zu mir: »Und Ihnen, Genossin, rat ich eins: ein bißchen weniger an die Christusse und die Datschen auf der Krim denken. Die Zeiten sind vorbei.«
Mein Verteidiger, erschrocken: »Sie ist ja noch sehr jung ... Was werden sie schon für Datschen haben, – wahrscheinlich so ein Hüttchen auf drei Beinen, so ähnlich wie bei mir auf dem Dorf ...« Versöhnlich: »– Und hat auch so schlechte Halbstiefelchen an ...«

Über diesen Matrosen. Ununterbrochen grobe Flüche. Die anderen schweigen (ein Bolschewik!). Ich schließlich, sanft: »Warum fluchen Sie so? Sagen Sie bloß, das gefällt Ihnen selbst?«
Der Matrose: »Ich fluche doch gar nicht, Genossin, – das ist so eine Redensart von mir.«
Die Soldaten lachen schallend.
Ich, versonnen: »Eine schlechte Redensart.«

* Die Mode kam später. In Rußland mit dem Flecktyphus, das heißt in den Jahren 1919-20, im Westen, ich weiß schon nicht mehr, wodurch und womit, in den Jahren 1923-24.

Derselbe Matrose am offenen Fenster in Orel, mit der allerzärtlichsten Stimme: »Ein Lüftchen ist das!«

Alja (4 Jahre alt).
»Weißt du, Marina, das ist nicht richtig bei Puschkin! Bei ihm heißt es:

Salve grüßt vom Ufer aus,
Schiffe legen an zu Haus.

Aber es müßte heißen:

Salven donnern – aus dem Haus!«
(Nach dem Aufstand.)

Gebet Aljas während und seit der Zeit des Aufstands:
»Herr, erbarme dich und errette: Marina, Serjoscha, Irina, Ljuba, Assja, Andrjuscha, die Offiziere und Nicht-Offiziere, die Russen und Nicht-Russen, die Franzosen und Nicht-Franzosen, die Verwundeten und Nicht-Verwundeten, die Gesunden und Nicht-Gesunden, – alle Bekannten und Nicht-Bekannten.«

Moskau, Oktober - November 1917
(»Wolja Rossii« No. 11-12, Prag 1927)

Pretschistenka, Institut der Stiftsdame Tschertowa, heute Sektion für Bildende Künste.
Beim Styx, hätte ich vor hundertfünfzig Jahren gelebt, wäre ich unbedingt Stiftsdame geworden! (Ich bin hier wegen eines Passierscheins ins Gouv. Tambowsk »zur Erforschung der Bauern-Stickerei« – um Hirse zu beschaffen. Freie Fahrt [Fracht] für 1 ½ Pud.)

Reise nach Usman, Gouv. Tambowsk.
Das Einsteigen in Moskau. In letzter Minute – als ob die Hölle sich aufgetan hätte: ein Klirren und Kreischen. Ich: »Was ist das?« Ein Bauer, grob: »Seien Sie still! Seien Sie still! Man sieht, Sie sind noch nicht gefahren!« Eine Bäuerin: »Herr, erbarme dich unser!« Eine Angst wie vor den Opritschniki, der ganze Waggon – wie ein Sarg. Und tatsächlich, einen Augenblick später wirft man uns alle ungeachtet der Fahrkarten und Reiseerlaubnisse hinaus. Die Rotarmisten, stellt sich heraus, brauchten den Waggon.
In letzter Sekunde gelangen N., sein Freund, die Schwiegermutter und ich dank meiner Dienstreisebescheinigung doch wieder hinein.

Schicksalsschwer beginne ich mir darüber klarzuwerden, daß wir zu einem Requirierungspunkt fahren, und zwar . . . beinah in der Rolle von Requirierenden. Die Schwiegermutter hat einen Sohn, der Rotarmist in einer Requirierungs-Abteilung ist. Sie verheißen allerlei Gutes (bis hin zu Schweinespeck einschließlich). Sie drohen mit allerlei Üblem (bis hin zu Totschlag einschließlich). Die Bauern sind erbost, es kommt vor, daß sie Waggons in Brand setzen. Die Schwiegermutter tröstet:
»Schon dreimal bin ich gefahren, – Gott war mir gnädig. Und

Weißmehl pu-u-udweise! Daß die Bauern sich erbosen, ist nur verständlich. Wer ist schon seinem eigenen Hab und Gut feind? Sie plündern ja, plündern alles kahl! Und ich sag auch meinem Kolka schon immer: ›So fürchte doch Gott! Du selbst, wenn du auch aus keiner Adelsfamilie bist, hast doch dein gutes Auskommen gehabt und deine Ehrbarkeit. Wie kann man denn nur – einen Menschen an den Bettelstab bringen! Na gut, wenn du schon so große Macht ergattert hast – ich sag ja nichts –, nütz sie, gebrauch sie, wohl bekomm's! Du hast nun mal einen glücklichen Stern!‹ Denn jeder, mein Fräulein, hat seinen Stern. Ach, Sie sind gar kein Fräulein mehr? Na, dann ist meine Sache verloren! Ich betreibe nämlich auch Heiratsvermittlung. Was hätt ich Ihnen für einen Bräutigam gefreit! Und Ihr Mann, wo ist der? Verschollen? Und zwei Kinder? Schlimm, schlimm!

Also, ich sag meinem Sohn: ›Nimm's für den halben Preis, daß es dich nicht ärgert und ihn nicht kränkt.‹ Denn was ist das sonst, eine Art Raubüberfall auf der Landstraße. Wahr-haftig! Es ist ja verständlich, mein Fräulein (was sag ich denn dauernd ›Fräulein‹, – Ihre Lage ist ja schlimmer als die einer Witwe! Nicht Frau dem Mann, nicht Liebste dem Freund!) . . . es ist ja verständlich, Gnädigste: Der Bursche ist jung, die schönste Zeit im Leben, wann sonst soll er sich vergnügen, wenn nicht jetzt? Es will ihm nur nicht in den Kopf, daß einen andern bis aufs letzte ausplündern sich selbst verderben heißt! Auch zum Kühemelken braucht's Verstand. Drück, aber drück nicht ab. Ja-a . . .

Und eine Ehre erweisen sie mir da, auf seinem Requirierungspunkt, – bei Gott, wie so einer Imperators-Witwe! Der eine bringt dies, der andere schafft das heran. Mein Kolka steht sich mit dem Chef der Abteilung ja gut, Klassenkameraden sind sie, beide nach der vierten Klasse von der Realschule abgegangen: Kolka – ins Kontor, und der andere hat sich einfach so herumgetrieben. Aber als dann der Wechsel da kam, da ist er wieder vom Grund aufgetaucht, da ist das Bläschen hochgestiegen. Und meinen Kolka hat er zu sich beordert. Zucker gibt's!

Speck! Eier! Und Milch, – fehlt bloß, daß sie drin baden! Das vierte Mal fahre ich jetzt.«

Aus den Waggon-Gesprächen:
»Und das wird so weitergehen, bis übrigbleiben: von Tausenden – Ein Mann, und von Abertausenden – Eine Frau.«

»In Moskau, Genossen, gibt's eine Kirche – ›Erzengel des Obersten Sowjets‹.«

Nächtlicher Streit über Gott. Haß der Soldaten auf die Ikonen und Liebe zu Gott. »Warum ein Holzbrett küssen? Wenn du beten willst, dann tu's alleine!«
Ein Soldat zu einem Offizier (vom Typ eines ehemaligen Lyzeumsschülers, Mittelscheitel, Kehlkopf-R):
»Und Sie, Genosse, welchen Glauben vertreten Sie?«
Aus der Dunkelheit die Antwort: »Ich bin Spiritist der sozialistischen Partei.«

Bahnstation Usman. 12 Uhr nachts.
Ankunft. Die Teestube. Tische, die sich biegen. Revolver, Patronengurte, lauter ledernes Zaumzeug. Sie sind gut gelaunt, bewirten. Wir, die Geehrten, sind alle ohne Stiefel, – auf dem Weg von der Bahnstation hierher wären wir beinah versunken. Für die Schwiegermutter fanden sich übrigens Halbstiefel von der Wirtin.
Die Wirtinnen: zwei tückische, verängstigte alte Weiber. Unterwürfigkeit und Haß. Die eine von ihnen zu mir: »Und Sie sind wohl deren Bekannte?« (Sie zwinkert zum Sohn der Schwiegermutter hin.) Der Sohn: das Gesicht eines Tschitschikow, kornblumenblaue schweinsartige Augenschlitze. Die Haut unterm Haar wirkt grellrosa. Eine Mischung aus holländischem Käse und gekochtem Schinken. Mit seiner Mutter ist er auf freche Art zeremoniell: »Mamascha« . . . »Sie« – und: »Na, Sie hat doch der – gehn Sie doch zum! . . .«

Ich werde, Gott sei Dank, nicht beachtet. Beim Vorstellen erklärt die Schwiegermutter vage: »Ich habe noch in früheren Zeiten mit ihren Verwandten Bekanntschaft gepflegt . . .« (Vor fünfzehn Jahren, stellt sich heraus, hat sie für die Frau meines Onkels genäht. »Ich hatte ein eigenes Atelier . . . Hielt vier Meisterinnen . . . Alles ganz ehrbar . . . Doch da spielt mir mein Mann einen Streich und stirbt!«) Mit einem Wort, mich gibt es nicht, ich bin nur: Anhang . . .
Nachdem sie gegessen und getrunken haben, gehen unsere beiden Reisegefährten gemeinsam mit den anderen in den Waggon schlafen. Die Schwiegermutter und ich (sie ist die Schwiegermutter des Freundes von N., der mich eigentlich zu dieser Fahrt angestiftet hat) – die Schwiegermutter und ich legen uns auf den Fußboden zum Schlafen: sie auf die Kopfkissen und Federbetten der Wirtinnen, ich einfach so.

Ich erwache von einem kräftigen Tritt. Die Stimme der Heiratsvermittlerin: »Was ist denn das?« – Ein zweiter Stiefel. – Ich springe auf. Vollständige Finsternis. Immer stärker werdendes Fußgetrampel, Gelächter, Geschimpfe. Eine helle Stimme aus der Dunkelheit: »Seien Sie unbesorgt, Mamascha, das ist die Requirierungs-Abteilung, die zur Durchsuchung gekommen ist!«
Anzünden eines Streichholzes.

Schreie, Weinen, Goldgeklirre, die beiden Alten mit aufgelöstem Haar, aufgetrennte Federbetten, Bajonette . . . Sie stöbern überall herum.
»Und sucht auch gründlich hinter den Ikonen! Den Heiligen! Auch die Götter lieben Gold!«
»Aber wir . . . wir haben nichts . . . Söhnchen! Vater! Sei ein Vater!«
»Halt den Mund, altes Aas!«
Der Kerzenstummel tanzt. An der Wand – die riesigen Schatten der Rotarmisten.

(Auf die Wirtinnen der Teestube, stellt sich heraus, hatten sie es schon lange abgesehen. Der Sohn hatte nur noch auf die Ankunft seiner Mutter gewartet: so eine Art Manöver der Flotte oder Parade der Truppen zu Ehren der Imperators-Witwe.)

Die Durchsuchung dauert bis zum Morgengrauen: zum wievielten Mal ich auch aufwache – immer noch dasselbe. Morgens, als ich mich zum Tee niedersetze, der nüchterne Gedanke: »Sie könnten dich auch vergiften. Ganz einfach. Sie schütten dir etwas in den Tee, und aus ist es. Was haben sie zu verlieren? Die ›Zaristen‹ sind gefangengenommen – alles ist verloren. Und wenn sie dich erschießen – sterben mußt du sowieso!«
Endgültig überzeugt, trinke ich meinen Tee.

Noch am selben Morgen ziehen wir um. Der Gedanke kam nicht mir allein.

Die Opritschniki: ein Jude mit einem Goldbarren um den Hals, ein Jude und Familienvater (»wenn es einen Gott gibt, so stört er mich nicht, und wenn nicht – so stört er auch nicht«), ein »Georgier« vom Triumph-Platz, in rotem Tscherkessenrock, für einen Groschen bringt er seine Mutter um.

Meine beiden Reisegefährten sind auf das ehemalige Gut des Fürsten Wjasemskij gefahren: Teiche, Gärten . . . (ein seiner Bestialität wegen berühmtes Blutgericht).
Sie sind fortgefahren – und haben mich nicht mitgenommen. Ich bleibe alleine zurück mit der Schwiegermutter und meiner eigenen Seele. Weder die eine noch die andere hilft. Die erste beginnt schon, mir gegenüber zu erkalten, die zweite beginnt schon (in mir) zu kochen.

Mit dem Teekessel zur Bahnstation, heißes Wasser holen. Der zwölfjährige »Adjutant« von einem der requirierenden Offiziere. Rundes Gesicht, hellblaue freche Augen, auf den blonden Korkenzieherlocken sitzt keck eine Schirmmütze. Eine Mischung aus Amor und Flegel.

Die Wirtin (die Frau jenes Opritschnik mit dem Goldbarren) – eine kleine (winzige!), ganz rabenschwarze Jüdin, die Goldsachen und Seidenstoffe »abgöttisch liebt«.
»Sind das Platinringe?«
»Nein, silberne.«
»Aber warum tragen Sie sie dann?«
»Ich mag sie.«
»Und goldene haben Sie keine?«
»Doch, ich habe welche, aber ich mag kein Gold: es ist zu grob, aufdringlich . . .«
»Ach, was sagen Sie da! Gold ist doch das alleredelste Metall. Jeder Krieg, hat mir Jossja gesagt, wird des Goldes wegen geführt.«
(Ich, in Gedanken: »Wie auch jede Revolution!«)
»Aber darf ich erfahren, haben Sie Ihre Goldsachen bei sich? Vielleicht überlassen Sie das eine oder andere? Oh, seien Sie ganz ruhig, ich werde es Jossja nicht weitersagen, das bleibt eine kleine Angelegenheit unter uns Frauen! Unser kleines Geheimnis!« Sie kichert wollüstig. »Wir könnten eine Art *Austausch* veranstalten.« Mit gesenkter Stimme: »Immerhin habe ich ganz hübsche Vorräte . . . Das sage ich Jossja auch nicht immer! . . . Falls Sie zum Beispiel Schweinespeck brauchen – können Sie Schweinespeck bekommen, falls blütenweißes Mehl – dann eben blütenweißes Mehl.«
Ich, schüchtern: »Aber ich habe überhaupt nichts bei mir. Zwei leere Körbe für die Hirse . . . Und zehn Arschin rosa Kattun . . .«
Sie, fast unverschämt: »Aber wo haben Sie denn Ihre Goldsachen gelassen? Wie kann man denn seine Goldsachen zurück-

lassen und selbst einfach fortfahren? . . .«
Ich, mit Nachdruck: »Ich habe nicht nur Goldsachen zurückgelassen, sondern . . . Kinder!«
Sie, belustigt: »Ach! Ach! Ach! Wie komisch Sie sind! Sind Kinder etwa so eine besondere Ware? Alle lassen jetzt ihre Kinder zurück, bringen sie irgendwo unter. Was denn für Kinder, wenn es nichts zu essen gibt?« Sentenziös: »Für Kinder gibt es Heime. Kinder sind das Eigentum unserer sozialistischen Gemeinschaft . . .«
(Ich, in Gedanken: »Wie unsere Goldringe auch . . .«)

Nachdem sie sich von meiner goldenen Insolvenz überzeugt hat, erzählt sie und verschluckt sich dabei fast. Früher war sie Besitzerin eines Strickwaren-Ateliers in »Petrograd«.
»Ach, eine Wohnung hatten wir! Ein Bonbon, keine Wohnung! Drei Zimmer mit Küche, und noch eine kleine Kammer für das Dienstmädchen. Nie habe ich dem Mädchen erlaubt, in der Küche zu schlafen, – das ist unreinlich, es könnten Haare in den Kochtopf fallen. Ein Zimmer war das Schlafzimmer, das andere das Eßzimmer und das dritte – der Salon, himmelblau. Ich hatte ja sehr bedeutende Auftraggeberinnen, das ganze bessere Petrograd habe ich mit meinen Jäckchen bekleidet . . . Oh, wir haben sehr gut verdient, hatten jeden Sonntag Gäste: und Wein und die besten Eßwaren und Blumen . . . Jossja hatte eine ganze Rauchgarnitur: so ein kleines Tischchen aus Filigranarbeit, ein kaukasisches, mit allerlei Pfeifen und Sächelchen und Aschenbechern und Streichholzdöschen . . . Ein Gelegenheitskauf bei einem Fabrikanten . . . Und Karten spielten sie bei uns, ich versichere Ihnen, um durchaus nicht geringe Summen . . .
Und all das mußten wir aufgeben: die Einrichtung haben wir verkauft, manches heimlich beiseite gebracht . . . Sicher, Jossja hat recht, das Volk darf nicht länger in den Ketten der Bourgeoisie schmachten, aber trotzdem, wenn man einmal so eine Wohnung gehabt hat . . .«

»Aber was machen Sie hier, wenn es regnet, wenn all Ihre Leute beim Requirieren sind? Lesen Sie da?«
»Ja-a . . .«
»Und was lesen Sie?«
»›Das Kapital‹ von Marx, Romane gibt mir mein Mann keine.«

Bhf. Usman, Gouv. Tambowsk, wo ich noch nie war und nie wieder sein werde. Dreißig Werst zu Fuß über Stoppelfelder, um Kattun (rosafarbenen) gegen Graupen einzutauschen.

Die Bauern.
Sechzig Bauernhütten – ein einziger Kahlschlag: »Nein, nein, wir haben nichts, und verkaufen tun wir nicht, und tauschen tun wir auch nicht. Was wir hatten, das haben uns die Genossen weggenommen. Gebe Gott, daß wir selbst am Leben bleiben.«
»Aber ich nehme ja nichts umsonst und werde auch nicht mit Sowjetgeld zahlen. Ich habe Streichhölzer, Seife, Kattun . . .«
Kattun! Magisches Wort! Erste (nach der Schlange!) Leidenschaft der Urmutter Eva! Aufleuchten der Augen, Aufhellen der Stirnen, Ausstrecken der Hände. Selbst die Urgroßmütter stehen nicht zurück, aus zahnlosen Mündern spritzt es: »Ein bißchen Kattun vielleicht! fürs Totenhemd!«
Und schon bin ich, in einem erdrückend engen Kreis von: Großmüttern, Urgroßmüttern, Mädchen, jungen Frauen, Freundinnen, Enkelinnen, vor dem Korb auf den Knien – und krame darin herum. Der Korb ist winzig, – ich zeige alles vor.
»Ist die Seife parfümiert? Einfache hast du keine? Was kosten die Streichhölzer? Ist der Kattun denn haltbar? Manka, he, Manka, für dich zu einer Bluse! Wieviel Arschin, sagst du? Ze-ehn! Und acht hast du nicht?«
Betasten, Beschnüffeln, Zerren, Streicheln, paßt du nicht auf, nehmen sie ihn wohl noch zwischen die Zähne.
Und plötzlich platzt eine heraus: »Die Farbe! Die Farbe! Genau wie von dem, den Katka sich letzte Woche zu einem Rock

genommen hat! Den hat auch eine aus Moskau verkauft. Baumwollatlas – aber wie Seide! Mit so ganz vielen kleinen Falten ... Mamenka, du, Mamenka, sollen wir welchen nehmen? Wieviel, Kaufmannsfrau, rechnest du für ein Arschin?«

»Für Geld verkaufe ich nicht.«

»Verka-aufst nicht? Wie denn das – verkaufst nicht?«

»So eben, ihr wißt doch selbst, daß das Geld nichts wert ist.«

»Woher sollen wir das wissen? Dunkel ist unser Leben. Da hat auch so eine Hergereiste erzählt, daß man bei euch in Moskau anscheinend sogar viel für sein Geld kriegt.«

»Fahrt hin und seht selbst.«

(Schweigen. Verstohlene Blicke auf den Kattun. Seufzer.)

»Was brauchst du denn?«

»Hirse, Speck.«

»Spe-eck? Nein, Speck haben wir keinen. Was sollen wir denn für Speck haben? Wir schlucken ja selbst alles ganz trocken runter. Und Honig willst du keinen?«

(Blitzartige Vision von mir – übergossen mit ausgelaufenem Honig, und von dieser Vision – fast Wut!)

»Nein, ich will Speck – oder Hirse.«

»Und wieviel, wenn wir mit Hirse zahlen, rechnest du für den Kattun?« (Übrigens, es ist keineswegs Kattun, sondern reinster, seltenster, auf Karten erstandener, rosafarbener Baumwollatlas!)

Ich, sofort wieder schüchtern: »½ Pud.« (Beigebracht hatte man mir – drei!)

»Ein hal-bes Pud! So einen Preis ist er ja gar nicht wert! Ist dein Kattun vielleicht aus Seide, wie? Das einzig Schöne an ihm ist noch die Farbe. Aber sieh zu, wie sie sich auswäscht, mit dem Wasser wird sie ganz herausgehen.«

»Wieviel gebt denn *ihr*?«

»Deine Ware – dein Preis.«

»Ich habe doch gesagt: ein halbes Pud.«

Zurückweichen. Geflüster ...

Ich betrachte die Bauernhütte: alles ist dunkelbraun, wie bronzefarben: die Decken, Fußböden, Sitzbänke, Kessel, Stühle. Nichts Überflüssiges, nur Ewiges. Die Bänke sind wie an die Wand gewachsen, genauer – wie aus ihnen herausgewachsen. Und auch die Gesichter passen im Ton dazu: dunkelbraune! Und der Bernstein am Hals! Und die Hälse selber! Und auf all diesem Dunkelbraun – das letzte Blau des Altweibersommers. (Grausames Wort!)

Das Geflüster zieht sich hin, die Geduld spannt sich – und reißt. Ich stehe auf – und, trocken:
»Wie jetzt, nehmt ihr ihn oder nehmt ihr ihn nicht?«
»Ja, wenn wir mit Geld zahlen könnten, – dann ging's ja noch. Aber so, urteil selbst, was haben wir schon für einen Wohlstand?«
Ich packe meinen zusammen (drei Stück Seife, eine Packung Streichhölzer, zehn Arschin Kattun) und verschließe den Korb mit dem Stäbchen.
In der Tür: »Viel Glück!«
Zwanzig Schritte. Bloße Füße mir nach.
»Kaufmannsfrau, he, Kaufmannsfrau?«
Ohne stehenzubleiben: »Nun?«
»Willst du sieben Pfund?«
»Nein.«
Und weiter, fünf Hütten vor Zorn auslassend, – in die sechste.

Manchmal kommt es auch anders: Wir sind übereingekommen, es wurde abgefüllt und ausgelegt und – in letzter Sekunde: »Weiß Gott, wo du herkommst. Am Ende bringst du noch Unglück ins Haus. Und kurzgeschnittene Haare . . . Geh mit Gott . . . Und deinen Kattun brauchen wir auch nicht . . .«

Und auch das kommt vor:
»Siehst du, du bist eine Moskauerin, du begreifst unser Leben nicht. Glaubst du, uns wird alles umsonst gegeben? Hier diese

Hirse – glaubst du, sie fällt uns wie Regen vom Himmel herunter? Leb einmal auf dem Dorf, tu einmal unsere Arbeit, dann wirst du schon sehen. Ihr Moskauer seid glücklicher dran, ihr bekommt alles von den Oberen. Am Ende war wohl auch der Kattun umsonst?
... Schenk uns ein Schächtelchen Streichhölzer, damit wir etwas haben, womit wir uns an dich Hergereiste erinnern können.«

Und natürlich gebe ich. Aus Hochmut, vor Abscheu, so, wie Christus nicht befohlen hat zu geben: auf geradem Weg zur Hölle – gebe ich!

Für den Ausruf: »Die Hühner legen nicht mehr!« bin ich nicht nur bereit, all ihre Hühner zu erwürgen, sondern auch sie selbst – alle! – bis ins zehnte Glied!
(Eine andere Antwort bekomme ich nicht zu hören.)

Markt. Röcke – Ferkel – Kürbisse – Hähne. Die versöhnende und bezaubernde Schönheit der Frauengesichter. Alle schwarzäugig und alle mit Halsketten.
Ich kaufe drei hölzerne Spielzeug-Bauersfrauen, lasse mich mit einer lebendigen ein, handle ihr eine dunkle Bernsteinkette ab (Scheiben) und gehe mit ihr – ohne alles andere – vom Markt. Unterwegs erfahre ich, daß sie sich »zum Fest der Gottesmutter von Kasan mit einem Soldaten vergnügt hat« – und nun ... Sie wartet natürlich. Wie übrigens ganz Rußland.
Zu Hause. Empörung der Wirtin über den Bernstein. Meine Einsamkeit. Zur Bahnstation, heißes Wasser holen; die Mädchen: »Bernstein trägt das gnädige Fräulein! So eine Schande! Eine Schande!«

Fußbodenputzen bei der Schurkin.
»Wischen Sie noch die Pfützen trocken! Hängen Sie den Hut

auf! Aber doch nicht so! Die Dielenbretter entlang! Macht ihr in Moskau es etwa anders? Wissen Sie, ich kann überhaupt keine Fußböden mehr putzen, – das Kreuz, wissen Sie, tut mir weh! Sie sind es sicher von Kindheit an gewohnt?«
Schweigend schlucke ich die Tränen.

Abends ziehen sie den Stuhl unter mir weg, ich esse meine eigenen zwei Eier ohne Brot (auf dem Requirierungspunkt, im Gouv. Tambowsk!).
Ich schreibe bei Mondlicht (der schwarze Schatten von Bleistift und Hand). Um den Mond ein riesiger Hof. Eine Dampflok keucht. Die Zweige. Der Wind.

Meine Herrschaften! All meine Freunde in Moskau und überall! Ihr denkt zu sehr an euer eigenes Leben! Ihr habt keine Zeit, einmal an meines zu denken, – dabei wäre es der Mühe wert.

Die Schwiegermutter: eine ehemalige Schneiderin und draufgängerische, redselige Heiratsvermittlerin aus dem Samoskworetschje (»da spielt mir mein Mann einen Streich und stirbt!«). Der Schurke, ein Kommunist mit einem Goldbarren um den Hals; die Kleinbürgerin und Jüdin, ehemalige Besitzerin eines Strickwaren-Ateliers; die Diebesbande in Tscherkessenröcken; verdächtig finstere Bauern, fremdes Brot (es hier für Geld zu verkaufen – das bringt nicht einmal das kommunistische Gewissen fertig!).
In jeder Hinsicht Paria: für die Schurkin – eine »Arme« (die Strümpfe keinen Groschen wert, keine Brillanten), für den Schurken – eine »Bourgeoise«, für die Schwiegermutter – eine von den »gewesenen Leuten«, für die Rotarmisten – ein stolzes Fräulein mit kurzgeschnittenem Haar. Mir am nächsten (auf 1 000 Werst Entfernung!) die Bäuerinnen, mit denen ich ein und dieselbe Leidenschaft für Bernstein und für bunte Röcke teile – und ein und dieselbe Güte: wie die Wiege.

»Mein Gott! Den totschlagen, der Brot und Zucker hat!«
(Hiesige Redensart)

»Es gab keine friedlichere Stadt als unsere!«
(Erzählung eines Bauern auf der Fahrt nach Usman. – Gilt das nicht für ganz Rußland?)

Heute rissen die Opritschniki zum Verheizen einen Telegraphenmasten nieder.

Die Wirtin bückt sich nach etwas. Aus ihrem Ausschnitt fällt ein Haufen Gold, Goldrubel rollen klirrend durchs Zimmer. Die Anwesenden wenden den Blick, den sie zuerst auf den Boden gesenkt hatten, schnell wieder ab.

Vom frühen Morgen an – auf Raub. – »Du, Frau, bleib zu Hause und koch eine Kascha, und ich werde die Butter dazu besorgen! . . .« – Wie im Märchen. – Gegen vier Uhr versammeln sie sich wieder. Bei unseren Kaplans ist so etwas wie eine Garküche. (Die Wirtin: »Für sie ist es bequem und für Jossja und mich von Vorteil.« Die »Lebensmittel« sind frei, die Mahlzeiten werden bezahlt.) Von Wein seltsamerweise keine Spur. Speck, Gold, Tuch, Tuch, Speck, Gold. Müde kommen sie zurück: rot, blaß, verschwitzt, böse. Augenblicklich machen die Wirtin und ich uns ans Tischdecken: Hühnersuppe, Kascha, Plinsen, Spiegelei. Zunächst essen sie schweigend. Unter den Liebkosungen von Speck und Butter glätten sich die Stirnen, feuchten sich die Augen. Nach dem Plündern das Teilen: von Eindrücken. (Die Güterteilung wird gleich an Ort und Stelle vorgenommen.) Kaufleute, Popen, Dorfkulaken . . . Beim einen soundso viel Leinwand, beim anderen einen Kübel mit ausgelassenem Fett, beim nächsten tausend zaristische Rubel . . . Manchmal auch einfach nur einen Hahn . . .
Rusman (der Familienvater) ist gutmütig. Entdeckt er ir-

gendeine verbotene (verborgene) Frucht, einen Sack Mehl etwa, hat er selbst als erster Mitleid:
»Aj-aj-aj! Und so eine große Familie! Das ist doch wirklich unmöglich, sieben leibliche Kinder, Frau, Großmutter und Großvater allein von der frischen Luft zu ernähren!«
Aber auch der Kenner steckt in ihm: so ruft etwas schlau Verstecktes und lange Sich-Widersetzendes sein Wohlgefallen hervor:
»Ein Gauner ist dieser Mikischkin, so ein Gauner! Ihm sollte man ruhig die Liquidierung der Banken anvertrauen! Was meint ihr, wo er seine Nikolajewsker Rubel, wo er die einbalsamiert hatte?!«
Allmählich (der achte Tag!) finde ich mich zurecht, lebe mich ein, teile schon (lyrisch!) Triumphe und Nöte, schon sagt die Wirtin, beunruhigt vom langen Ausbleiben ihres Mannes, zu mir: »Was wird uns denn unser Jossja untreu?«
Ich bin mitten in einem Märchen, *mitten drinnen*. Der Räuber, die Räubersfrau – und ich, die Magd der Räubersfrau. Sicher, es könnte passieren – und ich greife zur Axt . . . Höchstwahrscheinlich jedoch streue ich meine 18 Pfund Hirse glücklich durch alle 80 Kontrollposten hindurch aus, stürme fröhlich in meine Boris-und-Gleb-Küche – und atme sogleich – ohne Luft zu holen – in ein Gedicht aus!

Sie laden zur Requirierung ein. (So luden in vergangenen Zeiten die Herzöge zur Jagd!)
»Lassen Sie doch Ihre Streichhölzer! . . . (Wieviel Schächtelchen haben Sie noch? Wie – ganze drei haben Sie umsonst weggegeben? Ach, ach, ach, wie unpraktisch Sie sind!) Fahren Sie mit uns, dann werden Sie ohne Streichhölzer einen ganzen Waggon Mehl nach Hause bringen. Sie sollen nichts mit eigenen Händen tun – ich gebe Ihnen mein Ehrenwort als Kommunist: nicht einmal den kleinen Finger sollen Sie rühren!«
Und die Wirtin, eifersüchtig (nicht auf mich natürlich, sondern auf die gedachten »Lebensmittel«): »Ach, Jossja, als ob das

möglich wäre! Wer soll mir denn morgen das Geschirr waschen, wenn ich auf den Markt gehe, Hefe kaufen!«
(Das einzige käuflich erworbene »Lebensmittel« in dieser Familie.)

Wieviel mehrmals abgewaschenes Geschirr und der schon zweimal geputzte Fußboden! Das Gefühl, daß ich eindeutig zur Sklavin gemacht wurde. Die nichtsnutzige Schwiegermutter traktiert mich ganz wie die Wirtin. Von meinen wortbrüchigen Theseussen (ein schönes Naxos ist mir das!) nun schon die zweite Woche keine Spur.
Bisher habe ich: 18 Pfund Hirse, 10 Pfund Mehl, 3 Pfund Schweinespeck, den Bernstein und die drei Puppen für Alja. Sie drohen mit den Kontrollposten.

Ich platze vor Lachen und vor Wut. Der Abend verlief wie immer. Sie kamen und gingen, scherzten und rauchten, überdachten die morgigen Raubzüge, überschlugen die heutigen. Mit einem Wort: Friede. Und plötzlich: das Donnerwort: Gott! Wer davon anfing, daran erinnere ich mich nicht mehr. Ich erinnere mich nur an meine Stimme: »Meine Herren, wenn es ihn nicht gibt – weshalb hassen Sie ihn dann so?«
»Wer hat Ihnen gesagt, daß wir Gott den Herrn hassen?«
»Oder Sie lieben ihn zu sehr: unablässig reden Sie von ihm.«
»Wir reden deshalb davon, weil viele immer noch an diesen Unsinn glauben.«
»Ich zuallererst! Als Närrin ward ich geboren, als Närrin werd ich sterben!«
(Damit platzte die Schwiegermutter heraus.)
Lewit, nachsichtig: »Sie, Madame, Sie sind ein durchaus erklärliches Phänomen, all unsere Mamaschas und Papaschas waren gläubig, aber daß«, Achselzucken in meine Richtung, »die Genossin in so jungen Jahren und noch dazu mit der Möglichkeit, alle kulturellen Vorteile der Hauptstadt nutzen zu können . . .«

Die Schwiegermutter: »Na, und was soll's, daß sie aus der Hauptstadt ist? Glaubt ihr vielleicht, daß bei uns in Moskau alle ungläubig sind? Bei uns in Moskau gibt es ja allein an Kirchen vierzig mal vierzig und Klöster und . . .«
Lewit: »Das sind Überbleibsel der bourgeoisen Ordnung. Eure Glocken gießen wir in Denkmäler um.«
Ich: »Für Marx.«
Ein scharfer Blick: »Ganz richtig.«
Ich: »Und für den ermordeten Urizkij. Ich kannte übrigens seinen Mörder.« Aufspringen. – Ich halte die Pause aus.
». . . Natürlich – wir haben zusammen im Sandkasten gespielt: Kannegiesser, Leonid.«
»Ich gratuliere Ihnen, Genossin, zu solchen Spielen!«
Ich setze hinzu: »Ein Jude.«
Lewit, aufbrausend: »Na, das gehört ja wohl nicht zur Sache!«
Die Schwiegermutter ist nicht ganz mitgekommen: »Wen hat das Judengesindel umgebracht?«
Ich: »Urizkij, den Chef der Petersburger Tscheka.«
Die Schwiegermutter: »Da schau her. Und er, er war wohl auch einer von dem Judengesindel?«
Ich: »Ein Jude. Aus guter Familie.«
Die Schwiegermutter: »Na, da haben sich also die eigenen Leute verzankt. Übrigens kommt das selten vor bei dem Judengesindel, im Gegenteil, bei denen deckt doch einer den andern, hat sich der Gevatter verbrannt, bläst der Brautvater, weiß Gott!«
Lewit, zu mir: »Na, und was weiter, Genossin?«
Ich: »Weiter dann das Attentat auf Lenin. Auch eine Jüdin«, zum Wirt gewandt, liebenswürdig, »Ihre Namensvetterin: Kaplan.«
Lewit, Kaplans Entgegnung zuvorkommend: »Und was wollen Sie damit sagen?«
Ich: »Daß es unter den Juden, wie unter den Russen, solche und solche gibt.«
Lewit, aufspringend: »Ich verstehe nicht, Genossin, entweder

hören meine Ohren nicht ganz richtig, oder Ihre Zunge spricht nicht das Rechte aus. Sie befinden sich jetzt auf dem Requirierungspunkt Bahnstation Usman, beim ordentlichen Mitglied der Kommunistischen Partei Rußlands, dem Genossen Kaplan.«

Ich: »Unter dem Portrait von Marx . . .«

Lewit: »Und nichtsdestotrotz sagen Sie . . .«

Ich: »Und nichtsdestotrotz sage ich. Warum soll man nicht seine Meinungen austauschen?«

Einer der Soldaten: »Da hat die Genossin recht! Was ist denn das für eine Redefreiheit, wenn du dich nicht mal auf deine Art Schluckauf zu haben getraust! Und die Genossin hat auch gar nichts Besonderes verkündet: nur, daß ein Saujude einen anderen Saujuden umgelegt hat, und das wissen wir auch so schon.«

Lewit: »Genosse Kusnezow, ich bitte Sie, Ihre Beleidigung zurückzunehmen!«

Kusnezow: »Was für eine Beleidigung denn?«

Lewit: »Sie beliebten von einem Opfer der Idee zu sagen: Saujude?!«

Kusnezow: »Schreien Sie nicht so, Genosse, ich bin selbst Mitglied der Kommunistischen Partei, und daß ich Saujude gesagt habe, das ist so meine Angewohnheit!«

Die Schwiegermutter zu Lewit: »Was fangen Sie auch so an zu prahlen, mein Lieber? Denk bloß – ›Saujude‹. Das sagt doch ganz Moskau, ›Saujude‹, – und da ändern auch eure Dekrete und Verbote nichts dran! Darum nämlich ›Saujuden‹, weil sie Christus gekreuzigt haben!«

»Chriss-tuss?!!«

Wie eine Peitsche schlug er zu. Wie mit der Peitsche schlug er zu. Wie mit der Peitsche schlugen sie zu. Er springt auf. Die Flügel seiner Hakennase beben.

»Ach, solche Ansichten vertreten Sie also, Madame! Ach, nach solchen Lebensmitteln fahren Sie also durch die Gouvernements! – Das gilt auch für Sie, Genossin! – Propaganda machen? Pogrome anzetteln? Die Sowjetmacht ins Wanken bringen? Na, Sie werd ich! . . . In einer Hundertstelsekunde werd ich Sie . . .«

»Ich hab keine Angst! Wozu hab ich meinen Sohn! Der ist selbst ein Bolschewik, wie er im Buch steht, der wird ein bißchen sauberer sein als Sie! Sieh einer an – außer Rand und Band! Bloß schade, daß mein Kolka nicht hier ist, sonst würd ich's Ihnen schon zeigen, was es heißt, eine ehrbare Witwe wie eine Schlange anzuzischen. Fünfzig Jahre lebe ich schon, aber so eine Schande . . .«

Die Wirtin: »Madame! Madame! Beruhigen Sie sich. Der Genosse Lewit hat sich nur einen Spaß erlaubt, der Genosse macht immer solche Späße! Urteilen Sie doch selbst . . .«

Die Heiratsvermittlerin wehrt ab: »Urteilen will ich nicht und spaßen will ich auch nicht. Ich hab euer neues Leben satt. Hatten wir Nikolascha, hatten wir Brot und Kascha*, aber jetzt laufen wir dieser Kascha da – Gott verzeih's! – wie ein Hund mit heraushängender Zunge 30 Werst durch den Dreck hinterher . . .«

Einer der Soldaten: »Nikolascha und Kascha? Ach, Mamascha, Sie sind mir eine! . . . Aber ist es nicht Zeit für uns, Leute, nach Hause zu gehen? Morgen bei Tagesanbruch müssen wir nach Ipatowka . . .«

N. und der Schwiegersohn sind zurückgekommen. Sie sind fröhlich, haben Mehl mitgebracht. Auch für mich – ein halbes Pud. Morgen fahren wir. Falls wir einsteigen.

Stenka Rasin. Zwei Georgsorden. Das Gesicht rund, pfiffig, sommersprossig: Jessenin, aber ohne Seichtheit. Eben erst ist er zusammen mit den anderen Helden vom Requirieren zurückgekehrt. Ich sehe ihn zum ersten Mal.

* »Sind die Bolschewiken gekommen – Haben Brot und Mehl genommen«, – Moskauer Redewendung aus dem Jahr 1918.

– Rasin! – Nicht ich sagte das: mein Herz läutete es aus! (Das Herz! Eine Glocke! Nur Glöckner gibt es keine!)
Ich verbessere mich: mein Rasin (der meiner Lieder) ist hellblond – hellblond mit einem Stich ins Rötliche. (Hellblonde Locken: sowohl unbändig wie auch hell). Pugatschow ist dunkel, Rasin hell. Und auch das Wort selbst: Stepan! Grasmahd, Strohgelb, Steppe. Gibt es überhaupt dunkle Stepane? Und: Ra-sin! Morgengrauen, Wasserfluten – rase, Rasin! Wo es weiträumig ist, da ist es nicht dunkel. Dunkelheit – Dickicht. Ein Rasin – vor dem ersten Bartwuchs, aber schon mit tausend Perserinnen! Und gleich stürzte er mit einem Freudenschrei auf mich zu*:
»Aus Moskau, Genossin? Natürlich, natürlich, Moskau kenne ich! Von all den sieben Hügeln herunter hab ich mir Moskau angeschaut! Ich war noch ein Knirps, da hab ich einen Vers über Moskau gelernt:

Stadt, du schöne, Stadt, du alte,
Du beschließt in deinem Kreis
viele Märkte, viele Dörfer
Und ein Schloß zu deinem Preis ...

Moskau ist die Mutter aller Städte. Von Moskau aus hat auch alles angefangen – das Zarenreich.«
Ich: »Mit Moskau hat es auch aufgehört.«
Er faßt es und lacht auf: »Das haben Sie ganz richtig bemerkt.

Ach Moskau, Moskau, Moskau,
Geliebtes goldnes Haupt,
Zu-grund ge-gange-nes!

Genau Ostern hab ich in Moskau begangen. Wie hat es vom Iwan-Welikij-Glockenturm angefangen zu läuten – und dann ihm zur Antwort – und jede in ihrer Stimme – und auseinander, und zusammen, und von vorn, und von hinten – schon weiß ich nicht mehr: ist es das Erz, das klingt, bin ich's, der

* Die ganze Begegnung, ausgenommen die wenigen ersten Worte, verlief unter vier Augen.

klingt. Als hätt ich den Verstand verloren, – bei Gott! Nie werd ich das vergessen.«

Wir sprechen über die Kirchen, die Klöster.

»Sie, Genossin, Sie nehmen es übel, wenn man auf die Popen schimpft, Sie loben das Mönchsleben. Dagegen sage ich nichts: kannst du nicht mit den Menschen – geh in die Wälder. Unter den Menschen wirst du deine Seele nicht retten, vierzig mal vierzig andere wirst du zugrunde richten. Nur, einmal ehrlich gesagt, werden sie etwa deshalb Popen und Mönche? Dem eigenen Wanst, dem süßen Leben zuliebe werden sie es doch! So wie wir zum Beispiel requirieren gehen, – weiß Gott! Aber was soll da noch Gott? Gott wird es doch speiübel, wenn er sich diese Heiligkeit ansieht. Vernichten würde er seine Welt, wenn er nur könnte! Nein, schütz mir da nicht Gott vor! Gott ist das Licht: all deine Schwärze läßt er durch sich hindurch. Weder er wird durch dich schwärzer, noch du durch ihn weißer. Und nicht gegen Gott, Genossin, lehn ich mich auf, sondern gegen seine Diener: die untreuen Hände. Wieviel Volk fiel durch diese Hände von ihm ab! Hat etwa jeder Verstand? Nehmen wir nur einmal meinen Vater, zum Beispiel, – als die Verfolgungen anfingen, da urteilte er gleich: vom kranken Kopf wälzen sie's auf den gesunden. Der Pope, der Rattenschwanz, hat Schaden angerichtet – und jetzt gehen sie Gott aufhängen. Aber für den Kropf des Popen ist doch Gott nicht verantwortlich! Und auch wir selbst, sagt er, tragen große Schuld: wir haben den Popen nicht geachtet, da hat er selbst sich auch nicht mehr geachtet. Aber wie soll man ihn denn achten? Ich, mein Fräulein, hab die Sorte ganz genau studiert. Wer ist der größte Dieb? – Der Pope. – Der größte Vielfraß? – Der Pope. – Der größte Zecher? – Der Pope. Und wenn er sich besäuft – bloß –, Sie sind ein Fräulein, Ihnen das zu erklären schickt sich nicht . . .«

»Aber die Mönche, die Einsiedler?«

»Von den Mönchen lohnt erst gar nicht zu reden, das wissen

Sie wohl selbst. Fastenworte, und mit der Zunge lecken sie sich einen verbotenen Gedanken von den Lippen. Spalt ihm den Schädel: da wirst du nichts anderes als Geräuchertes und Gepökeltes und Weiber und Kirschlikör finden. Das ist ihr ganzer Glaube! Mönchsleben! Seelenheil!«

»Aber in der Bibel – erinnern Sie sich? – heißt es: Um des einen Gerechten willen werde ich Sodom retten. Oder haben Sie die nicht gelesen?«

»Ich selbst, muß ich gestehen, hab sie nicht gelesen, – meistenteils hab ich in der Jugend Tauben gejagt und mit den Jungen Unfug getrieben. Aber mein Vater – der ist ein großer Kirchentreuer.« Sich begeisternd: »Wo du sie auch aufschlägst, die Bibel – zehn Seiten sagt er dir hintereinanderweg auswendig vor...

Aber ich wollte Ihnen noch das von den Mönchen zu Ende erzählen, Genossin. Zum Beispiel die Nonnen. Wieso macht mir jede Nonne schöne Augen?«

Ich, in Gedanken: Ja wie soll man dir, mein Lieber, denn *nicht*...

Er, sich erhitzend: »Sie windet sich, will nicht mit der Sprache heraus, Augen wie Brunnen. Ja, wohin ziehst du mich denn mit diesen Augen? Ja, was bist du danach denn noch für eine Gläubige? Drängt dich das Blut – geh nicht ins Kloster, aber bist du eine Gläubige – halt die Augen nieder!«

Unwillkürlich senke ich die Augen: – Ein moralisierender Rasin. – Laut: »Erzählen Sie mir lieber von Ihrem Vater.«

»Mein Va-ater! Mein Vater ist ein großer Mann! Was will das schon heißen, was sie da in den Büchern schreiben: über Marx, zum Beispiel, und die Gracchi-Brüder. Wer hat sie denn gesehen? Sind doch wohl alles Ausländer: einen Namen, daß du dir die Zunge verrenkst, und Vatersnamen haben sie keinen. Vor dreitausend Jahren – hinter sieben blauen Meeren – wenn du siebenmalneun Länder durchquert hast – im dreimalzehnten, – da ist es keine Kunst, groß zu sein! Aber vielleicht sind's auch einfach bloß Erfindungen? Hat's

denn den da«, Wink hin zu Marx an der Wand, ». . . die Zottelmähne – wirklich gegeben?«
Ich, ohne mit der Wimper zu zucken: »Erfunden! Die Bolschewiken haben ihn selbst erfunden. Unterwegs aus Berlin – wissen Sie? Da haben sie ihn sich ausgeklügelt, ihm ein Jackett übergezogen, Bart und Mähne aufgezaust und an alle Zäune geklebt.«
»Mutig sind Sie doch, mein Fräulein.«
»Sie auch.«
(Er lacht.)
». . . Aber Sie wollten mir von Ihrem Vater erzählen?«
»Mein Vater. Mein Vater ist Revierwachtmeister der Zarenzeit.« (Ich, in Gedanken: Geradezu, als bewache er die Zarenzeit!) ». . . Ein großer Mann, ich wiederhol es Ihnen. Tag und Nacht könnt ich so mit der Feder hinter ihm hergehen und alles aufschreiben. Nicht Worte läßt er fallen: Steine, schwergewichtige! Immerzu: Gesetzestafeln und Mächte und Hände Gottes . . . Es überläuft einen ganz kalt, weiß Gott! Nachts bläst er sich den Samowar an, setzt die Hornbrille auf, schlägt sein Riesenbuch auseinander – und dann hebt mit den Seiten ein Sturmwind an.« Er senkt die Stimme: »Alle Schicksale kennt er. Alle Zeitläufte. Alles: was wem vorbestimmt ist und was wem auferlegt, niemanden verschont er. Auch den Sturz des Zaren hat er vorhergesagt. Umsonst hat er doch den Zaren wie Gott verehrt. Und jetzt sagt er: ›Wenn ihr sie auch abschlachtet oder bei lebendigem Leibe freßt, diese Macht wird sich doch nicht länger als sieben Jahre halten. Eine Schlange ist sie, wie eine Schlangenhaut wird sie auch abfallen . . .‹ Er schreibt ein Buch: ›Die Tränen Rußlands‹. Acht in Wachstuch gebundene Hefte, karierte, hat er schon vollgeschrieben. Niemandem zeigt er's, nicht einmal mir . . . Ich weiß eben nur: ›Die Tränen‹. Jede Nacht sitzt er bis zum ersten Hahnenschrei.«

Zwei Georgsorden. Er rettete die Fahne.
»Was haben Sie gefühlt, als Sie die Fahne retteten?«

»Gar nichts hab ich gefühlt! Gibt es die Fahne, gibt es das Regiment, gibt es die Fahne nicht mehr, gibt es das Regiment nicht mehr!«
Auf einer Auktion kaufte er sich für 400 Rubel ein Haus in Klimatschi. In Odessa raubte er eine Bank aus, – »die Taschen voller Gold!« Er diente im Regiment des Thronfolgers.
»Da steigt er aus dem Waggon: ganz schmächtig und schön, und fragt mit so einem kläglichen Stimmchen: ›Und wohin darf ich jetzt gehen?‹ – ›Ein Automobil wartet auf Sie, Euer Hoheit.‹ Viele Soldaten haben geweint.«

Ich sage ihm Gedichte auf: »Dem Zarewitsch«, »Dem Zaren zu Ostern«, »Die Vollblutpferde . . .«
»Was für ein Mann hat das verfaßt? Wohl kein gewöhnlicher, wie? Und was für ein Grollen! Akkurat wie Donner ist es dahergerollt! – . . . Tränke – Ställe . . . Dafür hätte er ordentlich eins abbekommen, für diese Ställe da. Aber ich nehme an – das ist nicht bloß so aus dem Kopf heraus geschrieben, wie? Den Vater haben sie umgebracht, die Mutter haben sie umgebracht, die Brüder haben sie umgebracht, die Schwestern haben sie umgebracht, – da hat er's dann aufgeschrieben! Vor lauter Wohlleben schreibst du so nicht! Könnten Sie mir das Gedicht über die Ställe nicht vielleicht zur Erinnerung aufschreiben, Fräulein?«
»Das bringt Sie zu Fall.«
»Mich?!!« Das begeisterte Gesicht verzieht sich zum räuberischen. »Ich und zu Fall gebracht werden? Ungeboren ist noch der Fall, durch den ich fallen soll! Ungeboren – unbemessen! Ich hab ja allein vier goldene Uhren, mein Fräulein!« Er schlägt mit den Händen auf die Taschen! »Wenn Sie wollen – überzeugen Sie sich! Und alle gehen nach verschiedener Zeit: die eine nach Moskauer, die andere nach Petersburger, die dritte nach Rjasaner und die da«, mit der Faust aufs Herz, » – nach Rasiner!«
»Soll ich Ihnen ein Gedicht über Stenka Rasin sagen? Derselbe Mann hat es geschrieben. Hören Sie.

Wind ging schlafen, Dämmerung brach herein,
Nacht tritt näher, schwarz wie ein Berg von Stein.
Und mit seiner Liebsten ...«

Ich spreche wie ein Ertrinkender, – nein, wie ein Fisch, der sich am eigenen Meer verschluckt hat. (Ein sprechender Fisch ... Hm ... Im übrigen, im Märchen gibt es das.)

Nach den Schwiegermüttern, Heiratsvermittlerinnen, Hirsen, Spüleimern, Revolvern, Marxen – dieser Strahl (die Stimme), in diese Bläue (die Augen!) hinein. Denn ich rezitiere ihm geradewegs in seine Augen: wie sie schauen! In die Kornblumenbläue hinein: Verschwinden.

Stenka Rasin!

Stenka Rasin, ich bin keine Perserin, in mir ist nicht die zweischneidige Tücke: Persiens und der, die nicht liebt. Aber ich bin auch nicht Russin, Rasin, ich bin vorrussisch, vortatarisch, – das vorzeitliche alte Rußland, so komme ich – dir entgegen! Strohgelber Stepan, hör mich, Steppe: es gab Kibitkas und Nomadenlager, es gab Feuerstätten und Sterne. Willst du – ein Kibitka-Zelt? In das durch ein Loch herein – der allergrößte Stern scheint?

Aber ...

»Nur seien Sie so gut, mein Fräulein, und schreiben Sie ein bißchen größer: Handgeschriebenes lese ich nicht allzugut.«

Mit kindlicher Freude verfolgt er das Entstehen der Buchstaben (ich schreibe natürlich in Druckbuchstaben).

»De ... em ... und da ist auch das Jat, – akkurat wie eine kleine Kirche mit Kuppel.«

»Und Sie selbst sind vom Dorf?«

»Aus der Slo-bode!«

»Und jetzt werd ich Ihnen, mein Fräulein, zum Dank für Ihre Mühe, eine Sage erzählen – von einer Stadt unter Wasser. Ich war noch ein Knirps, noch keine acht Jährchen alt, – da hat mein Vater sie erzählt.

Irgendwo in unserem russischen Land gibt es, scheint's, einen See, und auf dem Grund von dem See liegt eine Stadt begraben: mit Kirchen und Türmen, Märkten und Scheunen.« Plötzliches Lächeln: »Feuerwachtturm ist keiner nötig: wer versunken ist, der brennt nicht mehr! Und versunken ist die Stadt, scheint's, aus einem besonderen Anlaß: Die Tataren fielen in unser Land ein, fingen an, Tribut einzuholen: reines Gold von den Kreuzen, reines Silber von den Glocken, ehrliche Menschen zu Leibeigenen. Wie Ähre auf Ähre beugt sich Stadt auf Stadt: klirrt mit den Schlüsseln, ist den Tataren in allem zu Willen. Doch einer, sieh da, ein Fürst war unbeugsam: ›Ich gebe mein Heiligstes nicht preis, soll lieber mein Blut fließen, ich gebe meinen Schutz und Schirm nicht preis – und wenn ihr mir Hände und Füße abhackt!‹ Er hört – schon ist die Horde nicht mehr weit: großes Pferdegetrappel. Da ruft er alle Glöckner der Stadt zusammen und befiehlt ihnen, mit aller Macht und Kraft zu guter Letzt die Glocken in Bewegung zu setzen: den Tataren zum Graus, Gott dem Herrn zum Preis. Na – da taten die Glöckner ihr Bestes! Nur ich junger Held, bin leider nicht dabeigewesen ... Wie sie schlagen! Wie sie dröhnen! Als ob die ganze Erdenbrust zu beben angefangen hätte! Und von dem Klang begannen die Flüsse silberhell zu strömen: je kräftiger die Glöckner arbeiten, desto jäher eilen die Flüsse. Aber die Erde nimmt das Silber nicht an, trinkt es nicht auf! Schon kann man durch die Stadt weder gehen noch fahren, die einstöckigen Häuschen stehen bis über den Kopf unter Wasser, nur das Fürstenschloß hält sich noch. Aber da ertönen schon – andere Klänge diesem Klang zur Antwort: die heidnischen Horden rücken heran, rasseln mit den Krummsäbeln. Der Fürst ist auf den höchsten Schloßturm hinaufgestiegen – das Wasser geht ihm bis zur Brust –, mit unbedecktem Haupt steht er da, silbern fließt der Klang durch seine Locken. Er schaut: Abertausende in den Stadttoren! Wie laut ruft er da nicht mit seiner Stimme:
›Heda, ihr Herren Glöckner!‹

Nur, was er ihnen sagen wollte, das hat niemand mehr gehört! Und auch die Stadt hat niemand mehr gesehen!
Die Tataren brechen zu den Toren herein: Spiegelglätte. Nur feine kleine Rinnsale schluchzen leise auf. . .
Und so ist die Stadt im eigenen Klang versunken.«

Stenka Rasin, ich bin nicht Die Perserin, aber einen kleinen Ring zum Andenken – einen silbernen – schenke ich Ihnen. Schauen Sie: ein doppelköpfiger Adler, der seine Flügel aufgespreizt hat, einfacher gesagt: ein in Silber gefaßtes Zehnkopekenstück aus der Zarenzeit. Paßt er an die Hand? Er paßt. Ich habe keine Damenhand. Aber du, Stenka, verstehst dich nicht auf Hände: auf Form, Nägel, »Art«. Du verstehst dich auf Handfläche (Wärme) und Finger (Griff). Einen Händedruck verstehst du.
Den Ring nimm ohne Bedenken: es waren zehn – es bleiben neun! Und womit erwidern? Niemals mit nichts erwidern.
Von meinem Ringfinger – an deinen kleinen.
Aber ich gebe ihn dir nicht so, wie ich sonst gebe: du bist ein Spitzbube! Du hast schon genug »Andenken an die Zarenzeit«. Zelte und Feuer bleiben bei mir.

»Da habe ich noch ein kleines Buch über Moskau bei mir, nehmen Sie das auch. Machen Sie sich nichts daraus, daß es so klein ist, – in ihm ist der ganze Moskauer Glockenklang!«
(»Moskau«, verlegt in der Universal-Bibliothek. Chronisten, Auslandsreisende, Schriftsteller und Dichter über Moskau. Ein Buch, das ich schon zum vierten Mal verschenke. – Eine Schatzkammer!)

»Nun, und wenn ich in Moskau bin, – darf ich Sie besuchen? Ich habe nicht einmal nach Ihrem Vor- und Vatersnamen gefragt.«
Ich, in Gedanken: – Wozu?! – Laut: »Geben Sie das Buch, ich werde es Ihnen hineinschreiben.«*

* Ich sah ihn nie mehr wieder.

Dann sehe ich ihm vom Hauseingang aus nach – solange Augen und Seele . . .

Morgen fahren wir. Falls wir einsteigen. Sie drohen mit den Kontrollposten. Im übrigen verspricht Kaplan (aus Respekt vor der Schwiegermutter), die Strecke entlang Bescheid zu geben, daß eigene Leute fahren.

Morgendlicher Besuch von N. (er hat im Waggon übernachtet).
»M. I., packen Sie schnell zusammen, und auf geht's! Was haben Sie und die Schwiegermutter hier angerichtet? Der im roten Tscherkessenrock tobt vor Wut! Die halbe Nacht lang habe ich ihn bearbeitet. Ihm vorgelogen, daß Sie für Lenin sind und für Trotzki, daß Sie ihnen allen nur etwas vorgemacht haben, auf geheimer Dienstreise sind, weiß der Teufel, was ich alles zusammengedichtet habe! Sonst bekäme ich Sie hier nicht wieder heraus! Konterrevolution, brüllt er, Judophobie, hat mit dem Mörder von Urizkij in einer Wiege gelegen! Das war die Schwiegermutter, sage ich, die gelegen hat (die Schwiegermutter kriegt ja doch Kolka heraus!). Beide, brüllt er, beide, – Früchtchen von derselben Sorte! Na, und dann, als ich das von Trotzki und Lenin sage, da hat er sich ein bißchen beruhigt. Aber Kaplan sagte mir – schon alleine, ohne die anderen: ›Macht euch noch heute fort, unsere Leute lochen euch sonst ein. Für Morgen garantiere ich nicht mehr.‹ – So steht's!
Und wissen Sie was, noch eine andere Freude: nachts wache ich auf – sie unterhalten sich. Dieser Teufel da mit noch einem. Die Bauern wollen den Zug sprengen, es wird bespitzelt . . . Drei Dörfer mit Sicherheit . . . Na, das ist mir ein Nest, Marina Iwanowna! Das ist ja die reinste Chitrowka! Ich raufe mir die Haare, daß ich Sie hier mit denen allein gelassen habe. Sie begreifen ja gar nicht: sie werden alle erschossen!«
Ich: »Erhängt. So steht es sogar in meinem Heft notiert.«

Er: »Und trotzdem nicht erhängt, sondern erschossen. Von den Sowjets. Sie erwarten hier eine Revision. Lewit hat Kaplan denunziert, und Kaplan hat Lewit denunziert. Na, und nun, wer – wen. So ein Aussortieren ist jetzt im Gang! Hier ist ja die Hauptsammelstelle – verstehen Sie?«
»Keinen Ton. Aber abfahren müssen wir ganz bestimmt. Und der Sohn der Schwiegermutter?«
»Fährt mit uns, so als ob er seine Mutter begleitet. Er wird nicht mehr zurückkommen. Na, M.I., ans Werk: die Sachen packen!
... Und, um Gottes willen, kein einziges überflüssiges Wort mehr! Kolka und ich haben schon die Schwiegermutter für verrückt ausgegeben. Sonst gehen wir für nichts und wieder nichts zugrunde.«

Ich packe schnell zusammen. Zwei Körbchen: das eine ist sanft und rund, das andere viereckig und böswillig, mit eisernen Ecken und einem Eisenbeschlag obendrauf. Ins erste – Speck, Hirse und Puppen (den Bernstein nahm ich, seit ich ihn anlegte, nicht wieder ab), ins viereckige – das halbe Pud von N. und meine 10 Pfund. Insgesamt ungefähr 2 Pud. Ich hebe zur Probe an – ich werde es aushalten!
Die Wirtin – seit sie begriffen hat, daß ich abreise – schmeichelt sich ein. Ich – seit ich begriffen habe, daß ich abreise – werde frech.
»Immer nur Genosse, Genosse, aber schließlich hat der Mensch doch auch seinen eigenen Namen. Vielleicht sagen Sie mir, wie Sie heißen?«
»Ziperowitsch, Malwina Iwanowna.«
(Von der ganzen Dreifaltigkeit ist allein Iwan übriggeblieben, aber Iwan wird mich nicht verraten!)
»Denken Sie, das hätte ich nicht erwartet. Sehr angenehm.«
»Das ist der Familienname meines angetrauten Mannes, er ist Schauspieler in allen Theatern Moskaus.«
»Ach, auch in der Oper?«

»Ja, natürlich: Baß. Der erste nach Schaljapin.« Nach kurzem Nachdenken: »Aber Tenor kann er auch.«
»Ach, was Sie nicht sagen. Also wenn Jossja und ich einmal nach Moskau kommen . . .«
»Aber bitte sehr – für alle Theater! Unbegrenzt viele! Er singt auch im Kreml.«
»Im Krem . . .?!«
»Ja-ja, auf allen Galaabenden im Kreml.« Intim: »Denn wissen Sie, Menschen bleiben überall Menschen. Man möchte sich doch auch einmal ein bißchen zerstreuen nach der Arbeit. Immer nur diese Urteilsvollstreckungen und Erschießungen . . .«
Sie: »Ach, versteht sich! Wer wird das verurteilen! Der Mensch ist kein Opfertier, man muß auch einmal an sich . . . Und sagen Sie, verdient Ihr Gatte viel?«
Ich: »An Geld – nein, an Waren – ja. Im Kreml sind ja Lagerräume. In der Himmelfahrtskathedrale – Seide, in der Erzengelkathedrale«, ich lasse mich hinreißen, »Pelze und Brillanten . . .«
»A-ach!« Doch plötzlich kommen ihr Zweifel: »Aber warum fahren dann Sie, Genossin, und noch dazu in solch einem Aufzug, in diese unkultivierte Provinz? Und tragen auf eigenen Füßen 10 Schächtelchen Streichhölzer aus?«
Ich, wie aus der Pistole geschossen, ihr ins Ohr: »Auf geheimer Dienstreise!«
Aufspringen. Luftschnappen und, wieder gefaßt:
»Also das heißt, Sie kleine Schelmin, Sie organisieren sich doch so ein bißchen was, wie? Einen kleinen Vorrat, wie?«
Ich, herablassend: »Kommen Sie nach Moskau, dann machen wir ein Geschäft. Das ist doch unmöglich hier, auf dem Requirierungspunkt, wo man immer nur für die anderen lebt . . .«
Sie: »Oh, da haben Sie vollkommen recht! – Und riskant. – Könnten Sie mir Ihre Adresse trotzdem zur Erinnerung? . . . Jossja und ich werden unbedingt und sobald wie möglich . . .«

Ich, gönnerhaft: »Nur beeilen Sie sich, diese Ware bleibt nicht lange liegen. Ich habe nicht gerade Mengen, aber immerhin . . .«
Sie, fiebernd: »Und Sie überlassen sie zu einem annehmbaren Preis?«
Ich, majestätisch: »Zu meinem.«
Mit ihren winzigen zupackenden Händen ergreift sie meine: »Vielleicht schreiben Sie mir Ihre Adresse auf?«
Ich diktiere: »Moskau, Lobnoje Mesto – das ist so ein Platz, wo sie Zaren hinrichten –, Brutus-Straße, Trotzki-Gasse.«
»Ach, so eine gibt es auch schon?«
Ich: »Die ist neu, gerade erst angelegt.« Verschämt: »Nur die Hausnummer ist keine besonders gute: No. 13, und die Wohnungsnummer – stellen Sie sich vor – ist auch 13! Manche fürchten sich sogar!«
Sie: »Ach, Jossja und ich sind über Vorurteile erhaben. Sagen Sie, und das ist nicht weit vom Zentrum?«
»Mitten im Zentrum: drei Schritte – und der Sowjet.«
»Ach, wie angenehm . . .«
Das Hinzukommen der Schwiegermutter macht unseren Annehmlichkeiten ein Ende.
Der letzte Augenblick. Wir verabschieden uns.
»Wenn Jossja nur wüßte! Er wird ganz untröstlich sein! Er hätte Sie persönlich begleitet. Denken Sie nur, solch eine Bekanntschaft!«
»Wir treffen uns, wir treffen uns!«
»Ich würde Sie ja selbst so gern an die Bahnstation bringen, Malwina Iwanowna, aber bei uns essen heute Zugereiste, Russen, – für sieben Personen müssen Plinsen gebacken werden. Ach, Sie können sich gar nicht vorstellen, wie sehr ich diese niederen Interessen leid bin.«
Ich sage ein Dankeswort, ehererbietig, mit einem Anflug von Galanterie, und drücke ihre Hand.
»Also denken Sie daran, mein bescheidenes Heim wie auch ich selbst und mein Mann stehen jederzeit zu Ihrer Verfügung.

Nur melden Sie sich unbedingt an, damit wir Sie am Bahnhof abholen kommen.«
Sie: »Oh, Jossja wird ein Diensttelegramm schicken.«

Die Schwiegermutter draußen:
»M. I., was haben Sie sich auf einmal so liebgewonnen? Sie werden doch diesem ekelhaften Frauenzimmer nicht auch noch Ihre Adresse gegeben haben?«
»Aber natürlich! Teufels-Platz, Geister-Gasse, such den Wind auf dem Feld!«

(Wir lachen.)

Der Weg.
Wir lachen, aber nicht lange. Drei Werst bis zur Bahnstation. Das viereckige Körbchen schlägt an meine Beine, ein Gefühl, als reichten mir die Hände bis zum Knie. N.s Hilfe lehne ich ab – der Mann ist vor lauter Säcken nicht mehr zu sehen! Ein dreihöckriges Kamel.
Ich gehe – und knarre. Auch das Körbchen knarrt – das rechte: ein abscheuliches Knarren bei jedem Schritt. Ein Pud ungefähr. Wenn nur der Henkel nicht abreißt! (O Idiotie: Mehl holen – in Körbchen! Mehl, das sich nur auf eins reimt: auf Sack! In diesen Körbchen steckt die ganze russische Intelligenzija!) Man muß an etwas anderes denken. Man muß sich klarmachen, daß all das ein Traum ist. Im Traum ist schließlich alles umgekehrt, das heißt ... Ja, aber dafür hat der Traum seine eigenen Überraschungen: der Henkel kann plötzlich abfallen ... zusammen mit der Hand. Oder: im Korb ist plötzlich statt Mehl ... nein, schlimmer noch als Sand: die Gesamtausgabe der Werke von Steklow! Und ich habe kein Recht, empört zu sein: es ist ein Traum. (Empöre ich mich nicht deshalb so wenig in der Revolution?)
»Aber so warten Sie doch, sag ich! Mein Sack ist geplatzt!«
Die Körbe zu Boden. Ich laufe auf den Ruf hin. Mitten auf dem Weg, über dem Sack wie über einem Verstorbenen, die Hei-

ratsvermittlerin. Sie hebt ihr rotes, schreckliches, wie abgehäutetes Gesicht.

»Na, eine Sicherheitsnadel werden Sie doch wohl noch haben? Wieviel Nadeln hab ich nicht, als ich für Ihr Tantchen nähte, zerbrochen!«

Ich hole eine heraus und gebe sie ihr: eine für Männer, riesengroß und zuverlässig. Wir stecken, so gut wir können, den heimtückisch rieselnden Sack zusammen. Die Schwiegermutter ächzt:

»Und es war eine Nadel mit Faden, ich hatte sie extra vorbereitet! Mein Herz hat es geahnt!« Zum Sack hin: »Ach du Schuft, du treuloser! Aber als ich mich von Ihrer Schurkin da gerade anfing zu verabschieden, da hab ich sie wohl aus lauter Träumerei wieder herausgenommen. Da hätte ich ihr, dieser Schurkin, doch besser mit eben der Nadel die Augen ausgestochen!«

»Morgen, Mamascha, morgen!« drängt Kolka. »Heute müssen wir auf den Zug!«

Wir laden auf, und los geht's.

... Es gibt ein Kinderbuch: »Im Traum ist alles möglich«, und dann bei Calderón: »Das Leben ein Traum«. Und bei irgendeinem bezaubernden Engländer, nicht Beardsley, aber so ähnlich, gibt es den Ausspruch: »Ich lege mich ausschließlich nur deshalb schlafen, um zu träumen.« Da sprach er von den Träumen auf Bestellung, jenen Träumen, denen du souffliierst. Nun, Traum, träume mir! Träume mir, Traum, so: die Telegraphenmasten sind eine Schutzwache, sie geben mir das Geleit. Im Korb ist nicht Mehl, sondern Gold (bei diesen hier zusammengestohlen). Ich bringe es jenen. Unter dem Gold aber, ganz unten auf dem Boden, liegt der Lageplan aller roten Truppen. Ich gehe schon den zehnten Tag, bald bin ich am Don. Die Telegraphenmasten geben mir das Geleit. Die Telegraphenmasten führen mich zu –

»Na, M.I., halten Sie durch! Ungefähr eine halbe Werst bleibt uns noch!«

Aber die Hände reichen mir tatsächlich bis zu den Knien, besonders die rechte. Der Schweiß läuft in Strömen und kitzelt an den Schläfen. Alles seitliche Haar ist durchnäßt. Ich wische ihn nicht ab: die Hand, der Eisenbeschlag des Korbs, der wiederholte Schlag gegen das Bein – all das ist eins. Geht er auf, ist Schluß. Wenn es schmerzt, kann man nicht noch einmal von vorne.

So oder anders – die Bahnstation.

Die Bahnstation.
Die Bahnstation. Grau und wellenförmig. Die Erde – wie der Himmel auf Schlachtgemälden. Schon von weitem beginne ich mich zu fürchten, fasse meinen Begleiter bei der Hand.
»Was ist das?!«
N., mit einem Lächeln: »Menschen, M.I., sie warten aufs Einsteigen.«
Wir gehen näher heran: Wellen und Berge von Säcken, dazwischen Seufzer, Kopftücher, Rücken. Männer gibt es fast keine: der Revolutionsalltag, wie überhaupt jeder, lastet auf der Frau: damals – mit Garben, jetzt mit Säcken.
(Der Alltag, das ist ein Sack: ein löchriger. Und trotzdem trägst du ihn.)
Mißtrauisches Wenden der Köpfe in unsere Richtung.
»Herrschaften!«
»Moskau haben sie kahlgefressen, jetzt kommen sie das Dorf kahlfressen!«
»Sieh einer an, was sie an Hab und Gut der Bauern zusammengeschleppt haben!«
Ich – zu N.: »Gehen wir fort!«
Er, lachend: »Wo denken Sie hin, M.I., es wird noch schlimmer!«
Mir wird eiskalt, im Bewußtsein: ihres Rechts und meines Unrechts.

Der Bahnsteig ist voller Leben. Man kann keinen Schritt tun. Und immer neue kommen hinzu: einer wie der andere, eine wie die andere. Nicht Menschen mit Säcken, – Säcke auf Menschen. (In Gedanken, haßerfüllt: da ist es, das Brot!) Und wie können da die Bauern noch die Bäuerinnen unterscheiden? Kittel, Schafspelze ... Runzeln, Schaffelljacken ... Nicht Bauern, nicht Bäuerinnen: Bären: es.

»Als letzte sind sie gekommen, als erste werden sie einsteigen.«
»Die Herrschaften kommen auch ins Paradies noch als erste ...«
»Sieh nur zu, sie werden einsteigen und wir werden draußen bleiben ...«
»Schon die zweite Woche übernachten wir unter freiem Himmel ...«
U-u-u ...

Das Einsteigen.
Der Zug. – Zur selben Zeit, wie aus dem Erdboden: zwölf mit Gewehren. Die Unsrigen! In letzter Sekunde sind sie gekommen, uns beim Einsteigen zu helfen. Mir stockt das Herz: Rasin!
»Wie, Genossin, haben Sie am Ende den Mut verloren? Keine Angst! Wir we-erden einsteigen!«
Es ist aussichtslos, ich rühre mich nicht einmal. Nicht Waggons, sondern Massen. Und den Waggon-Massen entgegen – heulend, aufschreiend, flehend und rufend – die Bahnsteig-Berge.
»Ein Kind habt ihr erdrückt! Ein Kind! Ein Ki-«
Die am Boden liegende Welle – erhebt sich. Die Horizontale wird zur ungestümen, tollen Vertikale. Sie klettern hinein. Ziehen hinein. Wälzen hinein. Wälzen sich hinein.
Ich – über alle hinweg – zu Rasin: »Na? Na?«
»Das haben wir gleich, mein Fräulein! Keine Sorge! Jetzt werden wir sie mal!«

»Zurück, Leute, oder wir schießen!«
Zur Antwort das Aufheulen der Menge, es knallt in die Luft, es schlägt auf den Rücken, ich weiß nicht, wo, ich weiß nicht, was, ein Schwung hinauf ...
»Ja, was ist denn das? Was sind denn das für Vögel-für Meisen? Mit Bajonet-t-ten? Erst das Hab und Gut der Bauern zusammenstehlen und dann noch auf lebende Menschen tre-eten?«
»Ja stoßt sie doch hinunter, Leute, und die Sache hat ein Ende! Sollen sie doch ein bißchen frische Luft schnappen!«
Ich begreife, daß ich eingestiegen bin und daß wir fahren. (Alle? Sich umsehen ist unmöglich.) Allmählich wird mir bewußt: Ich stehe, ein Fuß ist da. Und der andere »offensichtlich« auch, nur wo – das weiß ich nicht. Ich werde ihn später finden.
Und das Stimmengewitter wächst an.
»Da gibt's nicht viel zu überlegen. Das Bajonett hat sie einsteigen lassen, aber der Bauer wird sie hinauswerfen! Wirklich, was treiben die denn für einen Spott mit uns! Wir warten auf diese Maschine da wohl bald den siebzehnten Tag, wie aufs Himmelreich ... Und die! ...«
Ich tröste mich nur mit einem: einen Menschen aus diesem Gewühl herauszuziehen ist dasselbe, wie einen Korken ohne Korkenzieher aus der Wodkaflasche: undenkbar. Um mich hinauszuwerfen, müßten andere Platz machen. Um Platz zu machen, müßte der Waggon platzen. Deutliches Empfinden der Grenze des Fassungsvermögens: weiter – kein Platz, und mehr – geht nicht.
Ich stehe, leicht gewiegt vom beengten gemeinsamen menschlichen Atmen: vor und zurück, wie eine Welle. An Brust, Schulter, Seite und Knie zusammengewachsen, atme ich im Gleichklang mit. Und durch dieses äußerste körperliche Zusammengeschweißtsein – die vollständige Empfindung von Körperverlust. Ich, das ist das, was sich bewegt. Der Körper, das ist in diesem Starrkrampf – ein Es. Der Güterwagen: ein notgedrungener Starrkrampf.

»Herrr-schaften . . . O-o-oh . . . U-u-uh . . .«
Aber . . . der Fuß: er fehlt ja doch! Die (gereizte) Besorgnis um meinen Fuß überdeckt die Bedeutung der Drohungen. Erst einmal – den Fuß . . . Wenn ich dann meinen Fuß gefunden habe . . . Und, o Freude: er ist gefunden! Irgendwas tut irgendwo weh. Ich horche genau hin. Er ist's, er ist's, der Liebe! Irgendwo weit weg, ganz unten . . . Der Schmerz wird unerträglich, ich mache eine verzweifelte Anstrengung . . .
Gebrüll: »Wer fährt einem denn da mit den Stiefeln ins Gesicht?!«
Aber die Eiche ist entwurzelt: neben mir, wie eine Rauchsäule (weder Strumpf noch Schuh sind zu sehen) – mein wirklicher, rechtmäßiger zweiter Fuß.

Und – ein plötzliches Aufleuchten in der Erinnerung: etwas Dunkles in die Höhe! es glänzt!
Ach, die Hand zum Abschied, mit meinem Ring! Letzter Gruß – der Bahnstation Usman, Gouv. Tambowsk!

Moskau, September 1918
(»Sowremennyje Sapiski« No. 21, Paris 1924)

Meine Arbeitsstellen

Prolog

Moskau, 11. November 1918
»Marina Iwanowna, wollen Sie eine Arbeit?«
Damit kommt mein Untermieter hereingeflogen, X, ein Kommunist, der sanfteste und glühendste.
»Es gibt, sehen Sie, zwei: in einer Bank und im Narkomnaz ... und eigentlich«, Fingerschnalzen, ». . . würde ich meinerseits Ihnen raten . . .«
»Aber was muß man da tun? Ich kann doch überhaupt nichts.«
»Ach, das sagen alle!«
»Das sagen alle, ich tue es.«
»Mit einem Wort, wie Sie es für richtig halten! Die erste ist in der Nikolskaja, die zweite hier, im Gebäude der ersten Tschreswytschajka.«
Ich: » – ?! –«
Er, gekränkt: »Seien Sie unbesorgt! Niemand wird Sie zwingen, Erschießungen durchzuführen. Sie werden nur registrieren.«
Ich: »Die Erschossenen registrieren?«
Er, gereizt: »Ach, Sie wollen nicht verstehen! Als ob ich Sie in der Tschreswytschajka unterbringen wollte! Da sind solche wie Sie auch gar nicht nötig . . .«
Ich: »Schädlich.«
Er: »Es ist das Haus der Tschreswytschajka, sie selbst ist fort. Sie kennen es wahrscheinlich, Ecke Powarskaja und Kudrinskaja, es kommt auch bei Lew Tolstoj vor«, Fingerschnalzen, ». . . das Haus der . . .«
Ich: »Das Haus der Rostows? Einverstanden. Und wie heißt die Behörde?«
Er: »Narkomnaz. Volkskommissariat für Nationalitätenfragen.«

Ich: »Was für Nationalitäten denn, wenn wir doch die Internationale haben?«
Er, fast prahlerisch: »Oh, mehr als zur Zarenzeit, das versichere ich Ihnen! ... Also, in der Informationsabteilung des Kommissariats. Wenn Sie einverstanden sind, spreche ich es noch heute mit dem Leiter ab.« Mit plötzlichen Bedenken: »Obwohl, eigentlich ...«
Ich: »Warten Sie, das ist doch nicht irgend etwas gegen die Weißen? Sie verstehen ...«
Er: »Nein, nein, das ist etwas rein Mechanisches. Nur, eins muß ich Ihnen gleich sagen, Essensration gibt es keine.«
Ich: »Natürlich nicht. Als ob es in anständigen Behörden ...«
Er: »Aber Reisen wird es geben, vielleicht auch eine Gehaltserhöhung ... Und in die Bank wollen Sie absolut nicht? Denn in der Bank ...«
Ich: »Aber ich kann nicht rechnen.«
Er, nachdenklich: »Kann es Alja?«*
Ich: »Alja auch nicht.«
Er: »Tja, dann ist das mit der Bank aussichtslos ... Wie nennen Sie dieses Haus?«
Ich: »Das Haus der Rostows.«
Er: »Haben Sie vielleicht ›Krieg und Frieden‹? Ich würde es sehr gerne ... Obwohl, eigentlich ...«
Schon fliege ich, mir den Kopf anstoßend, die Treppe hinunter. Der dunkle Flur, das ehemalige Eßzimmer, noch ein dunkler Flur, das ehemalige Kinderzimmer, der Schrank mit den Löwen ... Ich reiße den ersten Band ›Krieg und Frieden‹ heraus, werfe den zweiten daneben herunter, schaue hinein, vergesse, vergesse mich ...

»X ist schon weg, Marina! Gleich nachdem Sie weggegangen waren! Er hat gesagt, daß er vor dem Schlafengehen immer drei Zeitungen liest und noch eine leichte Gazette und daß er

* Alja ist viereinhalb Jahre alt.

›Krieg und Frieden‹ nicht mehr schafft. Und daß Sie ihn morgen in der Bank anrufen sollen, um 9 Uhr. Und dann, Marina«, mit glückseligem Gesicht, »hat er mir noch vier Stück Zucker geschenkt und – denken Sie nur! – ein Stück Weißbrot!«
Sie breitet alles aus.
»Hat er sonst noch etwas gesagt, Aljetschka?«
»Warten Sie . . .«, sie runzelt die Brauen, ». . . ja, ja, ja! Sa-bo-ta-ge . . . Und dann hat er noch nach Papa gefragt, ob keine Briefe gekommen wären. Und so ein Gesicht, Marina, hat er gemacht . . . eine Grimasse! Als ob er mit Absicht böse werden wollte . . .«

13. November (ein schöner Tag für den Anfang!), Powarskaja, Haus des Bürgers Sollogub, »Informationsabteilung des Kommissariats für Nationalitätenfragen«.
Letten, Juden, Georgier, Esten, »Muselmanen«, irgendwelche »Mara-Mara«, »En-Dunja«, – und all das, Männer wie Frauen, in wattierten Jacken, mit nicht-menschlichen (nationalen) Nasen und Mündern.
Und ich, die sich immer dieser Heimstätten (Familiengruften!) von Geschlechtern unwürdig gefühlt hatte.
(Ich spreche von den Häusern mit Säulenportalen und meiner Scheu vor ihnen.)

14. November, zweiter Arbeitstag.
Eine seltsame Arbeit! Du kommst hin, stützt die Ellenbogen auf den Tisch (die Wangen auf die Fäuste) und zerbrichst dir den Kopf: Womit könntest du dich bloß beschäftigen, damit die Zeit vergeht? Wenn ich den Abteilungsleiter um Arbeit bitte, merke ich, daß er böse wird.

Ich schreibe im rosa Saal, er ist ganz und gar rosa.
Fensternischen aus Marmor, zwei riesengroße, verhängte Kristallüster. Die kleineren Dinge (wie etwa Möbel!) sind verschwunden.

15. November, dritter Arbeitstag.
Ich archiviere Zeitungsausschnitte, das heißt: ich gebe mit eigenen Worten Steklow wieder, Kerschenzew, Berichte über Kriegsgefangene, den Vormarsch der Roten Armee usw. Ich tue es einmal, zweimal (ich schreibe sie aus dem »Journal der Zeitungsausschnitte« auf »Karteikärtchen« ab), dann klebe ich diese Ausschnitte auf riesengroße Bögen. Die Zeitungen sind hauchdünn, die Schrift kaum erkennbar, und dann noch Überschriften mit lila Bleistift, und dann noch Leim – das ist vollkommen nutzlos und wird, noch ehe man es verbrennt, zu Staub zerfallen.
Hier gibt es folgende Tische: einen estnischen, lettischen, finnischen, moldawischen, muselmanischen, jüdischen und einige vollkommen unaussprechbare. Jeder Tisch bekommt frühmorgens seine Portion Zeitungsausschnitte, die er dann im Lauf des ganzen Tages auch bearbeitet. Mir kommt es so vor, als seien all diese Ausschnitte, Unter- und Aufklebereien endlose und ausgeklügeltste Variationen auf ein und dasselbe sehr dürftige Thema. Als ob einem Komponisten nach genau einer Phrase das Pulver ausgegangen sei, aber circa dreißig Stöße Notenpapier vollgeschrieben werden mußten, – und so variiert er denn: so variieren wir denn.
Ich vergaß noch den polnischen und den bessarabischen Tisch. Ich bin, nicht ganz unbegründet, der »russische« (die Hilfskraft entweder des Sekretärs oder des Abteilungsleiters).
Jeder Tisch ist ungeheuerlich.
Links von mir zwei schmutzige, niedergedrückte Jüdinnen, wie Heringe, ohne Alter. Weiter: eine rote, hellblonde – als ein Mensch, der zur Wurst wurde, ebenfalls schreckliche – Lettin: »Ich habe ihn gekannt. Er far so nett. Er hat an einer Versföhrung teilgenommen, und jetzt haben sie ihn zum Ersießen verurteilt. Hi-hi ...« Und sie kichert exaltiert. In rotem Schal. Grellrosa, fetter Halsausschnitt.

Die Jüdin sagt: »Pskow ist eingenommen!« Mir kommt die quälende Hoffnung: »Von wem?!!«*
Rechts von mir sitzen zwei (der östliche Tisch). Der eine hat eine Nase und kein Kinn, der andere ein Kinn und keine Nase. (Wer ist Abchasien und wer Aserbaidschan?)
Hinter mir ein siebzehnjähriges Kind – rosig, gesund, kraushaarig (ein weißer Neger), leicht-sinnig und leicht-liebig, die leibhaftige Athenaïs aus »Die Götter dürsten« von Anatole France, – jene, die auf dem fatalen Räderkarren noch so sorgfältig ihre Röcke ordnete, – »*fière de mourir comme une Reine de France*«.
Außerdem – der Typ einer Mädchenpensionats-Lehrerin (»die notorische Theatralikerin«), außerdem – eine dicke, fette Armenierin (die Brust reicht direkt bis ans Kinn, unbegreiflich, wo was ist), außerdem ein Mischling in Studentenuniform, außerdem ein estnischer Arzt, seit seiner Geburt verschlafen und betrunken . . . Außerdem (zur Abwechslung!) eine niedergedrückte Lettin, ganz ausgelaugt. Außerdem . . .

(Ich schreibe am Arbeitsplatz)

Ein Druckfehler:
»Ließen die ausländischen Regierungen das russische Volk endlich in Ruin« usw.
»Bote der Dorfarmut«, 27. November, No. 32.
Ich, an den Rand: »Keine Sorge! Sie werden eine Zeitlang stationiert bleiben – und uns dann lassen!«
Ich gebe, wie meine Arbeit es verlangt, mit eigenen Worten einen Zeitungsausschnitt wieder über die Notwendigkeit, auf den Bahnhöfen eine des Lesens und Schreibens kundige Aufsicht zu haben:
»Auf den Bahnhöfen sollen Tag und Nacht diejenigen Aufsicht führen, die lesen und schreiben können, damit sie den An- und Abreisenden den Unterschied zwischen alter und neuer Ordnung erklären können.«

* Erst später begriff ich: »eingenommen« heißt natürlich: »von uns!« Wäre von den Weißen die Rede, so: »übergeben«.

Der Unterschied zwischen alter und neuer Ordnung:
Die alte Ordnung: »Und bei uns war ein Soldat« . . . »Und bei uns wurden Plinsen gebacken« . . . »Und bei uns ist die Großmutter gestorben« . . .
Die Soldaten kommen noch immer, die Großmütter sterben, nur Plinsen werden keine mehr gebacken.

Eine Begegnung.
Ich laufe ins Kommissariat. Um neun Uhr müssen wir dasein, – es ist schon elf: ich stand in der Kudrinskaja nach Milch an, in der Powarskaja nach Stockfisch und auf dem Arbat nach Hanföl.
Vor mir eine Dame: in Lumpen, ganz mager, mit einer Korbtasche. Ich hole sie ein. Die Korbtasche ist schwer, die Schulter verzogen, ich fühle die Angespanntheit ihres Armes.
»Verzeihen Sie, gnädige Frau. Kann ich Ihnen vielleicht behilflich sein?«
Erschrecktes Aufsehen:
»Aber nein . . .«
»Ich trage sie Ihnen gerne etwas, haben Sie keine Angst, wir werden nebeneinander gehen.«
Sie überläßt sie mir. Die Korbtasche ist tatsächlich teuflisch schwer.
»Haben Sie es weit?«
»Zur Butyrka, ich bringe ein Paket hin.«
»Ist er schon lange in Haft?«
»Seit Monaten.«
»Bürgen hat er keine?«
»Ganz Moskau bürgt für ihn, deshalb lassen sie ihn ja auch nicht heraus.«
»Ist er jung?«
»Nein, schon älter . . . Sie haben vielleicht von ihm gehört? Der ehemalige Stadthauptmann, D-skij.«

Mit D-skij hatte ich folgende Begegnung: Ich war fünfzehn Jahre alt und dreist. Assja war dreizehn Jahre alt und

frech.* Wir sind zu Besuch bei einer erwachsenen Freundin. Viele Leute sind dort. Auch Vater. Plötzlich läutet es: D-skij. (Und zur Antwort läutet es: »D-skij, also benimm dich!«)
Wir lernen uns kennen. Er ist freundlich, charmant. Mich hält er für erwachsen, fragt, ob ich Musik liebe. Und Vater, in Erinnerung an meine vorsintflutliche Wunderkindzeit:
»Und ob, und ob, sie spielt seit ihrem fünften Lebensjahr!«
D-skij, liebenswürdig:
»Vielleicht spielen Sie etwas?«
Ich ziere mich:
»Ich habe alles vergessen ... Ich fürchte, Sie werden enttäuscht sein ...«
D-skijs höfliche Art, das Zureden der Gäste, Vaters Beharrlichkeit, das Erschrecken der Freundin, meine Einwilligung.
»Nur erlauben Sie, daß ich zur Ermutigung zuerst mit meiner Schwester vierhändig spiele?«
»Oh, bitte sehr.«
Ich gehe zu Assja und flüstere ihr in meiner Sprache ins Ohr:
»*Wi(pi)r we(pe)rde(pe)n To(po)nlei(pei)te(pe)rn spie(pi)* ...«
Assja kann nicht länger an sich halten.
Vater: »Was treibt ihr da, ihr Schelme?«
Ich – zu Assja: »Tonleitern – gegenläufig!«
Zu Vater: »Assja geniert sich.«

Wir fangen an: Ich greife mit der rechten Hand d, mit der linken c (ich spiele die Baßstimme). Assja – mit der linken Hand d, mit der rechten c. Wir kommen einander entgegen (ich von links nach rechts, sie von rechts nach links). Zu jeder Note lauthalses zweistimmiges Zählen: Eins und, zwei und, drei und ... Grabesstille. Nach etwa zehn Sekunden Vaters unsichere Stimme:
»Warum so monoton, meine Herrschaften? Ihr solltet etwas Lebhafteres wählen.«

* Meine Schwester.

Beide zugleich, ohne anzuhalten:
»Das ist nur am Anfang so.«

Endlich haben sich meine Rechte und Assjas Linke – getroffen. Mit fröhlichen Gesichtern stehen wir auf.
Vater – zu D-skij: »Na, wie finden Sie das?«
Und D-skij, seinerseits aufstehend: »Ich danke Ihnen. Das war sehr deutlich.«

Ich erzähle es. Auf ihre Bitte hin nenne ich meinen Namen. Wir lachen.
»Oh, er war nicht nur Scherzen gegenüber nachsichtig. Ganz Moskau . . .«
Ecke Sadowaja verabschieden wir uns. Wieder verzieht sich die Schulter unter der Schwere der Korbtasche.
»Ist Ihr Herr Vater gestorben?«
»Noch vor dem Krieg.«
»Man weiß schon nicht mehr, soll man das bedauern oder beneiden.«
»Leben. Und sich bemühen, daß auch andere leben. Gebe es Ihnen Gott!«
»Danke. Ihnen auch.«

Das Institut.
Hätte ich je gedacht, daß ich nach so vielen Schulen, Pensionaten und Gymnasien noch einmal in ein Institut geschickt werden würde?! Denn ich bin in einem Institut, und man hat mich geschickt (X.). Komme ich zwischen elf und zwölf Uhr, steht mir jedesmal vor Schreck das Herz still: Der Abteilungsleiter und ich haben dieselben Angewohnheiten (ministerielle!). Ich spreche von Dem Hauptabteilungsleiter, – M-r, meinen eigenen, Iwanow, schreibe ich klein.
Einmal begegneten wir uns an der Garderobe, – das ging ganz gut ab. Er ist Pole: liebenswürdig. Und großmütterlicherseits bin ja auch ich Polin.

Doch furchtbarer als der Abteilungsleiter sind die Pförtner. Die von früher. Anscheinend verachten sie mich. Jedenfalls grüßen sie nie als erste, und ich bin zu schüchtern. Nach den Pförtnern ist meine größte Sorge, mich nicht in den Räumen zu irren. (Meine Idiotie in bezug auf Orte.) Zu fragen ist mir peinlich, schon den zweiten Monat arbeite ich hier. In der Eingangshalle stehen riesige Götzen – Ritter. Dort belassen ihrer Unbrauchbarkeit wegen ... für niemanden sonst als mich. Ich aber brauche sie, ebenso wie ich – als einzige von allen hier – ihnen verwandt bin. Mit einem Blick bitte ich um Schutz. Sie antworten unter dem Visier hervor. Wenn niemand hinsieht, streichle ich leise das schmiedeeiserne Bein. (Dreimal so groß wie ich.)

Der Saal.

Ich trete ein, unförmig und scheu. In einer mausgrauen Männer-Unterziehjacke, – wie eine Maus. Ich bin am schlechtesten von allen hier gekleidet, und das macht nicht gerade Mut. Die Schuhe sind mit Stricken zugebunden. Vielleicht gibt es sogar irgendwo Schnürsenkel, aber ... wer braucht schon so etwas?

Das Wichtigste: vom ersten Augenblick der Revolution an begreifen: alles ist verloren! Dann ist alles leicht.

Ich stehle mich zu meinem Tisch hindurch. Der Abteilungsleiter (der meinige, kleine) – von seinem Platz aus:

»Na, Genossin Efron, haben Sie Schlange gestanden?« – »In dreien.« – »Und was gab es?« – »Nichts gab es, nur Salz.« – »Salz, tja, das ist dir noch kein Zucker!«

Ein Haufen Zeitungsausschnitte. Einige sind bettlakengroß, einige nur eine Zeile lang. Ich suche all das über die Weißgardisten heraus. Die Feder kratzt. Der Ofen knistert.

»Genossin Efron, heute gibt es Pferdefleisch zu Mittag. Ich rate Ihnen, sich einzutragen.«

»Ich habe kein Geld. Haben Sie sich eingetragen?«

»Ach woher!«

»Also gut, dann werden wir Tee trinken. Soll ich Ihnen welchen mitbringen?«

Die Flure sind leer und sauber. Aus den Türen Schreibmaschinengeklapper. Rosafarbene Wände, im Fenster Säulen und Schnee. Mein rosafarbenes, paradiesisches Adelsinstitut! Nachdem ich eine Zeitlang umhergeirrt bin, stoße ich zufällig auf den Gang zur Küche hinunter: Hinabsteigen der Mutter Gottes zur Hölle oder des Orpheus in die Unterwelt. Steinerne, von Menschenfüßen blankgewetzte Fliesen. Es ist abschüssig, nichts, woran man sich halten könnte, die Stufen sind schief und sehr hoch, an einer Stelle fallen sie jäh ab. Da hatten die Leibeigenen-Füße Arbeit! Und wenn man denkt, in ihren selbstgeflochtenen Hausschuhen! Wie von Zähnen zernagt sind die Stufen! Ja, ein Zahn, der des einzigen Greises mit Zähnen: der Zahn – des Chronos!
Natascha Rostowa! Sind Sie jemals hierhergekommen? Meine Ball-Psyche! Warum sind nicht Sie – später, irgendwann einmal – Puschkin begegnet? Der Name ist ja derselbe! Die Literaturgeschichtsschreiber hätten nicht einmal umlernen müssen! Puschkin – statt Pierre und Parnaß – statt Plackerei mit Windeln. Fruchtbarkeitsgöttin werden, nachdem man Psyche war, Natascha Rostowa, ist das nicht Sünde?
Das wäre so gewesen: Er wäre zu Besuch gekommen. Sie, die Sie vom Dichter und Mohren schon viel gehört haben, wären plötzlich mit Ihrem etwas zu spitzen Gesichtchen aufgetaucht – und halb belustigt, halb schon durchbohrt ... Ach, das Schwingen des rosa Kleides um die Säule!
Die von paradiesischem Meeresschaum überflutete Säule! Und euer Versfuß – Aphrodite, Natascha, Psyche – über die leibeigenen, schlüpfrigen Fliesen hin!
Im übrigen, Sie wären einfach über sie hinab in die Küche geflogen, Brot holen!

Aber alles hat einmal ein Ende: auch Natascha, auch die Leibeigenschaft, auch die Treppe (man sagt, irgendwann einmal auch Die Zeit!). Im übrigen, so lang ist die Treppe gar nicht, –

zweiundzwanzig Stufen nur. Das bin nur ich, die sie so lange (von 1818 bis 1918) hinunterging.
Dauerhaft. (Man möchte sagen: eine Feste. Als ich jünger war und es noch eine Monarchie gab – verstand ich nicht, wieso es Himmelsfeste heißt: Die Revolution und die eigene Seele haben es mich gelehrt.) Aushöhlungen, Einbruchstellen, Einstürze. Die ausgestreckten Hände tasten die feuchten Wände entlang. Über dem Kopf, ganz nah, das Gewölbe. Es riecht nach Feuchtigkeit und Bonivard. Es scheint, als klirrten auch die Ketten. Ach nein, das ist das Klirren der Kasserollen aus der Küche! Ich gehe auf das Gaslicht zu.

Die Küche: ein Krater. So heiß und rot, daß klar ist: die Hölle. Die riesige, drei Saschen breite Herdplatte speit Feuermassen und Dampfschwaden. »Die Kessel kochen brodelnd, die krummen Säbel wetzen sie, den Bock abschlachten wollen sie! . . .« Und der Bock bin ich.
Vor dem Teekessel eine Schlange. Sie schöpfen mit einer Kelle direkt aus dem Kessel. Der Tee schmeckt hölzern. Der eine sagt, er sei aus Rinde gekocht, der andere, aus Blütenknospen, ich lüge einfach – aus Wurzeln. Das Glas – eine Brandwunde. Ich gieße zwei Gläser voll. Umwickele sie mit dem Saum meiner Jacke. Auf der Schwelle ziehe ich mit einer kurzen Bewegung der Nasenflügel den Geruch des Pferdefleisches ein: sitzen darf ich hier nicht, – ich habe keine Freunde.

»Na, Genossin Efron, jetzt können wir ein bißchen faulenzen!« (Ich bin mit den Gläsern hereingekommen.)
»Mit Zucker für Sie oder ohne?«
»Schütten Sie Sacharin hinein!«
»Man sagt, das schlägt auf die Nieren. Aber ich, wissen Sie . . .«
»Ich auch, wissen Sie . . .«
Mein Abteilungsleiter ist Esperantist (das heißt Kommunist von der Philologie her). Ein Esperantist aus Rjasan. Wenn er

über Esperanto spricht, glimmt ein stiller Wahnsinn in seinen Augen. Hell und klein sind sie, wie die der alten Heiligen oder auch die des Pan in der Tretjakowskij-Galerie. Durchsichtig. Ein wenig lüstern. Aber nicht nach fleischlicher Lust, sondern irgendeiner anderen, wäre der Zusammenklang nicht völlig unsinnig, würde ich sagen: nach jenseitiger. (Wenn man Die Ewigkeit lieben kann, so kann man auch Unzucht mit ihr treiben! Und es gibt mehr mit ihr Unzucht treibende (die Skribenten!) als stillschweigende Liebhaber!)
Er ist dunkelblond. Auch etwas um Nase und Kinn herum. Sein Gesicht ist aufgedunsen und unausgeschlafen. Ich glaube, er trinkt.
Er schreibt nach der neuen Orthographie, – in Erwartung des weltumspannenden Esperanto. Politische Überzeugungen hat er keine. Hier, wo alle Kommunisten sind, ist sogar das eine Wohltat. Rot unterscheidet er nicht von Weiß. Die Rechte unterscheidet er nicht von der Linken. Männer unterscheidet er nicht von Frauen. Daher ist sein Genossentum vollkommen aufrichtig, und ich erwidere es gern auf gleiche Weise. Nach der Arbeit geht er irgendwohin in die Twerskaja, wo auf der linken Seite (wenn man zur Ochotnyj-Zeile hinuntergeht) ein Esperanto-Geschäft ist. Das Geschäft wurde geschlossen, das Schaufenster blieb: mit Fliegendreck beschmutzte Postkarten von Esperantisten aus allen Ecken und Enden der Welt aneinander. Er sieht sich das an und wird lüstern. Hier arbeitet er, weil das ein weites Feld für Propaganda ist: alle Nationen. Schon fängt er an, enttäuscht zu sein.
»Ich fürchte, Genossin Efron, hier gibt es mehr und mehr«, flüsternd, ». . . Judengesindel, Judengesindel und Letten. Ich hätte erst gar nicht herkommen brauchen: von dem Zeug ist ganz Moskau voll! Ich hatte eher mit Chinesen und Indern gerechnet. Man sagt ja, die Inder wären sehr aufnahmebereit einer fremden Kultur gegenüber.«
Ich: »Nicht die Inder, die Indianer sind das.«
Er: »Die Rothäute?«

Ich: »Ja, die mit den Federn. Sie schlachten dich ab und nehmen dich ganz und gar auf. Bist du im Rock, dann mit Rock, bist du im Frack, dann mit Frack. Die Inder dagegen sind entsetzlich stumpfsinnig. Nichts Fremdes will ihnen in den Hals, weder Ideelles noch Nahrungsmittel.« Ich lasse mich hinreißen: »Wollen Sie eine Formel? Der Indianer nimmt (Europäer) auf, der Inder spuckt (Europa) aus. Und recht hat er.«

Er, verwirrt: »Na, da haben Sie aber ... Ich, übrigens ... Ich habe das vor allem von den Kommunisten gehört, die rechnen auch mit Indien ...« Nun läßt er seinerseits sich hinreißen: »Ich dachte, ich gewinne die hier voll und ganz fürs Esperanto!« Seine Stimme fällt ab: »Ohne Essensration – und kein einziger Inder! Kein einziger Neger! Nicht einmal ein Chinese! ... Und die hier«, ein Blick rundum durch den leeren Saal hin, »wollen nicht einmal davon hören! Ich ihnen: Esperanto, sie mir: Internationale!« Über den eigenen Schrei erschrocken: »Ich habe ja nichts dagegen, aber zuerst Esperanto und dann ... Zuerst das Wort ...«

Ich falle ein: »Und dann die Tat. Natürlich. Im Anfang war das Wort, und das Wort war ...«

Er explodiert von neuem: »Und dieser Mara-Mara! Was ist das denn? Wo kommt das her? Nicht bloß kein Wort: keinen Laut hab ich bis jetzt von dem gehört! Der ist einfach stumm. Oder ein Idiot. Keinen einzigen Zeitungsausschnitt bekommt er – bloß Gehalt. Na, mir soll's recht sein. Gott mit ihm, aber wozu kommt er her? Der kommt ja doch jeden Tag, der Schwachkopf! Sitzt bis vier Uhr da, der Schwachkopf. Käm er nur jeden zwanzigsten, seinen Lohn abholen!«

Ich, listig: »Aber vielleicht macht er sich noch immer Hoffnungen, der Ärmste? Eines Tages komme ich hin, und auf dem Tisch liegt ein Zeitungsausschnitt über meine Mara-Mara?«

Er, gereizt: »Ach, hören Sie doch auf, Genossin Efron! Was für Zeitungsausschnitte? Wer wird denn über diese Mara-Mara schreiben? Wo liegt das denn? Was ist mit ihm? Wer braucht das schon?«

Ich, nachdenklich: »In der Geographie existiert es nicht . . .«, Pause. »Und in der Geschichte auch nicht . . . Wie, wenn es überhaupt nicht existiert? Wenn sie es einfach erfunden hätten, – aus Angeberei? Alle Nationen, heißt es. Und den da haben sie ausstaffiert . . . Und er ist einfach stumm . . .«, vertraulich: »Sie haben absichtlich einen Stummen genommen, damit er sich nicht verrät, auf russisch . . .«

Mit Schaudern trinkt er seinen kaltgewordenen Tee aus: »Der T-t-teufel soll sich auskennen mit ihnen!«

Getrampel und Gepolter. Die Nationalitäten kommen von der Atzung zurück. Mit Pferdefleisch gestärkt, machen sie sich an die Ausschnitte. (Ein Schnitzel wäre besser, wie? Übrigens, vor der Revolution konnte ich, Hand aufs Herz, nicht nur Schnitzel von Innereien nicht unterscheiden – sondern auch Graupen von Mehl nicht! Und ich bereue es nicht im geringsten.)

Der Genosse Iwanow, besorgt: »Genossin Efron, der Genosse M-r könnte hereinschauen, machen wir schnell unseren Kram fertig.« Er schaufelt auseinander: »›Der Vormarsch der Roten Armee‹ . . . ein Steklow-Artikel . . . ›Die Liquidierung des Analphabetentums‹ . . . ›Nieder mit dem Weißgardisten-Gesin‹ . . . – Das ist für Sie – ›Die Bourgeoisie rüstet‹ . . . Wieder für Sie . . . ›Alle an die Rotfront‹ . . . Für mich . . . ›Aufruf Trotzkis an die Truppen‹ . . . Für mich . . . ›Die Weißrock-Studenten und die Weißgar‹ . . . Für Sie . . . ›Koltschaks Spießgesellen‹ . . . Für Sie . . . ›Die Bestialitäten der Weißen‹ . . . Für Sie . . .«

Ich ertrinke in Weiß. Unterm Ellenbogen – Mamontow, auf den Knien – Denikin, am Herzen – Koltschak.

Sei mir gegrüßt, mein »weißgardistisches Gesindel«!

Ich schreibe rasch und mit Leidenschaft.

»Ja wieso sind Sie denn noch nicht fertig, Genossin Efron? Zeitung, No., Datum, wer, was, – keine Einzelheiten! Ich war

anfangs genauso – große Gemälde, aber M-r hat mich zurechtgewiesen: Sie verbrauchen zuviel Papier.«
»Glaubt M-r eigentlich selbst daran?«
»An was?«
»An all das hier?«
»Was gibt es da zu glauben! Schreib ab, schneid aus, kleb auf . . .«
»Und hinein damit in Lethe, plumps! Wie bei Puschkin.«
»Aber M-r ist ein sehr gebildeter Mann, ich habe noch immer die Hoffnung nicht aufgegeben . . .«
»Denken Sie, das scheint mir auch so! Ich bin ihm vor kurzem am Galgen . . . pfui Teufel! – an der Garderobe begegnet: all diese ›weißgardistischen Bestialitäten‹ im Kopf . . . Es war Viertel nach zwölf! Er hat nichts gesagt, sogar irgendwie klug dreingeschaut . . . Also Sie haben immer noch Hoffnung?«
»Irgendwann abends schleppe ich ihn ganz gewiß einmal mit in den Esperantisten-Club.«
»Ein Aspirant des Esperanto?

Espère, enfant, demain! Et puis demain encore . . .
Et puis toujours demain . . . Croyons en l'avenir.
Espère! Et chaque fois que se lève l'aurore
Soyons là pour prier Dieu pour nous bénir.
Peut-être . . .

Ein Gedicht von Lamartine. Verstehen Sie Französisch?«
»Nein, aber denken Sie, das klingt sehr schön. Ach, was aus Ihnen für ein Esperantist werden könnte, Genossin Efron . . .«
»Dann sag ich Ihnen noch eins. In der 6. Klasse habe ich einen Aufsatz darüber geschrieben: ›A une jeune fille qui avait raconté son rêve‹.

Un baiser . . . sur le front! Un baiser – même en rêve!
Mais de mon triste front le frais baiser s'enfuit . . .
Mais de l'été jamais ne reviendra la sève,
Mais l'aurore jamais n'étreindra la nuit –

Gefällt Ihnen das?« Und, ohne ihn erst antworten zu lassen: »Dann sage ich es Ihnen noch weiter auf:

Un baiser sur le front! Tout mon être frissonne,
On dirait que mon sang va remonter son cours . . .
Enfant! – ne dites plus vos rêves à personne,
Et ne rêvez jamais . . . ou bien – rêvez toujours!

Nicht wahr, das geht durch und durch? Der Franzose, für den ich diesen Aufsatz schrieb, war ein bißchen in mich . . . Im übrigen, da lüge ich: es war eine Französin, und ich war in sie . . .«

»Genossin Efron!« Ein Flüstern, fast an meinem Ohr. Ich zucke zusammen. Hinter mit steht mein »weißer Neger«, ganz rot geworden. In der Hand Brot.

»Sie haben nicht zu Mittag gegessen, vielleicht möchten Sie? Nur, ich sage es Ihnen gleich, es ist mit Kleie . . .«

»Aber Sie haben doch selbst . . . Sie machen mich ganz verlegen . . .«

»Glauben Sie vielleicht«, mit kecker Miene, in jeder Kringellocke – Herausforderung, ». . . ich hätte es auf dem Smolensker Markt gekauft? Filimonowitsch vom östlichen Tisch hat es mir gegeben, – es ist von seiner Essensration, er selbst ißt es nicht. Die eine Hälfte habe ich gegessen, die andere ist für Sie. Für morgen hat er noch eins versprochen. Aber küssen werde ich ihn trotzdem nicht!«

(Die Erleuchtung: Gleich morgen schenke ich ihr einen Ring, jenen, den schmalen mit dem Almandin. Almandin – Aladin – Almansor – Alhambra – mit dem Almandin. Sie ist hübsch und kann ihn brauchen. Und ich verstehe ja sowieso nichts zu verkaufen).

Don. – Don. – Nicht der Fluß Don, sondern der Glockenklang. Zwei Uhr. Und – wieder eine Erleuchtung: Jetzt denke ich mir sofort etwas ganz Dringendes aus und gehe. Mit all dem über die Weißgardisten höre ich sofort auf – und gehe.

Schnell und schon ganz ohne lyrische Abschweifungen (ich selbst bin eine einzige solche Abschweifung!) besäe ich das graue Amtspapier mit den Perlen meiner Handschrift und den Vipern meines Herzens. Nur der Buchstabe Jat springt hervor, der konterrevolutionäre, der aussieht wie eine kleine Kirche mit Kuppel. – Jat!!! – »Genosse Kerschenzew beendet seinen Artikel mit dem Wunsch nach einem sicheren und prompten Galgen für General Denikin. Wünschen auch wir unsererseits dem Genossen Kerschenzew . . .«

»Sacharin! Sacharin! Man kann sich für Sacharin eintragen!«

Alle springen auf. Man muß die Genußsucht der anderen für die Zwecke der eigenen Freiheitsliebe nutzen. Heimlich und frech schiebe ich Iwanow meine Zeitungsausschnitte unter. Ich bedecke sie mit der Hälfte des Brots vom weißen Neger. (Die andere Hälfte ist für die Kinder.)

»Genosse Iwanow, ich gehe jetzt. Falls M-r nach mir fragt, sagen Sie, ich sei in der Küche, Wasser trinken.«

»Gehen Sie, gehen Sie nur.«

Ich packe den Entwurf zu »Casanova« zusammen, nehme die Korbtasche mit dem einen Pfund Salz . . . und mache mich aus dem Staub . . .

»Genossin Efron!« Er holt mich schon bei den Rittern ein. »Ich komme morgen den ganzen Tag nicht. Ich würde Sie sehr bitten, kommen Sie doch – na – wenigstens so gegen halb elf Uhr. Aber übermorgen brauchen Sie dann gar nicht zu kommen. Sie würden mir sehr helfen. Abgemacht?«

»Zu Befehl!«

Gleich darauf salutiere ich zackig vor den Augen der erstaunten Pförtner, und dann geht es im Laufschritt – im Laufschritt die weißgardistische Kolonnade entlang, über die beschneiten Blumenbeete hin, sowohl Nationalitäten als auch Sacharin, Esperanto und Natascha Rostowa hinter mir lassend – zu mir, zu Alja, zu Casanova: nach Hause!

Aus der »Iswestija«:
»Herrschaft über das Meer ist Herrschaft über die Welt!«
(Berauscht davon, wie von einem Vers.)

9./23. Januar (Nachrichten des Zentralen Vollzugsausschusses »Der Thronfolger«).
Einer liest vor: »Der noch minderjährige Sohn Kornilows, Georgij, wurde in Odessa zum Wachtmeister ernannt.«
Ich, durch das allgemeine Hohngelächter hindurch, unschuldig:
»Warum zum Wachtmeister? Sein Vater hat doch nicht bei der Polizei gedient?« (Aber in der Brust kocht es.)
Der Vorleser: »Na dort, wissen Sie, sind sie alle Gendarmen!«
(Das allerrührendste ist, daß weder der Kommunist noch ich in jenem Augenblick auch nur die mindeste Ahnung hatten von der Existenz eines Wachtmeisterranges bei den Kosaken.)

In unserem Narkomnaz gibt es eine Hauskapelle, – noch von den Sollogubs natürlich. Neben meinem rosa Saal. Neulich stahlen der »weiße Neger« und ich uns hinein. Finsternis, Funkeln, Kellergeruch. Wir standen auf der Empore. Der »weiße Neger« bekreuzigte sich, ich dachte mehr an die Ahnherren (Geistererscheinungen). In einer Kirche mag ich nur dann beten, wenn gesungen wird. In einem Raum fühle ich Gott erst recht nicht.
Liebe – und Gott. Wie bringen sie das in Einklang? (Liebe als Urelement des Liebevollen, irdischer Eros.) Ich schaue meinen »weißen Neger« von der Seite an: sie betet mit unschuldigen Augen. Mit denselben unschuldigen Augen, mit denselben gläubig betenden Lippen . . .
Wenn ich gläubig wäre und wenn ich Männer liebte, so würde das in mir miteinander im Streit liegen wie Kettenhunde.
Der Vater meines »weißen Negers« arbeitet als Pförtner in einem der Häuser (Paläste), in dem Lenin oft ist (im Kreml). Und mein »weißer Neger«, der oft den Vater an seinem Ar-

beitsplatz besucht, sieht Lenin ständig. – »So ein Bescheidener, mit Schirmmütze.«

Der »weiße Neger« ist Weißgardist, das heißt, um nicht alles durcheinanderzubringen: er liebt Weißmehl, Zucker und alle irdischen Güter. Und, was schon ernster zu nehmen ist, er ist glühend und zutiefst fromm.

»Geht er an mir vorbei, M. I., sag ich: ›Guten Tag, Wladimir Iljitsch!‹ – aber für mich«, ein dreist-vorsichtiger Blick rundum: » – Ach, wenn ich dich, du Soundso, jetzt bloß mit dem Revolver! . . . Raub die Kirchen nicht aus!« Sich erhitzend: »Und wissen Sie, M. I., so einfach, – ich würde den Revolver aus dem Muff ziehen und ihn um die Ecke bringen! . . .« Pause. »Ich kann nur nicht schießen . . . Und dann würden sie auch meinen Papascha erschießen . . .«

Geriete mein Neger in gute Hände, die schießen könnten und Schießen beibringen könnten und mehr noch, die umbringen und nicht bereuen könnten – ach! . . .

Bei uns im Kommissariat gibt es eine alte Jungfer – eine dürre – mit Schleife –, die in ihre beiden volljährigen Brüder, Ärzte, verliebt ist und für sie auf Kindermarken Schokolade kauft, – eine durchtriebene, streitsüchtige, die übrigens Fremdsprachen spricht (»aus guter Familie«) usw. Wenn sie von jemandes Krankheit hört, so diagnostiziert sie – mit unerschütterlicher Gewißheit und so, als ob sie mit der Hand etwas abhackte: »Sie hat sich angesteckt« oder »Er hat sich angesteckt«, je nachdem, ob vom weiblichen oder vom männlichen Geschlecht die Rede ist.

Ob Typhus oder Ischias – für sie ist alles S-lis.

Altjüngferliche Psychose.

Und es gibt eine andere – rundliche, etwas aufgedunsene, von der Großmutter erzogene, die Freundin meines weißen Negers, eine Provinzlerin. Das ist ein ganz rührendes Mädchen. Sie ist erst vor kurzem aus Rybinsk gekommen. Zu Hause blieben die Großmutter und ein kleines Brüderchen. Doppelter und unerschöpflicher Quell der Seligkeit.

»Unsere Großmutter, die ist so: kleine Kinder kann sie nicht ausstehen. Für nichts in der Welt nimmt sie einen Säugling auf den Arm: so ein Geruch, sagt sie, geht von ihnen aus, und Unruhe. Na, aber wenn sie größer geworden sind, dann macht es ihr nichts mehr. Sie zieht sie schön an und bringt ihnen etwas bei. Mich hat sie vom sechsten Jahr an aufgezogen. ›Willst du etwas essen?‹ – ›Ja.‹ – ›Na, dann geh in die Küche und schau, wie das Essen gemacht wird.‹ So konnte ich schon mit zehn Jahren einfach alles.« Lebhafter: »Nicht bloß Piroggen oder Fleischklöße, – auch Pasteten und Sülze und Torten ... Genauso mit dem Nähen: ›Du bist ein Mädchen, du sollst einmal Frau werden, Hausfrau, sollst die Kinder, den Mann benähen.‹ Ich wollte herumlaufen, sie hat mich bei der Hand genommen und auf die Bank gesetzt: ›Die Taschentücher säum‹, ›die Handtücher zeichne‹, und als der Krieg begonnen hatte – für die Verwundeten. Sie hat selbst zugeschnitten und genäht. Dann hat mein Papascha wieder geheiratet – ich bin Waise –, das Brüderchen wurde geboren, da hab ich selbst ihm die ganze Ausstattung ... Alle Windelchen gezeichnet, mit Plattstickerei ... Und sein Deckchen, in dem er spazierengefahren wird, ist von mir ganz mit Spitze umsäumt, vierfingerbreit, cremefarben ...« Selig: »Denn Großmutter hat mir auch Häkeln und Plattstickerei ... Einen eigenen Stickrahmen hat sie mir besorgt ... Reich haben wir gelebt! Und alles war selbstgemacht! Großmutter macht alles selbst und ich tu es auch ... Ich ertrag es nicht, wenn die Hände ruhen!«

Ich schaue auf ihre Hände! Goldene Händchen! Klein, rundlich; schlanke, ein wenig spitze Fingerchen. Ein winziges Türkisringlein. Sie hatte einen Bräutigam, er wurde vor noch nicht langer Zeit in Kiew erschossen.

»Sein Freund hat es mir geschrieben, auch ein Medizinstudent. Da geht mein Kolja aus dem Haus, ist noch keine zwei Schritte gegangen, plötzlich Schüsse. Ein Mann fällt ihm gerade vor die Füße. Aber Kolja ist Arzt, er kann einen Verwundeten nicht im Stich lassen. Er hat sich umgesehen: kein Mensch. Na, da hat er ihn genommen, zu sich ins Haus geschleppt und drei Tage lang gepflegt. Ein weißer Offizier, stellt sich heraus. Und am vierten Tag sind sie gekommen, haben beide mitgenommen und auch zusammen erschossen . . .«

Sie geht in Trauer. Das Gesicht schaut erdig grau aus dem Schwarz heraus. Nahrungsmangel, Schlafmangel, Einsamkeit. Die widerwärtige, unverständliche, ungewohnte Arbeit im Kommissariat. Das Trugbild des Bräutigams. Obdachlosigkeit.

Armes turgenjewsches Bürgermädchen! Epische Waise der russischen Märchen! An niemandem so sehr wie an ihr spüre ich das große Verwaistsein Moskaus im Jahr 1919. Nicht einmal an mir selbst.

Vor kurzem kam sie zu mir zu Besuch, stand vor meinen um- und umgewühlten Koffern: die Studentenuniform, der Offiziersfeldrock, Stiefel, Reithosen, – Schulterstücke, Schulterstücke, Schulterstücke . . .

»Machen Sie sie besser zu, Marina Iwanowna. Machen Sie zu und hängen Sie ein Schloß davor. Sonst legt sich Staub darauf, und im Sommer gehen die Motten daran . . . Vielleicht kommt er ja wieder . . .«

Und, versonnen einen hilflosen Ärmel glattstreichend:

»Ich könnte das so nicht. Ganz wie ein lebender Mensch . . . Ich muß auch gleich weinen . . .«

Vor kurzem waren wir in der Operette: sie, der »weiße Neger«, und ich (zum ersten Mal in meinem Leben). Die Melodien ganz hübsch, die Verse schlecht. Trocken und hart klingt die russische Sprache aus polnischem Mund. Jedoch . . . irgendeine Liebe, jedoch . . . fern von Heringen und Korbtaschen, jedoch . . . Licht, Lachen, Bewegung!

Dürftigkeit? Aber für mich ist je schlechter – desto besser. »Wahre Kunst.« Das würde mich jetzt verletzen. All meine Ansprüche stünden mir wieder vor Augen: »Ich bin kein Vieh!« So aber – eine Fälschung nach der anderen: nach der Sowjet-Farce – die Halbwelt-Farce.

Noch zwei Worte über meine »Braut«. Mit ihren nach dem Bräutigam ausgeweinten (wundervollen braunen) Augen klagt sie uns stundenlang die Seele aus dem Leib: »Ich mag so sehr alles Fette und Süße ... Früher war ich viel üppiger ... Ohne Rahmbutter kann ich nicht leben ... Die gefrorenen Kartoffeln wollen mir nicht in den Mund ...«

Preis dir, du Lieblingsspeise
Im Land des Kommunismus!

(Vers über den Stockfisch in der Menschewiken-Zeitung »Immer vorwärts«)

Mein Helfer.
Unser Tisch wurde um einen neuen Mitarbeiter (Mitfaulenzer wäre zutreffender) bereichert. Ein Hüne, mit Himbeerrot übergossen, von der Wolga gebürtig. Ewig und bären-hungrig. Beim Mittagessen verlangt er hoffnungslos Nachschlag: der schweigend hingestellte Teller klagt sanft und beharrlich. Er ißt alles.
Ein schöner Mann: achtzehn Jahre alt und solch ein Wangenrot, daß neben ihm zu sitzen zu heiß ist: ein Ofen! Ohne Bart und ohne Schnauz. Schüchtern. Er hat Angst sich zu rühren, – weiß, daß er zermalmt. Er hat Angst sich zu räuspern, – weiß, daß er taub macht. Schüchternheit und Sanftheit eines Riesen. Ich empfinde für ihn, wie für ein Riesenkalb, Zärtlichkeit, hoffnungslose, denn zu geben habe ich nichts.
Als ich ihn zum ersten Mal am Tisch sitzen sah – einen Ural-Bären über den Klöppelspitzen der »Iswestija«, lachten Iwanow und ich gleichzeitig. Was Iwanow dachte – weiß ich nicht, ich aber wußte im selben Augenblick: »Morgen komme ich nicht und übermorgen komme ich nicht und überübermor-

gen komme ich auch nicht. Ich werde Wäsche waschen und schreiben.«

Ich kam nicht drei, sondern sechs Tage lang nicht. Am siebten tauche ich wieder auf. Der Tisch ist leer – nicht ein einziger Zeitungsausschnitt darauf: wie mit der Zunge abgeleckt. Von Iwanow – keine Spur. Der Bär, die Ellbogen breit aufgestützt, herrscht alleine.

Ich, beunruhigt: »Und wo ist Iwanow? Wo sind die Zeitungsausschnitte?«

Der Bär, strahlend: »Iwanow ist mir seither nicht mehr vor die Augen gekommen! Ich hab hier eine ganze Woche lang alleine gethront.«

Ich, entsetzt: »Aber die Zeitungsausschnitte?! Haben Sie das Journal weitergeführt?«

Er, glückselig: »Was für ein – Journal! Ist alles im Papierkorb! Ich hab's wohl versucht –, aber die Feder war schlecht, das Papier ganz morsch, ich schreibe und kann's selbst nicht mehr entziffern. Und so schläfrig bin ich dabei geworden . . . Es geht wohl aufs Frühjahr zu.«

(Ich, in Gedanken: Du lügst, Bär, auf den Winter!)

Er fährt fort: »Na, denk ich, laß es drauf ankommen! Zusammengepackt hab ich sie, diese Bettlaken da, und in den Papierkorb damit. Am Morgen komm ich her – da ist er leer. Die Putzfrau hat's wohl verbrannt. Und so jeden Tag. Die kleinen sind noch alle da, hab ich für Sie aufgehoben.«

Er zieht die Schublade auf: eine Wolke weißer Falter!

Und ich, verführt von der Zeile und schon losgerissen, in Gedanken:

»Wolke weißer Falter! Eins und zwei . . . und vier . . .
(– nein! –)
Wolke weißer Mädchen! Eins und zwei . . . und vier . . .
Wolke weißer Mädchen! Nein, im Äther hier –
Wolke weißer Falter! Zephirwolke, schöne,
Kleiner Töchter großfürstlicher Söhne . . .«

und, mich wieder losreißend, zum »Mitarbeiter«:

»Das werden wir gleich alles wieder rekonstruieren ...« (in Gedanken: bis auf die Großfürstentöchter!) »Gliedern Sie chronologisch.«
Er: »Wie das?«
Ich: »Dem Datum nach. Na, 5. Februar. Eine römische II – das ist der Februar, verstehen Sie? I ist Januar, II – Februar ...«
Er hält den Atem an und rührt sich nicht.
»Dann, warten Sie mal ... Dann schreiben Sie einfach einen Brief nach Hause. Nehmen Sie die Feder und schreiben Sie: ›Liebe Mama, es ist hier sehr langweilig, und ich bin hungrig‹ ... So in der Art, oder andersherum: ›Es ist hier sehr lustig, und ich bin satt.‹ Sonst hat sie Kummer. Und ich werde jetzt die Artikel von Steklow und Kerschenzew rekonstruieren.«
Er, begeistert: »Aus dem Kopf?!«
Ich: »Aus dem Herzen doch wohl nicht!«
Und, in einem Zug: »In seinem Artikel vom 5. Februar 1919, ›Das Weißgardisten-Gesindel und der weiße Elefant‹*, behauptet Genosse Kerschenzew ...«

Wir ziehen an einen neuen Lagerplatz – aus dem Haus der Rostows in das Jerusalemer Hospiz. Ganze zehn Tage ziehen wir um. Stehlen die letzten Reste der Rostow-Sollogubschen Habe weg. Ich nahm mir zur Erinnerung einen Teller mit Wappen. Auf ziegelrotem Grund – ein Barsoi. Ein lyrischer Diebstahl, sogar ein ritterlicher: der Teller ist nicht tief und nicht flach, heutzutage – unverkennbar für einen mittelweichen Stockfisch, doch bei mir zu Hause wird darin mein Tintenfaß stehen.
Arme Sollogubsche Elzevir-Ausgaben! In aufgebrochenen Kisten! Draußen im Regen. Pergamenteinbände, zierliche französische Lettern ... In ganzen Fuhren schaffen sie sie fort. Die Bibliothekskommission leitet Brjussow.
Sie holen: Sofas, Kommoden, Kristallüster. Meine Ritter blei-

* Ein Artikel, den es niemals gegeben hat.

ben da. Die auf die Wand gemalten Portraits anscheinend auch. Noch an Ort und Stelle – Beuteteilung. Eifersüchtiger Streit der »Tische«:
»Das ist für unseren Abteilungsleiter!«
»Nein, für unseren!«
»Wir haben doch schon den Tisch aus karelischer Birke, dazu gehört auch der Sessel.«
»Grade weil ihr schon den Tisch habt, bleibt der Sessel bei uns!«
»Aber man kann doch nicht die Garnitur spalten!«
Ich, sentenziös:
»Man kann nur Köpfe spalten!«
Die »Tische« sind uneigennützig, – wir werden sowieso nichts abbekommen. Alles geht in die Büros der Abteilungsleiter. Mein weißer Neger kommt hereingeflogen:
»Genossin Efron! Wenn Sie wüßten, wie schön es bei Z-ler aussieht! Ein Sekretär aus rotem Holz, ein Teppich, bronzene Wandleuchter! Ganz wie in alten Zeiten! Wollen Sie, dann sehen wir's uns mal an?«
Wir laufen durch die Stockwerke hinauf. Zimmer No. . . . Abteilung soundso . . . Büro des Abteilungsleiters. Wir gehen hinein. Der Neger, triumphierend:
»Na?«
»Nur noch ein Kissen unter die Füße und ein Bologneser Hündchen . . .«
»Für ihn reicht auch ein Kater!«
Aus ihren Augen – ein vergnügter Teufel.
»Genossin Efron! Fangen wir ihm einen Kater! Hier in Wohnung No. 18 ist einer. Ja?«
Ich, scheinheilig:
»Aber er wird hier alles dreckig machen.«
»Genau das will ich ja! Plünderer, verdammte!«
In drei Minuten ist der Kater gestohlen und eingesperrt. Die »Arbeit« ist beendet. Wir fliegen, wie besinnungslos, alle sechs Stockwerke hinab.

»Genossin Efron! Die himbeerfarbene Ottomane, wie?«
»Und die Teppiche der Gräfin, wie?«
Uns hinterdrein das diabolische Miauen des Rächers.

Die drei lebensnotwendigen M.
»Na, wie haben Sie die Kartoffeln nach Hause gebracht?«
»Ach, ganz gut, mein Mann hat mich abgeholt.«
»Wissen Sie, man muß die Kartoffeln mit Mehl vermischen. ⅔ Kartoffeln, ⅓ Mehl.«
»Wirklich? Das werde ich meiner Mutter sagen.«
Ich habe: weder Mutter noch Mann, noch Mehl.

Die gefrorenen Kartoffeln.
»Genossin Efron! Sie haben Kartoffeln geliefert! Gefrorene!«
Ich erfahre es natürlich als allerletzte, aber schlechte Nachricht kommt immer zu früh.
Die »Unsrigen« fuhren auf Expedition, verhießen Zuckerberge und Speckvorräte, sind zwei Monate herumgefahren und brachten ... gefrorene Kartoffeln mit! Für jeden drei Pud. Mein erster Gedanke: Wie soll ich das heimbringen? Mein zweiter: Wie sollen wir das essen? Die drei Pud sind verfault. Die Kartoffeln lagern in einem Keller, in einer tiefen, stockfinsteren Gruft. Die Kartoffeln sind krepiert, und man hat sie begraben, wir aber, die Schakale, werden sie wieder ausgraben und auffressen. Man sagt, sie brachten sie frisch her, aber dann hat es plötzlich einer »verboten«, und bis sie das Verbot wieder aufgehoben hatten, waren die Kartoffeln – zuerst erfroren, dann wieder aufgetaut – verfault. Drei Wochen lagen sie auf dem Bahnhof. Ich laufe nach Hause, Säcke und einen Schlitten holen. Der Schlitten gehört Alja, ein Kinderschlitten mit Glöckchen und blauen Lenkriemen, – mein Geschenk an sie aus dem Wladimirschen Rostow. Ein weitmaschiges Geflecht in Körbchenform, die Rückenlehne ist mit einem einfachen, handgearbeiteten Teppich beschlagen. Nur noch zwei Hunde vorgespannt – und auf geht's! – zum Polarlicht ...

Doch als Hund diene ich, und das Polarlicht blieb hinter mir zurück: Aljas Augen! Sie war damals zwei Jahre alt, majestätisch war sie. (»Marina, schenk mir den Kreml!«, mit dem Finger auf die Türme zeigend.) Ach, Alja! Ach, mit dem Schlitten durch die mittäglichen Gassen! Mein Tigerpelzmantel (oder Leopard? Schneeleopard?), den Mandelstam, in Moskau verliebt, hartnäckig den Bojarenpelz titulierte. Der Schneeleopard! Die Schlittenglöckchen!
Vor dem Keller steht eine lange Schlange. Eisbedeckte Treppenstufen. Es überläuft mich kalt: wie soll ich sie heraufziehen? Meine Hände, – an diese Wunder glaube ich, aber . . . drei Pud treppauf! Über dreißig widerstrebende und zurückwerfende Stufen hin! Außerdem ist eine Kufe zerbrochen. Außerdem traue ich den Säcken nicht. Vor allem aber amüsiere ich mich dermaßen, daß man mir – koste es, was es wolle! – nicht helfen wird.
Sie lassen in Gruppen ein: zu zehnt. Alle – in Paaren, die Männer sind von der Arbeit hergelaufen, die Mütter haben sich hergeschleppt. Lebhafte Wortwechsel, Pläne: jener tauscht, dieser wird zwei Pud trocknen, ein dritter wird sie durch den Fleischwolf geben (und das mit drei Pud?!) – sie zu essen beabsichtige offenbar nur ich.
»Genossin Efron, werden Sie noch zusätzlich welche nehmen? Für jedes Familienmitglied gibt es ein halbes Pud extra. Haben Sie eine Bescheinigung über Ihre Kinder?«
Einer:
»Das rate ich nicht! Da ist ein einziger Schleim übriggeblieben.«
Ein anderer:
»Verschachern kann man sie immer noch!«
Wir rücken voran. Wehs und Achs, von Zeit zu Zeit – Gelächter: Hände sind sich in der Dunkelheit begegnet: eine Männer- und eine Frauenhand (eine Männerhand – einer anderen, das ist nicht lustig). Apropos, woher diese erheiternde Wirkung des Eros auf die Kleinen dieser Welt? Herausforderung?

Selbstschutz? Armut der Ausdrucksmittel? Scheu unter dem Deckmantel von Leichtigkeit? Kinder lachen ja auch oft, wenn sie Angst bekommen. »*L'amour n'est ni joyeux ni tendre.*«
Aber vielleicht – höchstwahrscheinlich sogar – ist da überhaupt keinerlei *amour*, sondern einfach nur Unerwartetheit: eine Männerhand einer anderen – Geschimpfe, eine Männerhand einer Frauenhand – Gelächter. Unerwartetheit und Ungestraftheit.
Sie reden von der bevorstehenden Gerichtsverhandlung für die Mitarbeiter, – sie haben eine riesige Abrechnung sowohl über das Verkaufte als auch über das Verbrauchte vorgelegt. Irgendwelche Einquartierungen, Fuhrwerke, Kutscher ...
Sich selbst haben sie natürlich am meisten beschafft.
»Haben Sie gemerkt, wie der und der sich herausgemästet hat?«
»Und der und der? Dem platzen die Backen!«
Sie lassen ein. Uns entgegen ein verrückt gewordener Schlittenzug. Kufen schlagen an die Beine. Zurufe. Finsternis. Wir gehen durch Pfützen. Ein wahrer Verwesungsgeruch.
»So macht doch Platz!!!«
»Genosse, Genosse! Der Sack ist geplatzt!«
Pitsch. Patsch. Die Füße versinken bis zum Knöchel. Einer, den ganzen Zug bremsend, zieht sich wütend die Schuhe aus: seine Filzstiefel sind durch und durch naß. Ich spüre meine Füße schon lange nicht mehr.
»Ja wird es denn irgendwann einmal Licht geben?!«
»Genossen! Ich hab meine Bescheinigung verloren! Bei allem, was euch heilig ist, – ein Streichholz!«
Es flammt eines auf. Einer schaufelt auf den Knien, im Wasser, hilflos den Schleim auseinander.
»Suchen Sie doch in Ihren Taschen!« – »Vielleicht haben Sie sie zu Hause vergessen?« – »Als ob man hier etwas finden könnte?!« – »Geht doch weiter! Geht doch weiter!« – »Genossen, da kommt uns die andere Gruppe entgegen! Achtung!!!«
Und plötzlich Lichteinfall. Lichteinfall und Wasserfall. Ein

quadratisches Loch in der Decke, durch das Regen und Licht hereinfallen. Es gießt wie aus Dutzenden von Rohren. – »Wir ertrinken!« – Sprünge, Sätze, einer hat seinen Sack losgelassen, einem anderen ist im Durchgang der Schlitten steckengeblieben. – »O Gott!«

Die Kartoffeln liegen auf dem Boden. Sie füllen drei Gänge. Am etwas geschützteren Ende sind sie weniger verfault. Aber einen anderen Weg dahin als über sie hinweg gibt es nicht. Und so treten wir sie: mit Füßen, mit Stiefeln. Wie über einen Berg von Quallen. Einsammeln muß man sie mit bloßen Händen: drei Pud. Die nicht aufgetauten kleben in riesengroßen Trauben zusammen. Ich habe kein Messer. Und so nehme ich sie, verzweifelt (die Hände spüre ich schon lange nicht mehr), wie sie gerade kommen: zerquetschte, gefrorene, aufgetaute . . . Der Sack ist schon übervoll. Die Hände, endgültig steifgefroren, binden ihn nicht mehr zu. Ich nütze die Dunkelheit und fange an zu weinen, höre übrigens aber gleich wieder auf:
»Auf die Waage! Auf die Waage! Wer braucht die Waage?!«
Ich wälze, ziehe meinen hinauf.
Zwei Armenier wiegen ab, der eine in Studentenuniform, der andere in kaukasischer. Die schneeweiße Burka schaut aus wie eine gefleckte Hyäne. Ganz wie der Erzengel des kommunistischen Jüngsten Gerichts! (Die Waage lügt notorisch!)
»Genosse Fräulein! Halt das Publikum nicht auf!«
Geschimpfe. Fußtritte. Die Hinteren drängen nach. Ich halte ganz den Durchgang versperrt. Endlich erbarmt sich der Kaukasier – oder wird wütend und befördert meinen Sack mit dem Fuß herunter. Der nur lose zusammengebundene Sack geht auf. Hinklatschen. Aufplatschen. Geduldig und ohne Hast sammle ich alles wieder ein.

Der Rückweg mit den Kartoffeln. (Ich nahm nur zwei Pud mit, das dritte versteckte ich.) Zuerst durch die blindwütigen

Gänge, dann die widerstrebende Treppe hinauf, – ob Tränen oder Schweiß im Gesicht, ich weiß es nicht.

Und ich weiß nicht: brennen Tränen
Oder Regen mein Gesicht . . .

Vielleicht auch Regen. Nicht darum geht es jetzt! Die Schlittenkufe ist sehr schwach, in der Mitte zersplittert, damit komme ich wohl kaum bis ans Ziel. (Nicht ich ziehe den Schlitten, gemeinsam ziehen wir. Der Schlitten ist ein Mitstreiter in der Not, die Not aber sind die Kartoffeln. Wir schleppen unsere eigene Not!)

Ich habe Angst vor den Plätzen. Am Arbat-Platz führt kein Weg vorbei. Ich könnte von der Pretschistenka aus durch die Gassen gehen, aber da würde ich mich verirren. Weder Schnee noch Eis: durch Wasser ziehe ich den Schlitten, stellenweise – übers Trockene. Nachdenklich und erfreut betrachte ich die Pflastersteine, schon ist ihre rosa Farbe zu sehen . . .

»Wie habe ich all das geliebt!«

Ich muß an Stachowitsch denken. Sähe er mich jetzt, würde ich unweigerlich zum Gegenstand seiner Abscheu. Alles, bis hin zum Gesicht, ist bespritzt. Ich sehe nicht besser aus als mein Sack. Die Kartoffeln und ich, wir sind jetzt eins.

»Ja wohin re-ennst du denn? Ist denn so was möglich – mitten in die Leute rein?! Bourgeoise, ungeschwänzte!«

»Natürlich ungeschwänzt, – nur Teufel haben Schwänze!« Gelächter rundherum. Der Soldat gibt keine Ruhe:

»Da schau her, die Bourgeoise, ein Hütchen hat sie sich übergestülpt! Aber sich das Gesicht waschen . . .«

Ich, im selben Tonfall, auf seine Wickelgamaschen zeigend:

»Da schau her, Fußlappen hat er sich umgehängt!«

Das Gelächter schwillt an. Ich möchte mir den Wortwechsel nicht entgehen lassen und bleibe stehen, so als ob ich den Sack zurechtrückte.

Der Soldat gerät außer sich:

»Oberklasse nennt sich das! Intelligenzija! Ohne Diener können sie sich nicht mal das Gesicht waschen!«

Eine Bauersfrau, kreischend:
»Da gib du erst mal Seife her! Wer hat denn die ganze Seife aufgewaschen? Weißt du, was sie auf der Sucharewka kostet?«
Einer aus der Menge:
»Woher soll er das wissen? Er kriegt ja staatliche! Und Sie, mein Fräulein, ziehen Kartoffeln?«
»Ja, gefrorene. Auf der Arbeitsstelle haben sie welche ausgegeben.«
»Versteht sich, gefrorene, – die guten brauchen sie ja für sich selbst! Kann ich Ihnen helfen?«
Er schiebt an, die Riemen spannen sich, ich gehe los. Hinter mir die Stimme der Bäuerin – zum Soldaten:
»Was ist dabei, daß sie einen Hut trägt, ist sie deshalb vielleicht kein Mensch, wie?«
Er rä-so-ni-iert!

Bilanz des Tages: zwei Kübel Kartoffeln. Wir essen alle: Alja, Nadja, Irina und ich. Nadja – zu Irina, listig:
»Iß, Irina, sie sind süß, mit Zucker.«
Irina wendet sich starrköpfig ab: »N-n-nei . . .«

20. März.
Statt »Monplenbesch« schreibe ich nach kurzem Überlegen »Monplesir« (Monplaisir), – eine Art kleines Versailles aus dem 18. Jahrhundert.

Mariae Verkündigung 1919.
Die Preise:
1 Pfund Mehl – 35 Rubel.
1 Pfund Kartoffeln – 10 Rubel.
1 Pfund Karotten – 7 Rubel 50 Kopeken.
1 Pfund Zwiebeln – 15 Rubel.
Hering – 25 Rubel.
(Mein Lohn – die Tarifsätze sind noch nicht raus – 775 R. im Monat.)

25. April 1919.
Ich verlasse das Kommissariat. Ich gehe, weil ich keine Klassifikation zusammenstellen kann. Ich habe es versucht, mit aller Kraft, – es geht nicht. Ich verstehe es nicht. Ich verstehe nicht, was sie da von mir verlangen: »Stellen Sie zusammen, vergleichen Sie, sortieren Sie aus ... Zu jeder Abteilung – eine Unterabteilung.« Alle sagen ein und dasselbe, als hätten sie sich verschworen. Ich habe alle befragt: vom Abteilungsleiter bis zum elfjährigen Laufburschen. »Das ist ganz einfach.« Und vor allem, niemand glaubt mir, daß ich es nicht verstehe, sie lachen. Schließlich setzte ich mich an den Tisch, tauchte die Feder ein und schrieb: »Klassifikation«, dann, nach einer Weile Nachdenken: »Abteilungen«, dann, nach noch einer Weile Nachdenken: »Unterabteilungen«. Rechts und links auf die Seite. Dann erstarrte ich.

Ich habe 5 ½ Monate gearbeitet, noch zwei Wochen – und ich bekäme Urlaub (bei Fortzahlung des Gehalts). Aber ich kann nicht. Und die Zeitungsausschnitte von drei Monaten sind noch nicht aufgeklebt. Und auf das Jat fangen sie nun auch schon an zu schauen: »Haben Sie sich wirklich noch nicht daran gewöhnt, Genossin Efron? ...« Die Klassifikation soll bis zum 28. vorgelegt werden. Letzte Frist. Das muß man den Kommunisten lassen, sie sind vertrauensvoll und geduldig. Eine Behörde des alten Regimes hätte mich auf den ersten Blick durchschaut und sofort hinausgejagt. Hier stelle ich selbst den Antrag auf Entlassung.
Der Abteilungsleiter M-r, nachdem er meinen Antrag durchgelesen hat, kurz:
»Bessere Bedingungen?«
»Kriegs-Essensration und Sonderessen für alle Familienmitglieder.«
(Blitzartigst und höchst frech erfunden.)
»Dann wage ich nicht, Sie zurückzuhalten. Nur verrechnen Sie sich nicht: Solche Behörden gehen schnell wieder ein.«

»Ich bin dort verantwortlicher Mitarbeiter.«
»Auf wessen Empfehlung hin?«
»Zweier Mitglieder der Partei noch von vor dem Oktober.«
»Als was werden Sie eingestellt?«
»Als Übersetzer.«
»Übersetzer brauchen wir dringend. Ich wünsche Ihnen viel Erfolg.«
Ich gehe hinaus. Schon an der Tür – der Zuruf:
»Genossin Efron, die Klassifikation werden Sie natürlich vorlegen?«
Ich, flehentlich:
»Alles Material liegt bereit ... Mein Nachfolger wird sich leicht zurechtfinden ... Ziehen Sie es lieber vom Gehalt ab!«

Sie zogen es nicht ab. Nein, Hand aufs Herz, von den Kommunisten habe ich für meine Person bis zum heutigen Tag nichts Böses erlebt (vielleicht habe ich keine bösen erlebt!). Und nicht sie hasse ich, sondern den Kommunismus. (Schon zwei Jahre lang höre ich von allen Seiten: »Der Kommunismus ist herrlich, die Kommunisten sind schrecklich!« Es hängt mir schon zum Ohr heraus!)
Aber, um auf die Klassifikation zurückzukommen (und die Erleuchtung: ist nicht auf sie der ganze Kommunismus zurückzuführen?! – Punkt für Punkt genau dasselbe wie im Alter von fünfzehn Jahren mit der Algebra, vor sieben – mit der Arithmetik!): Die Augen stehen voll, das Blatt leer. Dasselbe wie mit dem Zuschneiden – ich verstehe es nicht, verstehe nicht: wo links, wo rechts ist, in den Schläfen – eine Schraube, in der Stirne – Blei. Dasselbe mit dem Verkaufen auf dem Schwarzmarkt, früher einmal – mit dem Einstellen eines Dienstmädchens, mit all meinem hundertpudschweren irdischen Alltag: ich verstehe nicht, ich kann nicht, es geht nicht.
Ich denke, wollte man andere zwingen, meine »Fortuna« zu schreiben, würden sie genau dasselbe empfinden wie ich jetzt.

Ich beginne mit der Arbeit im Monplenbesch, – in der Kartothek.
26. April 1919.
Eben erst bin ich zurückgekommen, und hier mein hochheiliger Schwur: ich gehe nicht mehr arbeiten. Niemals. Und wenn ich auch sterbe.
Das war so: Smolenskij-Boulevard, das Haus im Garten. Ich gehe hinein. Ein Zimmer wie ein Grab. Wände von Karteikarten: kein Lichtschimmer. Die Luft papieren (nicht Bücherluft, edle, sondern staubige. Das eben ist der Unterschied zwischen einer Bibliothek und einer Kartothek: dort atmest du den Tempel, hier – den Krempel!). Abschreckend gut gekleidete Fräulein (die Mitarbeiterinnen). In Schleifen und »Stiefeletten«. Sie mustern mich – und fangen an, mich zu verachten. Ich sitze einem vergitterten Fenster gegenüber, in der Hand das russische Alphabet. Die Karteikarten müssen nach Buchstaben geordnet werden. Alle auf A, alle auf B, dann nach dem zweiten Buchstaben, das heißt: A*b*rikosow, A*ch*werdow, dann nach dem dritten. Und so von 9 Uhr morgens bis halb sechs Uhr abends. Das Mittagessen ist teuer, Essen entfällt. Früher gaben sie das eine oder andere aus, jetzt gar nichts. Die Osterration habe ich verpaßt. Die Abteilungsleiterin – ein kurzbeiniger vierzigjähriger Tintenfisch in Korsett und Brille – ist schrecklich. Ich wittere die ehemalige Pensionatsaufseherin und die heutige Gefängniswärterin. Mit höhnischer Unverblümtheit erstaunt sie über meine Langsamkeit: »Bei uns ist die Norm – zweihundert Karteikarten pro Tag. Sie sind offenbar mit dieser Sache nicht vertraut . . .«
Ich weine. Ein steinernes Gesicht und Tränen wie Pflastersteine. Das gleicht eher einem schmelzenden Götzen aus Zinn als einer weinenden Frau. Niemand sieht es, denn niemand hebt die Stirn: Schnelligkeitswettbewerb.
»Ich habe soundso viel Karteikarten.«
»Ich soundso viel!«
Und plötzlich, ich weiß selbst nicht wie, stehe ich auf, sammle meine Habseligkeiten ein und gehe zur Abteilungsleiterin:

»Ich habe mich für heute nicht zum Essen eingetragen, wenn Sie erlauben, gehe ich schnell nach Hause.«
Ein scharfer Blick aus der Brille:
»Wohnen Sie weit weg?«
»Gleich nebenan.«
»Aber daß Sie in einer halben Stunde wieder hier sind. Das ist bei uns nicht üblich.«
»Oh, natürlich.«
Ich gehe hinaus – immer noch Statue. Auf dem Smolensker Markt Tränen – wie Hagel. Eine Bauersfrau, erschrocken:
»Ach, haben sie dich bestohlen, Fräulein, wie?«
Und plötzlich – Lachen! Jubel! Sonne übers ganze Gesicht! Schluß, aus. Nirgendwohin. Nie mehr.

Nicht ich bin aus der Kartothek fortgegangen: die Füße haben mich fortgetragen! Die Füße waren die Seele: ohne vom Bewußtsein aufgehalten zu werden. Eben das ist Instinkt.

Epilog

7. Juli 1919.
Gestern las ich im »Palast der Künste« (Powarskaja 52, das Haus der Sollogubs, meine ehemalige Arbeitsstelle) – »Fortuna«. Ich wurde gut aufgenommen, von allen, die lasen, als einzige – schon mit Applaus begrüßt. (Eine Wertung nicht meiner selbst, sondern des Publikums.)
Außer mir lasen: Lunatscharskij – etwas von dem Schweizer Dichter Karl Müller, Übersetzungen; ein gewisser Dir Tumannyj – etwas eigenes, das heißt etwas von Majakowskij, – es gibt jetzt viele Dir Tumannyjs, und alle sind sie ein einziger Majakowskij!
Lunatscharskij sah ich zum ersten Mal. Lustig, rotwangig, gleichmäßig und maßvoll aus einem etwas zu dandyhaften taillierten Militärrock hervorquellend. Das Gesicht mäßig intellektuell: Unfähigkeit zum Bösen. Eine reichlich rundliche

Figur, aber »von leichter Fülle« (wie Anna Karenina). Ganz unbeschwert.

Er hörte, wie man mir erzählte, gut zu, zischte sogar selbst, als Unruhe entstand. Aber der Saal war anständig.

»Fortuna« hatte ich wegen des Schlußmonologs ausgesucht:

> . . . So habt ihr's auch verdient, für euer Lügen
> Von Freiheit, Brüderlichkeit, Gleichheit!

So prononciert habe ich noch nie gelesen.

> . . Und ich, Lauzun, mit Händen, weiß wie Schnee,
> Erheb das Glas zum Hoch auf die da unten!
> Und ich, Lauzun, sag laut, daß gleichberechtigt
> Unter der Sonne – Adliger und Knecht!

So verantwortungsbewußt habe ich noch nie geatmet. (Verantwortung! Verantwortung! Welche Lust kann sich mit dir vergleichen! Und welcher Ruhm?! Der Monolog eines Adligen – einem Volkskommissar ins Gesicht – das nenne ich Leben! Schade nur, daß es Lunatscharskij war, und nicht . . . ich hatte schreiben wollen: Lenin, aber Lenin hätte überhaupt nichts verstanden, – und nicht die ganze Lubjanka No. 2!)

Der Lesung schickte ich eine Art Einleitung voran: Wer war Lauzun, was wurde aus ihm und weshalb kam er um.

Nach Schluß stehe ich alleine, mit zufälligen Bekannten. Wären sie nicht gekommen, dann alleine. Hier bin ich ebenso eine Fremde wie unter den Mietern meines Hauses, in dem ich seit fünf Jahren lebe, wie auf der Arbeitsstelle, wie früher in allen sieben russischen und ausländischen Pensionaten und Gymnasien, die ich besuchte, wie immer und überall.

Ich las in ebenjenem rosa Saal, in dem ich gearbeitet hatte. Der Kristallüster strahlte (früher steckte er in einem Überzug). Die Möbel waren wieder aufgetaucht. Die Wände waren durch die Portraits der Ahnherrinnen wieder sehend geworden. (Sowohl Lüster wie Möbel, Urahnen, Luxusgegenstände und Gerätschaften – bis hin zum Küchengeschirr –, all das hatte der

»Palast der Künste« dem Narkomnaz wieder abspenstig gemacht. Klagt, Abteilungsleiter!)
In einem der Säle – eine bezaubernde, marmorne Psyche. Das Auf-der-Hut-Sein der Seele und der Badenden. Viel Bronze und viel Dunkelheit. Die Zimmer sind gesättigt. Damals, im Dezember, waren sie hungrig: nackt. Ein solches Haus verlangt nach Dingen. Hier sind die Dinge am allerwenigsten – Materialität. Ein nicht verkäufliches Ding ist schon ein Zeichen. Und hinter dem Zeichen ist – unausweichlich – ein Sinn. In einem solchen Haus sind die Dinge »Sinne«.

Ich schmiegte mich ein wenig an meine Ritter.

14. Juli 1919.
Vorgestern nachmittag erfuhr ich von B-t, daß der Leiter des »Palasts der Künste«, R-ow, meine Lesung der »Fortuna« – eines ureigensten Stückes, noch nirgendwo gelesen, und die Lesung hatte 45 Minuten, wenn nicht länger gedauert – mit 60 Rubeln honorierte.
Ich beschloß, sie – öffentlich – mit folgenden Worten abzulehnen: »Diese 60 R. nehmen Sie sich selbst – für 3 Pfund Kartoffeln (vielleicht finden Sie welche zu 20 R.!) – oder 3 Pfund Himbeeren – oder 6 Schächtelchen Streichhölzer, ich aber gehe und stifte für meine 60 R. der Iberischen Mutter Gottes eine Kerze für das Ende einer Ordnung, in der Arbeit so honoriert wird.«

Moskau, 1918-1919
(»Sowremennyje Sapiski« No. 26, Paris 1925)

Der Tod Stachowitschs (27. Februar 1919)

(Aus dem Tagebuch)

Alja und ich sind bei Antokolskij*. Es ist Sonntag. Es taut. Wir kommen gerade aus der Erlöser-Kathedrale, wo wir das konterrevolutionäre Flüstern der Wanderpilger hörten und (in kleinen Pelzmützchen – in Pelzmänteln mit »Ballonärmeln«) das der mageren, gutherzigen Frauen, die kaum noch Frauen, der Damen, die kaum noch Damen sind, mit denen zusammen es so gut auf dem Friedhof ist.

»Sie haben Rußland ins Verderben gestürzt . . . In der Heiligen Schrift steht alles geschrieben . . . Der Antichrist . . .«

Die Kathedrale ist groß und dunkel. An der Decke – ein schwindelerregender Gott. Kleine Kerzen-Inseln.

Antokolskij trägt mir Verse vor – »Prolog zu meinem Leben«, die ich »Rechtfertigung von allem« nennen würde. Doch da ich das nicht darf, da ich zur gegebenen Zeit Russin bin, schweige ich mit einem Schweigen, schärfer und schwerwiegender als Worte. Wir verabschieden uns. Alja setzt ihre Kapuze auf. In der Tür der Studio-Schüler W. mit steinernem Gesicht.

»Ich bringe eine schreckliche Nachricht: Alexej Alexandrowitsch Stachowitsch hat sich gestern erhängt.«

In der Kirche (am Strastnoj-Boulevard, an den Namen erinnere ich mich nicht mehr) stand der zweifache Dampf von Weihrauch und Atem. Um mich zu bekreuzigen, zog ich jedesmal den Fäustling aus. Wachs tropfte, Tränen habe ich keine. Ich sehe die Hände – aus etwas anderem: nicht Fleisch –, die nur die Form – die wunderschöne! – des Lebenden bewahrt haben. Dieselben, mit denen er auf der Krim Rosen veredelte und – die Rosen gingen zu Ende – aus der Gardinenschnur eine Schlinge knüpfte. Der Kopf in der schweren Pracht des

* Ein Dichter, Schüler des Wachtangow-Studios.

Todes. Die Augenlider – wie Vorhänge: heruntergelassen, Ende. Wenn da Leiden ist, so in den Schläfen. Das übrige ruht. Stehe ich an einem Sarg, dem eines nahen oder entfernten Bekannten, habe ich immer dieselbe Frage: Wer ist der nächste? Ich werde ja doch so über einem weiteren Gesicht stehen? Von wem? – Dieser Gedanke ist wie eine Versuchung in mir. Ich weiß, daß der Tote es weiß. Keine Frage, ein Verhör. Und die Endlosigkeit dieser Antwort . . .

Noch eines: Wer mir der Tote auch war, vielmehr: wie wenig ich ihm, dem Lebenden, auch war, ich weiß, daß zur Stunde (von der Stunde an, die ein Ende macht mit den Stunden) ich ihm von allen am nächsten bin. Vielleicht – weil ich mehr als alle anderen *am Rande* stehe, leichter als alle anderen nachfolgen werde (würde). Es gibt nicht diese Wand: Lebender – Toter, war – ist. Es gibt das gegenseitige Vertrauen: er weiß, daß ich trotz des Körpers – bin, ich weiß, daß er trotz des Sarges – ist! Freundschaftliche Verabredung, Vereinbarung, Verschwörung. Er ist nur ein wenig älter. Und mit jedem Fortgehen geht – ein Teil meiner selbst, meiner Sehnsucht, meiner Seele fort ins *Dorthin!* ins *Dort!* Mir vorauseilend – nach Hause. Fast wie: »Grüßen Sie jene . . .«

Aber auferstehend mit ihm, sterbe ich auch mit ihm. Ich kann am Sarg nicht weinen, denn auch mich vergraben sie! Mit einem gewissen Verlust meiner irdischen Glaubwürdigkeit zahle ich für meine Bestätigung in jener Welt. (Die Bezahlung für die Überfahrt? Schließlich bezahlten die Schatten doch Charon? Ich schicke meinen Schatten voraus – und bezahle dafür *hier!*)

Und noch eines: Wie kommt es, daß die Nahestehenden so wenig eifersüchtig auf den Sarg sind? So leicht machen sie Platz – und sei es auch nur einen Fußbreit. Die Sekunden auf der Erde sind gezählt, und der Weg ist eben nur einen Fußbreit lang! Niemals übertrete ich die Rechte, ich lasse den leeren Raum um den Sarg herum unausgefüllt – wenn nicht die Familie, so niemand! –, aber mit solch einer Bitterkeit, solch

einer Gekränktheit für den Daliegenden. (Der Sarg: der Punkt, an dem alle menschlichen Einsamkeiten zusammenfließen, letzte und äußerste Einsamkeit. Von allen Stunden – die Stunde, in der man von nahem lieben muß. Eben über der Seele stehen.)
Gott, wäre er der Meine (das heißt: hätte ich das Recht!), wie würde ich stehen und schauen und küssen, wie würde ich – wenn alle fortgegangen wären – mit ihm reden – zu ihm! – ganz einfache Dinge – vielleicht übers Wetter – vor so kurzem erst gab es ihn doch! er hat noch nicht die Zeit gehabt, nicht zu sein! wie würde ich ihm zum letzten Mal die Erde erzählen.
Ich weiß, daß seine Seele ganz in der Nähe ist! Mit eigenen Ohren hat jedoch niemand jemals irgend etwas gehört.

In der Kirche ist es sehr voll, ich kenne niemanden. Ich erinnere mich an den ergrauten Kopf Stanislawskijs und an meinen Gedanken: »Es muß ihm kalt sein ohne Mütze« – und an meine Rührung angesichts dieses ergrauten Kopfes.
Aus der Kirche heraus trugen sie ihn in die Kammerherren-Straße. Die Menschenmenge war riesig. Alles Fremde. Ich ging, halbtot mich fühlend, mit jedem Schritt sterbend – an all den Fremden ringsum, vor ihm – dem einen – her. Die Menschenmenge war riesig. Die Automobile bogen von der Fahrbahn ab. Das machte mich ein wenig stolz (für ihn).
Vom Subowskaja-Platz an begann die Menge sich zu lichten. Bei der Allmählichkeit dieses Sich-Lichtens stellte sich heraus, daß ihm einzig junge Leute folgten – die Schüler des II. Studios – sein »Grüner Ring«. Sie sangen bewegend.
Als die Straßen anfingen, ganz fremd zu werden, und ich schon nicht allein den Körper, sondern – die Seele nicht mehr fühlte, trat W. L. M-low zu mir heran.* Ich freute mich ganz unsinnig über ihn und übertrug auf ihn sofort einen kleinen Teil meiner Zärtlichkeit für Stachowitsch. Ich fühlte – hieß mich fühlen –,

* Ein Regisseur des II. Studios, heute ebenfalls tot.

daß er genauso fühlte wie ich, suggerierte ihm das, suggerierte es ihm mit all meiner Autosuggestion – und wenn ich jemals in meinem Leben ein Gefühl von Zusammengehörigkeit empfunden habe, so gerade zu dieser Stunde, in den Schneemassen des Jungfrauen-Feldes, hinter dem Sarg von Stachowitsch.
»Ich habe Ihnen das damals nicht gesagt. Erinnern Sie sich, Sie haben mir im vergangenen Jahr einen Brief geschrieben, der einige Verse über ihn enthielt: etwas über blaues Blut und weiße Qual. Ich las es ihm vor. Das hat sehr großen Eindruck auf ihn gemacht. Drei Tage lang lief er mir nach, ich solle ihm eine Abschrift davon machen ...«
Schweigend höre ich zu.
»Er wurde sehr geliebt, alle haben sie ihn besucht, als er krank war. Einen Tag vor seinem Tod brachte ihm einer der Studio-Schüler ein Pferdefleisch-Kotelett. Er stach die Gabel hinein und, mit einem spöttischen Lächeln: ›Vielleicht esse ich da sogar mein eigenes Pferdchen ...‹ Er besaß ja Gestüte. Er liebte leidenschaftlich Pferde.«
»Aber wieso haben denn all diese Studio-Schüler, all diese jungen Männer und jungen Frauen, wieso haben sie denn trotzdem nicht ...«
»Nicht geahnt?«
»Ihn vor dem Tod bewahrt? In ihren Händen sind doch: Jugend, Liebe – Macht!«
»Ach, Marina Iwanowna! Mitleid ist nicht Liebe. Vor allem Mitleid mit einem alten Mann. Stachowitsch haßte Mitleid. ›Ich bin ein alter Mann, den niemand braucht ...‹«
Wir gehen auf den Bürgersteig hinüber, um zu rauchen. Die Finger halten die Zigarette kaum. Es hatte getaut, jetzt begann ein Schneegestöber.
»Hat er keinerlei Notiz hinterlassen?«
»Nein, aber am Tag seines Todes war er noch im Theater, kam zu mir und fragte: ›Na, wie steht's, haben Sie noch keine Stelle gefunden?‹ – ›Nein.‹ – ›Wie schade, wie schade‹, – und er drückte mir beide Hände.«

»Und wer ist der kleine Mann, der in der Kirche so geweint hat?«
»Sein Kammerdiener, früher war er Büfettkellner. Einen Tag vor seinem Tod gab er ihm den Lohn für einen Monat im voraus und noch eine Zulage. Vor seinem Tod bezahlte er alle seine Schulden.«
Wir gehen weiter bis zum Friedhof. Das herrliche Weiß des Jungfrauenklosters, das besänftigende Gewölbe des Torbogens. (Über diesen Friedhof sagte 1921 einmal ein Begleiter von mir, ein Jude: »Es lohnt sich zu sterben, um hier zu liegen«, und, nach einer Pause: »Vielleicht auch – sich taufen zu lassen.«) Wir gehen zum Grab. Die Studio-Schüler wollen selbst den Sarg hinablassen, aber der Sarg, im Künstlertheater angefertigt, ist zu breit (ich, in Gedanken, mit ein wenig Spott: ein herrschaftlicher!) – er paßt nicht hinein. Die Totengräber verbreitern das Grab. Zu dem Geistlichen, der sich beeilt und verhaspelt, tritt eine Nonne: »Geht es nicht ein wenig schneller, Väterchen? Der nächste Verstorbene ist schon am Tor.«
Die Schneewehen sind nicht weggeräumt, ich stehe auf dem Grab von Sapunow, und es quält mich ein wenig, daß das – nun ja – nicht nach Stachowitschs Art ist. Ich erinnere mich an eine Dame in Trauer. Große, vor Tränen gläserne, hellblaue Augen. Als sie den Sarg hinunterlassen, bekreuzigt sie ihn mit mehrmaligen, ganz kleinen Kreuzen.
Später erkenne ich sie – eine Schauspielerin, deren Mutter und Schwester vor nicht langer Zeit in Kiew umgebracht wurden.

Die Trauerfeier für Stachowitsch (im Künstlertheater).
Zu Anfang der Trauermarsch von Beethoven.
Stachowitsch und Beethoven. Das muß man verstehen.
Das erste, was ich empfinde, ist Nichtentsprechung, das zweite – Peinlichkeit, wie einer Unbescheidenheit wegen. – Woran liegt es? – Das ist zu prunkvoll . . . Zu deutlich. – Nun? Stachowitsch ist 18. Jahrhundert, Beethoven – außerhalb

(jedes Jahrhunderts). Was verband diese beiden Namen? – Der Tod. – Die Zufälligkeit des Todes. Denn für jenen, für Stachowitsch, ist der Tod immer eine Zufälligkeit. Selbst der Freitod. Nicht Vollendung, sondern Abbruch. Kein Gedankenstrich des Autors, sondern die Schere des Zensors ins Gedicht hinein. Der Tod Stachowitschs, hervorgerufen durch das Jahr 1919 und das Alter, entspricht nicht dem Wesen Stachowitschs – dem 18. Jahrhundert und der Jugendlichkeit. Zu sterben verstehen heißt noch nicht, die Unsterblichkeit lieben. Zu sterben verstehen heißt, das Sterben überwinden können – das heißt noch einmal: zu leben verstehen. Ich sage noch mehr – und schon auf französisch (in der Sprache der Formeln):
Pas de savoir-vivre sans savoir mourir.
Savoir-mourir, dem *savoir-vivre* entgegengesetzt – was für ein russisches Substantiv! Ich bin glücklich, es mit folgender Formel erstmals einzuführen:
Il n'y a pas que le savoir-vivre, il y a le savoir-mourir.

Aber was ist nun mit Beethoven und Stachowitsch?
Ah! ich glaube, ich hab's. Stachowitsch ist mehr 18. Jahrhundert als Beethoven, der in ihm geboren wurde, ebenso wie der Trauermarsch von Beethoven mehr Tod bedeutet als der im Sarg liegende Stachowitsch. Die Bedeutung Stachowitschs (des 18. Jahrhunderts!) ist Das Leben. Und am Tag des Todes, wie am Tag der Liebe: »*Point de lendemain!*« Stachowitsch geht ganz. Beethoven ist jenes Paradies, in das Stachowitsch eintreten darf. Im Trauermarsch von Beethoven liegt eine doppelte Grobheit in bezug auf Stachowitsch: *acte de décès* (einem Lebenden spielt man ihn nicht!) und *acte d'abdication* (er hat ausgespielt!).
Wird deutlich, was ich sagen will?
Ach, am allerbesten hätte Stachowitsch mich verstanden!

Die Rede Stanislawskijs.
»Es gab drei Lieben im Leben des Freundes: die Familie, das Theater, die Pferde. Das Familienleben bleibt ein Geheimnis, von Pferden verstehe ich nichts . . . Ich werde über das Theater sprechen.«
Erzählung davon, wie, im großfürstlichen Gefolge, der schöne Adjutant Stachowitsch zum ersten Mal hinter den Kulissen des Jagdclubs* auftauchte. – »Die Großfürsten, wie es sich für sie gehört, blieben nicht lange. Der Adjutant blieb.« – Und die allmähliche – geheimgehaltene – Mitwirkung des glänzenden Gardisten an den Aufführungen – in der Rolle des *arbiter elegantiarum*. (»Das wird man Stachowitsch fragen müssen«, »das ist nicht nach Stachowitschs Art«, »wie hätte Stachowitsch das gemacht?«) Fahrt zum Studium des Alltags von Adel und Bauern auf das Landgut Stachowitschs bei Moskau. – »Wir wurden auf Zarenart empfangen.« – Stachowitschs Zärtlichkeit. »Erkrankte einer aus der Gruppe, wer blieb in der drückenden Moskauer Hitze bei dem Kranken? Der glänzende mondäne Gardist verwandelte sich dann in die fürsorglichste Kinderfrau . . .« Erzählung davon, wie Stachowitsch sich von einem Hofball losriß und auf fünf Minuten ins Künstlertheater geflogen kam, um für die Aufführung des »Kirschgartens« wie ein Hund in die Grammophonröhre zu bellen.

Sie sprechen nicht richtig, und nicht die Richtigen sprechen. Stanislawskij – zu einfach (ich würde sogar sagen – einfältig). Er reduziert Stachowitsch insgesamt auf seine Lebensweise: eine höfisch-militärische zuerst, dann theatralische; und, was am schlimmsten ist, er reduziert ihn auf das Künstlertheater: auf dessen Personifizierung! Dabei läßt er das Element der Rebellion aus, die den Höfling zur Schauspielerei trieb, verwechselt naiv den Zauber, den das freche Wort »die Künstlerer« für Stachowitsch hatte, mit dem Hang zum Künstlerthea-

* Die erste Unterbringung des Künstlertheaters.

ter als solchem, vergißt sowohl den Hintergrund wie den Ton jener erdrückenden Epoche, vergißt das Woher, und erinnert nur – das Wohin.
Rossi (in einem Beitrag, den ein anderer vorliest) vereinfacht das komplizierte lyrisch-zynisch-stoisch-epikureische Wesen Stachowitschs zu russischen Adelsnestern und gibt ein Feuilleton statt eines Gedichts. Juschin – als Persönlichkeit des öffentlichen Lebens und gewohnt, ebensolche zu beerdigen – besinnt sich, unbegreiflich wozu und warum, auf die Sünden des Adels und hebt den »öffentlichen Nutzen der Stachowitschs« hervor (eine Lüge! sie sind vollkommen unnütz, wie Rennpferde. Allenfalls von Nutzen für die, die wie ich auf sie setzen).
Alle – in bezug auf etwas: ob auf das Theater, die Öffentlichkeit oder den Adel . . . Niemand – darüber hinaus: Stachowitsch als Erscheinung.
Am besten von allen – aufgeregt, mutig, ohne ein überflüssiges Wort – spricht der Studio-Schüler Sudakow. Ein Satz ist ganz in meinem Sinn:
»Und die beste Lektion in *bon ton, maintien, tenue* erteilte uns Stachowitsch am 11. März 1919« (der 27. Februar ist der 11. März, der Todestag).

Ich höre, höre, höre. Senke den Kopf immer tiefer und tiefer, begreife den verhängnisvollen Fehler dieses Winters, jedes Wort wie ein Messer, ein Messer immer tiefer und tiefer, ich lasse es mich nicht zuende fühlen, – ach, ganz egal – ich werde ja auch sterben!
Und ich will noch eines sagen, was niemand sagt und alle wissen (?): Stachowitsch und Die Liebe, über das Lieben dieses *causeurs*, über seine Unbegreiflichkeit außerhalb der Liebe.
Und ich will noch eines sagen, was niemand weiß: Wenn ich, wie ich es wollte, Stachowitsch zu Weihnachten 1918 besucht hätte, wäre er nicht gestorben.

Meine Gedichte an ihn ließen sie mich auf der Trauerfeier nicht lesen. Die Kamenewa und noch jemand waren da. N.-D. brauste auf und schwankte: einerseits – eine »fabelhafte Nummer«, andererseits – die Zelle.

. . . Liebedienern wollten Sie dem Mob nicht
Und so legten sich – Ennui des Adels! –
Hier im schwarzen Reich der »Arbeitsschwielen« –
Ihre schönen Hände ineinander . . .

»Also, wenn man das weglassen könnte . . .«
»Das geht nicht, das ist die Hauptsache.« Aber ich bestand nicht darauf: Stachowitsch war nicht im Saal. Ich schrieb dieses Gedicht seiner lieben Schwester ab, – der einzigen, die es brauchte. Aufzutreten kostet mich immer Überwindung, bei meiner Abscheu vor Schauspielen und Öffentlichkeit – nur zu Recht! Das ist nicht Schüchternheit, sondern eine gewisse erstaunte Fremdheit: *a stranger here*.

. . . Im schwarzen Reich der »Arbeitsschwielen« . . . Nicht von den Schwielen der Arbeit spreche ich, sondern – von den aufgezwungenen, zum Überdruß und Ohrwurm gewordenen Schwielen der Gleichheit. Deshalb auch setzte ich sie in Anführungszeichen.

Meine Begegnung mit Stachowitsch

– Die einzige. – Vor einem Jahr. – Bekannt machte uns W. L. M-low, mit dem ich schon lange bekannt, doch erst seit dem vergangenen Winter befreundet bin. Mir gefiel an ihm, einem Menschen des Theaters, immer diese Versessenheit auf andere Welten: an einem Menschen des Schauspiels – die Leidenschaft für das Unsichtbare. Ich verzieh ihm das Theater.* In seiner Aufführung »Tagebuch des Studios« (Auszüge aus Leskow, der »Geschichte vom Leutnant Jergunow« und den

* Das Folgende über das Theater lasse ich weg, da es bereits gedruckt wurde.

»Weißen Nächten«) war ich drei- oder viermal, – so sehr gefiel sie mir! In »Leutnant Jergunow« erinnere ich mich an seine, des schlafenden Leutnants, Träne. Eine große, schlaftrunkene. Sie floß und erstarrte. Brannte und erkaltete. Er glich einem Verwundeten im Kampf. Der ganzen Weißen Armee. Deshalb vielleicht ging ich auch, es mir wieder und wieder ansehen.
Und das Zimmer – ein Loch! – eine Bärenhöhle! –, wo die Perserin den Leutnant verführt! Dieses Zerrissene, Zerlumpte, Zersplitterte. Die Augen – in alle Ecken: Bündel in allen Ecken. Dieses Abgetragene, Ausgespuckte, Angenagte. Dieses Zimmer, dessen Zentrum ein Pantoffel ist. Dieser Pantoffel mitten auf dem Fußboden, der mit einer in ihrer Leidenschaftslosigkeit majestätischen Fußbewegung an die Decke fliegt! Dieser Mangel an gesundem Menschenverstand im Zimmer! Dieser Mangel an Zimmer im Zimmer! Mein Boris-und-Gleber, wie es leibt und lebt! Meine Einrichtung. Mein Aufräumen. All meine sieben Zimmer in einem. Das Skelett meines Alltags. Mein Zuhause.
Ich erinnere mich an die Perserin (eine kleine Teufelin): Flüstern. Flüstern – Lispeln – Murmeln. Neben den Worten. Sie schwatzt viel, erzählt viel, klingelt viel. Amulette – Armreifen. Unter den Armreifen – die Epauletten des Leutnants. Lispeln – und Halsketten, Nachtigallenrouladen – und Hände. Hände, Bäche.

Dann führte er mich zu Stachowitsch – »Der grüne Ring«. Über das Stück will ich nicht urteilen. Seine Stimme – eine große Bezauberin. Der einzige Fall, wo ich meinen Ohren nicht traue. (Theater.) Den Satz von der Stimme weg in den Gedanken hinein zu übertragen – das Ausgesprochene zu bedenken, zu begreifen –, bleibt einem nicht immer Zeit: man schwimmt der Stimme entlang. Die Stimme – und ein Gefühl zur Antwort, ohne die Durchgangsstation der Worte. Im Theater sind Worte nicht nötig, nicht wichtig – der Schauspie-

ler gleitet den Worten entlang. (Ein weiterer Beweis dafür, wie recht Heine hat.) Ein sinnloses A-a-a-ah oder O-o-o-oh kann eine ganze Menschenmenge zu Boden werfen oder zu einem Verbrechen verleiten. Ebenso wie – bei Unzulänglichkeit der Stimme – weder Shakespeare noch Racine etwas ausrichten können. (Stimme hier nicht nur als Kehle, sondern auch als Verstand.) Woher dieser Verstand der Stimme bei diesem Kretinismus unterschiedlichster Art, den oftmals ein Sänger offenbart, – das ist eine andere und weitreichende Frage. Vielleicht – ein guter Maestro, vielleicht – einfach Einmischung der Götter. (Nicht weniger als Dichter und Frauen trachten auch sie sehnlichst nach unwürdigen Gefäßen!) Mit einem Wort, um das über die Stimme Gesagte abzuschließen:
»Ich bin ein Wunder: weder gut noch schlecht.«
Und um das über das Stück Gesagte abzuschließen – ich weiß es nicht, ich habe Stachowitsch zugehört.

Stachowitsch: Samt und Herrschaftlichkeit. Nichts Eckiges. Die Linien von Stimme und Körperausdruck sind eins, ohne Unterbrechung. Ich rede von dem mit den fünf Sinnen Wahrnehmbaren. Geistig jedoch – ein gewisses Von-oben-Herab. Es ist ganz und gar unwichtig, worum es sich dem Stück nach handelt. Klar wie ein Spiegel ist, daß er sich selbst spielt. – »Meine lieben Kinder« – nicht seinen Partnern sagt er das, – uns allen, dem ganzen Saal, einer ganzen Generation. »Meine lieben Kinder«, das lest so: »Ich bin müde, ich weiß alles, was ihr sagen werdet, alle Träume, die euch noch träumen werden, habe ich schon vor Jahrtausenden gesehen. Und dennoch, trotz meiner Müdigkeit, höre ich sie an: sowohl die Bekenntnisse wie die Absagen. Nachsicht – ist sie nicht die allergeringste unter den Tugenden des Petronius? Außerdem leide ich, wie alle alternden Menschen, an Schlaflosigkeit. Euer Lallen – wird es mir nicht als jene Blütenblätterflut dienen, unter der zuletzt mein glücklicherer Gefährte seine Lider schloß?«

War es das, was der Autor wollte? Wohl kaum. So verwandelte sich, durch den Zauber seines Wesens und seiner Stimme, die sehr ortsgebundene Figur (des russischen Gutsherrn), die sehr standesbedingte (sehr – die eines Gutsherrn) und sehr zeitgebundene (*fin du siècle* des vergangenen Jahrhunderts) in eine überzeitliche und allerortige – ewige.
Eine Figur der Vergangenheit, welche sich in der Zukunft betrachtet.

Nach dem Stück führte mich W. L. M-low irgendwohin hinunter, um mich mit Stachowitsch bekannt zu machen. Ich erinnere mich an Grün und Dampf: Möbel und Tee, Stachowitsch erhebt sich zur Begrüßung. Sehr großer Wuchs (ich stamme aus einem jener Völker, die sich ihre Götter als Riesen vorstellen!) – biegsame Geradheit, die Farbe von Anzug, Augen und Haar – ein Mittelding zwischen Stahl und Asche. Ich erinnere mich an die Augenlider, von der Art der schweren, selten ganz sich öffnenden. Von Natur aus herablassende Augenlider. Die bucklige Nase. Das untadelige Oval des Gesichts.
Die begleitenden schmeichelhaften Worte von M-low, und ich, indem ich mich zwinge, ihn unmittelbar anzusehen:
»Ich bin bezaubert, aber das wissen Sie ja schon im voraus. Dazu genügt Ihnen schon, sich selbst zu hören. Ich hasse das Theater, aber ich liebe den Zauber. Ich bin heute sehr glücklich. Das ist alles.«
Beide lachen. Ich lache ebenfalls. Und um die Bestimmtheit des Gesagten und Gehörten zu zerstreuen, nein – zu vernebeln – gleichsam mit dem Schwanz wegzuwedeln! –, beginne ich zu rauchen. Und – Stachowitsch möge mir die Erwähnung eines der reizendsten Versprecher, die ich je in meinem Leben hörte, verzeihen! – sein erschrockener Ausruf:
»Aber wozu sich die Haare verbrennen?! Sie haben doch so schon wenig genug!«
Ich, mit Recht empört: »Wenig? Haare?!«

»Ich wollte sagen, – kurze.«
Wir lachen wieder. Ein Lachen ist in den ersten Augenblicken die beste Verbindung. Ein Lachen und ein kleiner Fehltritt (des anderen). Ich nehme am Tischchen Platz. Während er Tee eingießt, betrachte ich mit Entzücken seine Hand.
»Ich mag Ihre Gedichte sehr. Als wir in Kislowodsk waren, erhielt Katschalow von Ihnen ein Gedicht, ohne Unterschrift . . .«
Ich, aufbrausend: »?!!«
Stachowitsch lächelt, ein wenig mit der Hand dämpfend: »Eine vergebliche Vorsichtsmaßnahme, denn alle erkannten Sie sofort. Kuppeln, Glocken . . . Herrliche Verse. Sowohl architektonisch wie auch musikalisch und philologisch – ausgezeichnet. Ich habe sie sofort auswendig gelernt und trug sie auf vielen Abenden vor. – Immer mit Erfolg . . .«, eine leichte Verbeugung, »den ich einzig und allein Ihnen zuschreibe . . .«
Verblüfft höre ich zu. Ich – Katschalow?! Dem von den Kaufmannsfrauen verwöhnten? Ich – Katschalow – ohne Unterschrift?! Ohne Unterschrift?! – Ich?!!!
»Ich mag es sehr, wenn Dichter selbst vortragen. Wollen Sie sie mir nicht vortragen?«
»Aber . . .«
Und plötzlich – die Aussichtslosigkeit: Stachowitsch mag diese Verse. Stachowitsch ist sechzig Jahre alt und hat die Abscheu vor dem »Zeitgenössischen« überwunden. Stachowitsch lobt mir – auf den Kopf zu – diese Verse. Und plötzlich sind diese Verse gar nicht meine! Das ganze Gebäude bricht zusammen. Und unter den Trümmern – Stachowitsch!
Und ohne irgend etwas aufzuklären, sowohl die Anonymität wie auch die fremden Verse und Katschalow schluckend, – heroisch: »Aber ich lese so schlecht . . . Wie alle Dichter . . . Ich kann mich nie dazu entschließen . . .«
(NB! Ich lese gut – wie alle Dichter – und entschließe mich immer dazu.)

»So eine Charlotte Corday? Nie hätte ich vermutet, daß Sie schüchtern sind!«
Und ich, erleichtert (ein Wortspiel! Das, worin ich unschlagbar bin!):
»Danke der Ehre, aber stehe ich denn vor Marat?«
Er lacht. Wir lachen. Er läßt nicht nach mit Bitten. Ich lehne ab. Lenke ab. Was soll ich ihm sagen? Ich kenne jene Verse nicht. Tragische Ungereimtheit: hier, wo alles »ja« ist, – mit einer Absage anfangen! Und plötzlich kommt mir ein Einfall:
»Aber vielleicht tragen Sie selbst sie mir vor?«
Er, verwirrt: »Ich . . . ich habe sie jetzt ein wenig vergessen.«
(Ich habe sie nicht geschrieben, und er hat sie nicht behalten! »Reitest du nach rechts, verlierst du dein Pferd, reitest du nach links . . .«)
Und – mit einer zielstrebigen, unwiderruflichen Wende:
»Wäre ich an Vera Redlichs Stelle gewesen, ich hätte das ganze Stück über den Haufen geworfen!«*
»Das heißt?«
»Sie treten auf – und der Text ist vergessen, der Bräutigam ist vergessen . . .«
»Haben Sie ein so schlechtes Gedächtnis?«
»Nein, Sie sind so unvergeßlich.«
Stachowitsch zu M-low: »O-o-oh! Ich wußte gar nicht, daß das ein so schmeichlerisches Volk ist, die Dichter! Das entfiel gewöhnlich auf die armen Häupter der Höflinge!«
»Jeder Dichter ist ein Höfling: s e i n e s Königs. Die Dichter sind immer versessen auf Größe.«
»Wie die Könige – auf Schmeichelei.«
»Die ich abgöttisch liebe, denn ich leite sie nicht von Scheinheiligkeit ab, sondern von der Anmut – dessen, dem man schmeichelt. Schmeicheln heißt, sich verführen lassen. Schmeicheln heißt, sich anschmiegen. Ich kenne keine andere Schmeichelei. Und Sie?«

* Eine Schauspielerin, die im Stück in einen Gymnasiasten verliebt ist.

Dann trennten wir uns, – wie es scheint, verführt. (Ich – zuverlässig.) Dann schrieb ich W. L. M-low einen Brief, ohne irgendeine Beziehung zum Adressaten zu haben außer seiner Adresse. (Vom Datum bis zur Unterschrift – über Stachowitsch und für Stachowitsch.) Dann geriet alles in Vergessenheit.

Vor zwei Monaten erfuhr ich durch Wolodja Alexejew* von seiner Krankheit. Er ist krank, hat Langeweile. Aber wir sahen uns nur einmal, nur eine Stunde! Aber – da er doch krank ist – die Familie, die Freunde ... Nahe wird man an ihn nicht herankommen, und mich hindurchzudrängen verstehe ich nicht. (Sie werden ja nicht zur Seite treten!) Vision eines fremden Hauses, eines fremden Alltags. Die Angehörigen, die mich, da sie mich noch nie zuvor gesehen haben, eingehend mustern werden ... Die eleganten Studio-Schülerinnen – und ich in solchen Schuhen ...

Und dann: Für mich heißt besuchen (immer, und ganz besonders jetzt, in der Revolution), für mich heißt besuchen – etwas mitbringen. Was soll ich ihm mitbringen? Meine leeren (noch nie aristokratischen, jetzt aber – nicht einmal mehr menschlichen!) Hände, leere Hände und ein übervolles Herz? Aber letzteres wird er – wegen ersterer (und meiner Verlegenheit!) nicht sehen. Umsonst werde ich mich quälen und seine Zeit rauben.

Aber jedesmal, wenn Wolodja kam, klagend: »Nehmen Sie mich zu Stachowitsch mit!« Für mich steht die Erreichbarkeit des Erwünschten (sei es einer Sache oder einer Seele) in umgekehrt proportionalem Verhältnis zu seiner Erwünschtheit: je erwünschter, desto unerreichbarer. Schon im voraus. Bekanntermaßen. Und ich versuche nicht einmal, es zu wollen. Stachowitsch wohnt am Strastnoj-Boulevard, folglich ist auch der Strastnoj nicht der Strastnoj und ... selbst Stachowitsch nicht

* Einem Schauspieler des III. Studios, später Freiwilliger, seit 1920 verschollen.

Stachowitsch. (»Er wird sich wundern . . . Er wird verärgert sein . . .« Er, Petronius!)
Mit einem Wort, – ich bin nicht hingegangen.
Noch ein Satz, auf der Beerdigung, von M-low: »Warum haben Sie ihn nie besucht? Er hätte sich so gefreut. Er liebte Gedichte, Gespräche, liebte selbst zu erzählen, nur wollte ihm niemand zuhören . . . Dabei gab es etwas zum Zuhören! Er hatte ja ein ganz ungewöhnliches Leben. So viele Begegnungen, Reisen . . . In seiner Jugend – der Krieg . . . Und so verschiedene Kreise: der Hof, das Militär, das Theater . . . Und Sie haben ihm damals so gefallen . . .«

16. März 1919.
Ich gehe eben die Straße entlang. Es taut. Plötzlich der Gedanke: »Zum ersten Mal ist Moskau im Frühling ohne Stachowitsch . . .« (Nein: »Stachowitsch im Frühling ohne Moskau«, – gerade so kam es mir in den Sinn.)

19. März.
Jedesmal, wenn ich auf der Straße einen grauen Hinterkopf sehe, preßt sich mir das Herz zusammen.

Ich vergaß noch zu sagen: Stachowitsch hatte einmal eine wunderbare Stimme. Er sang mit irgendeinem berühmten Italiener zusammen.
– Die Stimme! – Die gewaltigste Zaubermacht über mich!

> Das war ein Walzer, herrlich schön,
> Ein wu-undervoller Walzer.

Er sang das oft und wunderbar. Er kommt zum Schluß – und stets:

> Wär ich noch jung geblieben,
> Wie würde ich Sie lieben!

»Alexej Alexandrowitsch! Alexej Alexandrowitsch! Aber so heißt es doch gar nicht in der Romanze! Da singen Sie Ihr Eigenes!«

»Doch, doch, so heißt es! Und wenn auch nicht – *se non è vero, è ben trovato!*«

Und niemand verstand das!

(Erzählung einer Studio-Schülerin)

Moskau, Februar-März 1919
(»Poslednije Nowosti«, 21. Januar 1926, Paris)

Dachbodennotizen

(Aus den Moskauer Aufzeichnungen 1919-1920)

Ich schreibe auf meinem Dachboden, es ist, scheint es, der 10. November, – seit alle nach dem neuen Kalender leben, weiß ich nie das Datum.
Seit März weiß ich nichts von S., das letzte Mal sah ich ihn am 18. Januar 1918, wie und wo – werde ich irgendwann einmal sagen, jetzt bringe ich es nicht übers Herz.
Ich lebe mit Alja und Irina (Alja ist 6, Irina 2 Jahre und 7 Monate alt) in der Boris-und-Gleb-Gasse, gegenüber von zwei Bäumen, im Dachzimmer, ehemals das von Serjoscha. Mehl haben wir keins, Brot haben wir keins. Die circa 12 Pfund Kartoffeln unter dem Schreibtisch, der Rest von einem Pud, das uns die Nachbarn »liehen«, sind unser ganzer Vorrat! – Der Anarchist Charles hat Serjoschas alte goldene Uhr *»élève de Bréguet«* mitgenommen, – hundertmal ging ich zu ihm; zuerst versprach er, sie zurückzugeben, dann sagte er, daß er einen Käufer für die Uhr gefunden, aber das Schlüsselchen zu ihr verloren habe, dann, daß er das Schlüsselchen auf dem Sucharewer Markt gesucht, aber den Käufer verloren habe, dann, daß er, da er eine Hausdurchsuchung befürchtete, sie jemandem zur Aufbewahrung gegeben habe, dann, daß man sie – bei dem, zu dem er sie gab – gestohlen habe, doch der sei ein wohlhabender Herr, und bei ihm komme es auf solch eine Kleinigkeit nicht an, dann, frech geworden, fing er an zu schreien, für fremde Sachen trage er keine Verantwortung. – Fazit: weder Uhr noch Geld. (Jetzt ist so eine Uhr zwölftausend wert, das heißt 1 ½ Pud Mehl.) Dasselbe mit der Kinderwaage (wieder Charles).
Ich lebe von den kostenlosen Mittagessen (für die Kinder). Die Frau des Schusters Granskij – mager, dunkeläugig, mit einem schönen Leidensgesicht – Mutter von fünf Kindern – schickte mir vor kurzem durch ihre älteste Tochter Essensmarken (eine

ihrer Töchter war in die Ferien-Kolonie gefahren) und ein süßes »Hefebällchen« für Alja. Frau G-man, die Nachbarin von unten, schickt den Kindern von Zeit zu Zeit Suppe und »lieh« mir heute mit aller Gewalt den dritten Tausender. Sie selbst hat drei Kinder. Sie ist klein und zart, abgenutzt vom Leben: von der Kinderfrau, den Kindern, dem herrschsüchtigen Mann, der – wie der Lauf der Gestirne – unumstößlichen Abfolge von Mittag- und Abendessen. (In unserem Haus ist Essen immer – ein Komet!) Sie hilft mir anscheinend hinter dem Rücken ihres Mannes, dem als Juden und Erfolgsmenschen ich – in deren Haus alles, außer der Seele, erstarrte und nichts, außer den Büchern, erhalten blieb –, dem ich natürlich nichts anderes als ein Ärgernis sein kann.

Weiter helfen mir ab und zu, wenn sie sich an meine Existenz erinnern – und ich mache es ihnen nicht zum Vorwurf, denn wir sind erst seit kurzem miteinander bekannt: die Schauspielerin S-zewa, weil sie Gedichte liebt, und ihr Mann, weil er seine Frau liebt. Sie brachten Kartoffeln, der Mann brach einige Male Balken aus dem Dachboden und sägte sie klein.

Weiter noch R. S. T-kin, der Bruder von Frau Z-lin, auf deren Literatur-Abenden ich öfter war. Er gibt Streichhölzer, Brot. Er ist gut, anteilnehmend.

– Und das ist alles. –

Balmont würde gerne, aber er ist selbst bettelarm. (Kommt man vorbei, bewirtet er immer.) Sein Wort: »Ich habe die ganze Zeit über Gewissensbisse, das Gefühl, helfen zu müssen«, ist schon Hilfe. Die Menschen wissen gar nicht, wie unermeßlich ich – Worte schätze! (Mehr als Geld, denn da kann ich mit gleicher Münze zurückzahlen!)

Mein Tag: Ich stehe auf – im oberen Fenster graut es gerade erst – Kälte – Pfützen – Staub vom Sägen – Eimer – Krüge – Lappen – überall Kinderkleider und -hemdchen. Ich säge. Heize. Wasche in eiskaltem Wasser Kartoffeln, die ich dann im Samowar koche. (Lange Zeit kochte ich Grützsuppe in ihm, aber einmal verschmutzte ich ihn so sehr mit Hirse, daß ich danach monatelang den Deckel abnehmen und das Wasser von oben her mit dem Löffel abschöpfen mußte. Es ist ein alter Samowar, sein Kran ist gewunden, er läßt sich nicht herausschrauben, weder Haarnadeln noch Nägeln ergab er sich. Schließlich hat es jemand – irgendwie – herausgeblasen.) Den Samowar setze ich mit heißen Kohlen auf, die ich gleich aus dem Ofen lese. Ich gehe und schlafe in ein und demselben braunen, einmal unsinnig eingelaufenen Kleid aus Barchent, nach Augenmaß genäht im Frühjahr 1917 in Alexandrow. Es ist ganz versengt von Kohlen und Zigaretten. Die Ärmel, früher einmal mit Gummizug, sind zu Röhren zusammengedreht und mit Nadeln festgesteckt.

Dann das Aufräumen: »Alja, bring den Wasserkübel raus!« Zwei Worte über den Wasserkübel – er verdient sie. Er ist die Hauptperson in der Handlung unseres Lebens. Im Wasserkübel steht der Samowar, denn wenn er mit den Kartoffeln kocht, begießt er alles ringsumher. In den Wasserkübel wird aller Spülicht abgegossen. Tagsüber wird er hinausgebracht, nachts von mir auf dem Hof ausgegossen. Ohne Wasserkübel wäre kein Leben. Die Kohlen – das Sägemehl – die Pfützen ... Und der hartnäckige Wunsch, daß der Fußboden sauber sei! – Über den Hintereingang zu G-mans, Wasser holen: ich fürchte auf den Mann zu stoßen. Glücklich kehre ich zurück: mit einem ganzen Eimer und einer Blechbüchse voll Wasser! (Sowohl Eimer wie Blechbüchse sind fremde, mir wurde alles gestohlen.) Dann die Wäsche und der Geschirrabwasch: in der Spülschüssel mit dem kleinen handgearbeiteten Krug ohne Henkel »für den Kindergarten«, kurz: »Alja, mach den Kindergarten zum Abwasch fertig!«, – das Säubern des kleinen kupfernen Soldatentopfs und einer Blechkanne für die Pretschistenka (erhöhte Verpflegung, dank der Protektion ebenjener Frau G-man) – der Korb, in dem die Tasche mit den Essensmarken ist – Muff – Fäustlinge – den Schlüssel zum Hintereingang um den Hals – und ich gehe. Meine Uhr geht nicht. Ich weiß nicht, wie spät es ist. Ich fasse Mut und – zu einem

Passanten: »Entschuldigen Sie, könnten Sie mir wohl sagen, wieviel Uhr es jetzt ungefähr ist?« Ist es 2 Uhr – ein Stein vom Herzen.

Die Marschroute: in den Kindergarten (Moltschanowka 34), das Geschirr hinbringen, – über die Starokonjuschennyj in die Pretschistenka (die »erhöhte« abholen), von dort in die Prager Speisehalle (auf die Marken von den Schusterleuten), aus der Prager (der sowjetischen) in die ehemalige Generalowa – geben sie vielleicht Brot aus? –, von dort wieder in den Kindergarten, das Mittagessen abholen – von dort – durch den Hintereingang, behängt mit Krügen, Einsatzschüsseln und Blechbüchsen – keinen Finger frei! und noch dazu die Angst: die Tasche mit den Essensmarken ist doch nicht etwa aus dem Korb herausgefallen?! – durch den Hintereingang nach Hause. – Sofort an den Ofen. Die Kohlen glimmen noch. Ich fache sie an. Wärme das Essen wieder auf. Alle Mittagessen – in eine Kasserolle: eine Suppe so ähnlich wie Kascha. Wir essen. (War Alja mit mir fort, binde ich als erstes Irina vom Stuhl los. Ich begann sie anzubinden, seit sie einmal in Abwesenheit von Alja und mir einen halben Kopf rohen Kohl aus dem Schrank aufgegessen hatte.) Ich füttere Irina und lege sie schlafen. Sie schläft in dem blauen Sessel. Es gibt auch ein Bett, aber das geht nicht durch die Tür. – Ich koche Kaffee. Trinke. Rauche. Schreibe. Alja schreibt mir einen Brief oder liest. Etwa zwei Stunden Stille. Dann wacht Irina auf. Wir wärmen die Reste des Mischmaschs auf. Mit Aljas Hilfe fische ich die – in der Tiefe steckengebliebenen – restlichen Kartoffeln aus dem Samowar. Wir – entweder Alja oder ich – bringen Irina zu Bett. Dann geht Alja schlafen.

Um 10 Uhr ist der Tag zu Ende. Manchmal säge ich noch Holz und mache es klein für morgen. Um 11 oder 12 Uhr gehe auch ich zu Bett. Glücklich über die kleine Lampe ganz nah am Kopfkissen, über die Stille, das Heft, die Zigarette, manchmal – das Brot.

Ich schreibe schlecht, in Eile. Ich habe weder die *ascensions* auf

den Dachboden aufgeschrieben – eine Leiter gibt es nicht (sie wurde verheizt), an einem Strick ziehe ich mich hinter den Balken hinauf – noch die ständigen Verbrennungen an den Kohlen, die ich (Ungeduld? Verhärtung?) mit bloßen Händen herausnehme, oder die Lauferei durch die Kommissionsgeschäfte (wurde vielleicht etwas verkauft?) und die Kooperativen (geben sie vielleicht etwas aus?).
Nicht aufgeschrieben habe ich das Allerwichtigste: die Fröhlichkeit, die Gedankenschärfe, die Ausbrüche von Freude beim geringsten Gelingen, die leidenschaftliche Gespanntheit der ganzen Existenz – alle Wände sind vollgekritzelt mit Gedichtzeilen und NB! fürs Notizbuch. Nicht aufgeschrieben habe ich die nächtlichen Reisen ins furchtbar eisige Erdgeschoß – Aljas ehemaliges Kinderzimmer –, um irgendein Buch zu holen, nach dem mich plötzlich ganz unsinnig verlangte, nicht aufgeschrieben habe ich Aljas und meine ständige, aufmerksam gespannte Hoffnung: Hat es nicht geklopft? Es hat anscheinend geklopft! (Die Klingel geht seit Beginn der Revolution nicht mehr, statt der Klingel – ein Hammer. Wir wohnen ganz oben hinter sieben Türen und hören alles: jedes Kreischen einer fremden Säge, jeden Schwung einer fremden Axt, jedes Schlagen einer fremden Tür, jeden Lärm auf dem Hof, – alles, außer dem Klopfen an unsere Tür!) Und – plötzlich – es hat anscheinend geklopft! – entweder Alja, das blaue Pelzmäntelchen übergeworfen (genäht, als sie 2 Jahre alt war), oder ich, gar nichts übergeworfen – hinunter, tastend, im Sprung, in voller Dunkelheit, erst an der Treppe ohne Geländer vorbei (es wurde verheizt), dann die Treppe hinunter – zur Kette an der Eingangstür. (Man kann übrigens auch ohne unsere Hilfe hereinkommen, aber nicht jeder weiß es.)
Nicht aufgeschrieben habe ich mein ewiges, immergleiches Gebet – mit immer den gleichen Worten! – vor dem Schlafengehen.

Doch das Leben der Seele – Aljas und meiner – wächst aus meinen Gedichten – Stücken – ihren Heften hervor.
Ich hatte nur den Tag aufschreiben wollen.

Alja und ich:
Alja: »Marina! Wie viele Leute mit so schönen Namen ich nicht gekannt habe. Dschunkowskij zum Beispiel.«
Ich: »Das ist der ehemalige Moskauer Generalgouverneur (?), Aljetschka.«
Alja: »A-ah! Ich weiß – ein Gouverneur. Das kommt im ›Don Quijote‹ vor – Gouverneur!«
(Armer D-skij!)

Ich erzähle:
»Verstehst du, so eine alte, uralte, überhaupt nicht komische. Eine vertrocknete Blume, – eine Rose! Feurige Augen, stolze Kopfhaltung, ehemals eine grausame Schönheit. Und alles hat sich erhalten, – nur kann es jeden Augenblick zerfallen . . . Das rosa Kleid, prächtig und schrecklich, denn sie ist schon 70 Jahre alt, die rosa Ausgeh-Haube, die winzigen Schühchen. Unter dem spitzen, kleinen Absatz das straffe Atlaskissen – auch rosa –, schwerer, starker, knisternder Atlas . . . Und da, es schlägt gerade Mitternacht, – da erscheint der Bräutigam ihrer Enkelin. Er hat sich ein wenig verspätet. Elegant, galant, schlank, – Kamisol, Degen . . .«
Alja unterbricht: »Oh, Marina! – Der Tod oder Casanova!«
(Letzteren kennt sie aus meinen Stücken »Das Abenteuer« und »Phoenix«.)

»Aljetschka, was soll das letzte Wort in ›Großmutter‹* sein? Ihr letztes Wort – ihr letzter Hauch, genauer gesagt! –, mit dem sie stirbt?«
»Natürlich – Liebe!«
»Richtig, richtig, völlig, richtig, nur dachte ich an: Amor.«

* Ein Stück, das ich nicht zu Ende geschrieben habe und verlor.

Ich erkläre ihr Begriff und Verkörperung:
»Liebe ist der Begriff, Amor die Verkörperung. Der Begriff ist das Allgemeine, Runde; die Verkörperung – das Zugespitzte, alles hinauf! auf einen Punkt gebracht! Verstehst du?«
»Oh, ich habe verstanden, Marina!«
»Dann sag mir ein Beispiel.«
»Ich fürchte, es stimmt nicht. Beide sind zu luftig.«
»Macht nichts, macht nichts, sag es nur. Wenn es nicht stimmt, sage ich's dir.«
»Musik ist der Begriff, Stimme – die Verkörperung.« Pause.
»Und noch eins: Mut ist der Begriff, Heldentat – die Verkörperung. – Wie seltsam, Marina! Heldentat ist der Begriff, Held – die Verkörperung.«

»Was für eine herrliche Sache das ist, Alja, der Traum!«
»Ja, Marina, und auch: ein Ball!«
»Meine Mutter, Alja, träumte immer davon, ganz unerwartet zu sterben: die Straße entlang zu gehen und plötzlich vom Baugerüst eines Hauses – ein Stein auf deinen Kopf! – und fertig.«
Alja, leicht belustigt: »Nein, Marina, ein Stein, das gefällt mir nicht besonders . . . Ja, wenn es das ganze Gebäude wäre!«

Alja vor dem Einschlafen:
»Ich wünsche Ihnen das Allerbeste, Marina, was es auf der Welt gibt! Oder vielleicht: was es noch auf der Welt gibt . . .«

Wenn dieser Winter vorübergegangen ist, werde ich wirklich *fort comme la mort* sein – oder einfach nur *morte* – ohne *fort* – mit einem *e-muet* am Ende.

Die Feinkostgeschäfte ähneln jetzt den Vitrinen der Friseurläden: all diese Käse – Gelees – Passah-Quarkkuchen sind kein bißchen lebendiger als die Wachspuppen.
Dasselbe leichte Grauen.

Oh, »*Wahrheit und Dichtung*«! Und hier halte ich ein, denn in diesem Ausruf liegt ebensoviel Begeisterung wie Unzufriedenheit. Goethe wollte die Geschichte seines Lebens und zugleich die seiner Entwicklung mitteilen, und das fügte sich ihm nicht zusammen. Ganze Passagen wie eingesetzt: »*hier gedenke ich mit Ehrfurcht eines gewissen X-Y-Z*« – und so seitenlang in einem fort. Hätte er diese »*trefflichen Gelehrten*« mit in sein Leben eingeflochten, hätte er sie gezwungen, ins Zimmer zu treten, sich zu bewegen, zu sprechen, wären nicht Passagen von solchem Schematismus (solcher Vorsätzlichkeit) dabei herausgekommen: da hat sich ein Mensch einfallen lassen, all denen Dank zu sagen, die seine Entwicklung befördert haben – und zählt auf. Nicht, daß es langweilig wäre, – alles ist bedeutsam, aber Goethe selbst tritt dabei irgendwie zurück, schon siehst du seine dunklen Augen nicht mehr . . .
Dafür aber – o Gott! – die Spaziergänge als Junge durch Frankfurt, – die Freundschaft mit dem kleinen Franzosen – die Geschichte mit dem Maler und der Maus – das Theater – das Verhältnis zum Vater – Gretchen (»*Nicht küssen, s' ist was so Gemeines, aber lieben, wenn's möglich ist*!«) – ihre nächtlichen Treffen im Weinkeller – Goethe in Leipzig – die Tanzstunden – *Sesenheim* – Friederike – der Mond . . .
Oh, als ich die Verkleidungsszene las, bebte mir das Herz beim Gedanken daran, daß das Friederike ist und nicht ich!
Die Geborgenheit dieses alten, halb bäuerlichen Hauses – der Pfarrer – die Pfänderspiele – das Vorlesen . . .
Wegen alldem konnte ich mich heute überhaupt nicht entschließen, aus dem Bett aufzustehen: so sehr war ich es leid zu leben!

Oh, wie hätte ich Alja im 18. Jahrhundert erzogen! Was für Schnallenschuhe! Was für eine Familienbibel mit Schließen! Und was für ein Tanzlehrer!

Jetzt gibt es wohl, wegen Axt und Säge, weit weniger *enfants d'amour*! Im übrigen sägt und hackt nur die Intelligenzija (die Bauern kommen nicht in Betracht! ihnen macht das alles nichts aus!), die Intelligenzija aber hat auch früher schon weder durch *enfants* noch durch *amour* geglänzt.

Vor kurzem auf dem Smolensker Markt: ein üppiges Bauernmädchen – den prachtvollen Schal über Kreuz, ein Gang aus der Hüfte heraus – und eine kleine dürre Gnadenbrotesserin – eine Giftspinne! Ihr dürrer Finger bohrt sich in die hohe Brust des Mädchens. Einschmeichelndes Flüstern: »Was haben Sie da – Schweinefleisch?«
Das Mädchen hüllt sich noch tiefer in den Schal und sagt hochmütig: »Dreihundertachtzig.«

Heute zum Beispiel habe ich den ganzen Tag lang gegessen und hätte doch den ganzen Tag lang schreiben können. Keineswegs will ich im Jahr 1919 vor Hunger sterben, aber noch weniger will ich zum Schwein werden.

Von Natur aus ertrage ich keine Vorräte. Entweder wir essen sie, oder wir geben sie fort.
Man kann es sich aber auch, damit es keine Angst macht, so vorstellen: Das Brot kostet nicht 200 Rubel, sondern wie früher 2 Kopeken, nur habe ich diese 2 Kopeken nicht – und werde sie niemals haben.
Und der Zar ist nach wie vor in Zarkskoje Selo – nur werde ich niemals nach Zarskoje Selo kommen und er niemals – nach Moskau.

Mein Gott! Wie viele Nosdrews es jetzt in Rußland gibt (wer haut nicht wen und wie übers Ohr! wer tauscht nicht was wofür!) – Korobotschkas (»und was kosten jetzt die toten Seelen in der Stadt?«, »und was kosten jetzt die Kleiderpuppen auf dem Markt?«: ich zum Beispiel) – Manilows (»Tempel der

Freundschaft« – »Haus der Glücklichen Mutter«) – Tschitschikows (der geborene Spekulant!).
Nur Gogol gibt es keinen. Besser wäre es umgekehrt.

Und genauso selten sind die – wie heißt er gleich? dieser mit dem armenischen Familiennamen, -idse oder -adse, aus Teil II, ein derart irrealer, daß ich nicht einmal seinen Namen behalten habe!

Neben unserem gemeinen Leben gibt es noch ein anderes: ein festliches, unzerstörbares, unverbrüchliches: das Leben der Kirche. Dieselben Worte, dieselben Bewegungen, – alles wie vor hundert Jahren. Außerhalb der Zeit, das heißt außerhalb von Verrat.
Wir denken zu wenig daran.

»Nun lacht sie nicht mehr.«
(Aufschrift auf mein Grabkreuz.)

Ich habe das Jahr 1919 etwas übertrieben wahrgenommen, – so wie es die Menschen in hundert Jahren wahrnehmen werden: kein Stäubchen Mehl, kein Körnchen Salz (dafür Schmutz- und Aschestäubchen mehr als genug!) – kein Krümelchen Brot, kein Körnchen Salz, kein Restchen Seife! – die Schornsteige fege ich selbst, die Stiefel sind doppelt so groß wie meine Füße, – so wird irgendein Romancier, mit einer Phantasie auf Kosten des guten Geschmacks, das Jahr 1919 beschreiben.

Mein Zimmer. – Irgendwann einmal werde ich ja aus ihm ausziehen. (?) Oder werde ich, wenn ich die Augen öffne, schon niemals mehr, nie-mals mehr etwas anderes sehen als: das hohe Dachfenster – den Wasserkübel auf dem Boden – über allen Stühlen Lappen – die Axt – das Bügeleisen (mit dem Bügeleisen schlage ich auf die Axt!) – die Säge von G-mans?

Wenn Besuch kommt, bringt er mich nur auf: »So kann man unmöglich leben. Das ist ja schrecklich. Sie müssen alles verkaufen und umziehen.«

Verkaufen! – Leicht gesagt! – Alle meine Sachen haben mir zu sehr gefallen, als ich sie kaufte, – deshalb kauft sie niemand.
Was den Alltag betrifft, hat mich das Jahr 1919 nichts gelehrt: weder Sparen noch Maßhalten.
Brot nehme – esse – gebe ich genauso leicht, als wenn es 2 Kopeken kostete (jetzt 200 Rubel). Und Kaffee und Tee habe ich schon immer ohne Zucker getrunken.

Gibt es in Rußland jetzt – Rosanow ist tot – einen wahren Betrachter und Beobachter, der ein wahres Buch über den Hunger schreiben könnte: ein Mensch, der essen will – ein Mensch, der rauchen will – ein Mensch, dem kalt ist – über einen Menschen, der hat und nichts gibt, über einen Menschen, der nichts hat und gibt, über die ehedem Freigebigen und jetzt Geizigen, über die ehedem Sparsamen und jetzt Freigebigen und schließlich auch über mich: Dichter und Frau, allein, allein, allein – wie eine Eiche – wie ein Wolf – wie Gott – mitten in allerlei Pest im Moskau des Jahres 1919.
Ich würde es schreiben, wenn nicht diese romantische Strähne in mir wäre, nicht meine Kurzsichtigkeit, nicht all meine Eigenheit, die mich manchmal hindert, die Dinge so zu sehen, wie sie sind.

– Oh, wenn ich reich wäre! –
Geliebtes Jahr 1919, du hast mich diesen Stoßseufzer gelehrt! Früher, als alle alles hatten, brachte ich es dennoch zuwege zu geben, jetzt aber, wo niemand mehr etwas hat, kann ich nichts geben außer der Seele – einem Lächeln – manchmal einem Scheit Holz (aus Leichtsinnigkeit!) – und das ist wenig.
Oh, was für ein Betätigungsfeld jetzt für mich, für meine

Unersättlichkeit an Liebe. Auf diesem Leim gehen doch alle – sogar die Allerschwierigsten – sogar ich! Ich zum Beispiel liebe jetzt ganz eindeutig nur den, der mir gibt – verspricht er es und gibt dann nicht – egal! –, wenn er nur einen Augenblick lang aufrichtig (oder vielleicht auch nicht aufrichtig, – ich pfeife drauf!) geben wollte.
Der Satz, und deshalb auch der ganze Sinn, könnte einer Laune der Feder und des Herzens zufolge auch anders weitergehen und wäre doch wahr:
Früher, als alle alles hatten, brachte ich es dennoch zuwege zu geben. Jetzt, wo ich nichts habe, bringe ich es dennoch zuwege zu geben.
– Gut?

Ich gebe, wie alles, was ich tue, aus einer Art seelischem Aventiurismus heraus – dem Lächeln – meinem eigenen und dem anderen – zuliebe.

Balmont liegt – in einem schottischen, über Kreuz gebundenen Frauen-Umschlagtuch – im Bett – irrsinnige Kälte, der Atemdampf wird zur Säule – neben ihm eine Untertasse mit Kartoffeln, auf Kaffeesatz geröstet.
»Oh, das wird ein schmachvolles Blatt in der Geschichte Moskaus sein! Ich rede nicht von mir als Dichter, ich rede von mir als Werktätigem. Ich habe Shelley, Calderón, Edgar Poe übersetzt ... Habe ich nicht seit meinem 19. Lebensjahr über Wörterbüchern gesessen, statt mich zu amüsieren und zu verlieben?! – Ich hungere doch – buchstäblich. Weiter bleibt nur noch der Hungertod! Dummköpfe meinen, Hunger – das sei nur der Körper. Nein, Hunger – das ist die Seele, er fällt sofort mit aller Schwere auf die Seele. Er quält mich, ich bin in Schwermut, ich kann nicht schreiben!«
Ich bitte ihn um etwas zu rauchen. Er gibt mir seine Pfeife und befiehlt, mich selbst nicht abzulenken, während ich rauche.
»Diese Pfeife verlangt große Aufmerksamkeit, deshalb rate ich

Ihnen, nicht zu reden, denn es gibt keine Streichhölzer im Haus.«
Ich rauche, das heißt, ich ziehe mit aller Kraft, – die Pfeife ist wie zugepfropft – es gibt nur 1/10 Rauch bei jedem Zug – vor Angst, sie könnte ausgehen, rede ich nicht nur nicht, sondern denke nicht einmal – und – nach einer Minute, erleichtert: »Danke, ich habe mich satt geraucht!«

Moskau, im Winter 1919-1920
(»Dni«, 25. Dezember 1925, Berlin)

Über Liebe

(Aus dem Tagebuch)

1917

Zur vollen Übereinstimmung der Seelen bedarf es der Übereinstimmung des Atmens, denn was ist das Atmen, wenn nicht der Rhythmus der Seele?
Damit also die Menschen einander verstehen, ist es nötig, daß sie nebeneinander gehen oder liegen.

Das Edle des Herzens – des Organs. Unablässige Wachsamkeit. Es schlägt immer als erstes Alarm. Ich könnte sagen: Nicht die Liebe ruft Herzklopfen in mir hervor, sondern das Herzklopfen – die Liebe.

Das Herz: eher Orgel als Organ.

Das Herz: Lot, Log, Senkblei, Kräftemesser, Reaumur – alles, nur nicht Chronometer der Liebe.

»Sie lieben zwei, also lieben Sie keinen!« – Entschuldigen Sie, aber wenn ich außer N. noch Heinrich Heine liebe, werden Sie doch nicht sagen, daß ich jenen, den ersten, nicht liebe. Einen Lebenden und einen Toten gleichzeitig lieben – kann man also. Aber stellen Sie sich vor, Heinrich Heine wäre wieder zum Leben erwacht und könnte jeden Augenblick ins Zimmer treten. Ich bin dieselbe, Heinrich Heine ist derselbe, der einzige Unterschied besteht darin, daß er ins Zimmer treten kann.
Folglich: Liebe zu zwei Personen, von denen jede jeden Augenblick ins Zimmer treten kann, ist keine Liebe. Damit meine gleichzeitige Liebe zu zwei Personen wirklich Liebe sei, ist es nötig, daß eine dieser Personen hundert Jahre früher als ich

oder überhaupt nicht geboren wurde (ein Portrait, ein Poem). – Eine nicht immer erfüllbare Voraussetzung!
Und trotzdem ist eine Isolde, die außer Tristan noch einen anderen liebt, undenkbar, und Sarahs (Marguérite Gautiers) Schrei – »Oh, l'Amour! l'Amour!«, der sich noch auf einen anderen als auf ihren jungen Freund bezieht, ist lächerlich.

Ich würde eine andere Formel vorschlagen: Eine Frau, die Heinrich Heine nicht in jenem Augenblick vergißt, in dem ihr Geliebter eintritt, liebt nur Heinrich Heine.

»Geliebter« klingt theatralisch, »Liebhaber« – zu offenherzig, »Freund« – unbestimmt. Ein Land ohne Liebe!

Jedesmal, wenn ich erfahre, daß ein Mensch mich liebt, staune ich, daß er mich nicht liebt, staune ich, aber am meisten staune ich, wenn ein Mensch mir gegenüber gleichgültig ist.

Alte Männer und alte Frauen.
Ein rasierter, schlanker, alter Mann ist immer ein wenig altertümlich, immer ein wenig Marquis. Und seine Aufmerksamkeit schmeichelt mir mehr, bewegt mich mehr als die Liebe jedes beliebigen Zwanzigjährigen. Übertrieben ausgedrückt: hier das Gefühl, daß mich ein ganzes Jahrhundert liebt. Dort sowohl die Trauer über seine zwanzig Jahre wie die Freude über meine eigenen und die Möglichkeit, großzügig zu sein – und alle Unmöglichkeit. Es gibt so ein kleines Lied von Béranger:

> Ach, dein heller Blick verwirrt mich . . .
> Du jedoch bist grade zwölf,
> Ich schon vierzig.

Sechzehn Jahre und sechzig Jahre ist überhaupt nicht ungeheuerlich und vor allem – überhaupt nicht lächerlich. Jedenfalls weniger lächerlich als die Mehrzahl der sogenannten »ebenbürtigen« Ehen. Die Möglichkeit zu echtem Pathos.

Aber eine alte Frau, in einen jungen Mann verliebt, ist bestenfalls rührend. Ausnahme: die Schauspielerinnen. Eine alte Schauspielerin ist die Mumie einer Rose.

». . . Und sie hatten so ein Spiel miteinander. Er singt ihr – sie hieß akkurat Marussja – ›Marussja du, Marussja, mach deine Augen zu‹, und sie legt sich aufs Bett, deckt sich mit dem Leintuch zu – genau wie eine Verstorbene. Er zu ihr: ›Marussja! Stirb nicht ganz! Marussja! Stirb nicht wirklich!‹ – Jedesmal brach er in Tränen aus. – Sie haben in ein und derselben Fabrik gearbeitet, sie war fünfzehn Jährchen alt, er sechzehn . . .« (Erzählung der Kinderfrau)

»Und ich, ihr Lieben, ich hatte einen Mann!!! Nur dem Aussehen nach ein Mensch. Er aß nichts, er trank nur. Mein Kopfkissen hat er versoffen, die Decke mit den Mädchen durchgebracht. Alles, ihr Lieben, hat ihn gelangweilt: arbeiten hat ihn gelangweilt, und mit mir Tee trinken hat ihn auch gelangweilt. Aber schön war er wie ein Dämon: lockiges Haar, gerade Brauen, dunkelblaue Augen . . . – Das fünfte Jahr ist er verschollen!« (Die Kinderfrau – ihren Freundinnen)

Der erste Liebesblick ist jene kürzeste Entfernung zwischen zwei Punkten, jene göttliche Gerade, wie es keine zweite gibt.

Aus einem Brief:
»Wenn Sie jetzt zur Tür hereinkämen und sagten: ›Ich fahre für lange Zeit fort, für immer‹ oder: ›Mir scheint, ich liebe Sie nicht mehr‹, – würde ich, scheint mir, nichts Neues empfinden: jedesmal, wenn Sie fortfahren, jede Stunde, die Sie nicht da sind, – sind Sie für immer fort und lieben Sie mich nicht mehr.«

Meine Gefühle kennen, wie die der Kinder, keine Grade.

Der erste Sieg einer Frau über einen Mann ist die Erzählung des Mannes über seine Liebe zu einer anderen. Ihr endgültiger Sieg aber ist die Erzählung dieser anderen über ihre Liebe zu ihm, über seine Liebe zu ihr. Das Geheime wurde offenbar, eure Liebe wurde zu meiner. Und solange es soweit noch nicht gekommen ist, darf man nicht ruhig schlafen.

Alles Nicht-Erzählte existiert ununterbrochen fort. Ein nicht eingestandener Mord zum Beispiel – dauert an. Dasselbe über die Liebe.

Sie wollen nicht, daß man weiß, daß Sie den und den lieben? Dann sagen Sie über ihn: ›Ich bete ihn an!‹ Einige wissen jedoch, was das heißt.

Erzählung.
»Als ich achtzehn Jahre alt war, hatte sich ein Bankier, ein Jude, bis zum Wahnsinn in mich verliebt. Ich war verheiratet, er war es auch. So ein dicker, aber seltsam rührender. Wir blieben fast nie alleine, doch als es geschah, sagte er mir nur ein Wort: ›Leben Sie! Leben Sie!‹ Und nie küßte er mir die Hand. Einmal veranstaltete er eigens für mich einen Abend, lud ausgezeichnete Tänzer ein – ich liebte damals das Tanzen! Er selbst konnte nicht tanzen, weil er zu dick war. Gewöhnlich spielte er auf solchen Abendgesellschaften Karten. An diesem Abend spielte er nicht.«
(Die Erzählerin ist sechsunddreißig Jahre alt und bestrickend schön.)

– »Nur leben Sie!« Ich ließ die Hände sinken,
Und auf die Hände meine heiße Stirn . . .
So lauscht ein junger Sturmwind Gott
Auf freiem Feld in einer dunklen Stunde.

Und auf die hohe Woge meines Atems
Legt mächtig sich – vom Himmel – eine Hand,
Auf meine Lippen eines andren Lippen.
So lauscht dem jungen Sturmwind Gott.
(*Nachhall*)

Der Salon – das freie Feld, die gestrige Smolnyj-Schülerin – der Sturmwind, der dicke Bankier – Gott. Was blieb erhalten? Jenes eine Wort, das der Bankier der Institutsschülerin sagte und Gott am ersten Tag – zu allem: – Lebe!
»Sei« – das einzige Wort der Liebe, der menschlichen wie der göttlichen. Das übrige: Salon, Feld, Bankier, Institutsschülerin, – sind nur Einzelheiten.
Was blieb erhalten? – Alles.

Besser einen Menschen mit meinem ganzen Selbst verlieren als ihn mit einem Hundertstel meiner selbst zurückhalten.
Der Feldherr nach dem Sieg, der Dichter nach dem Gedicht – wohin? – zur Frau. Leidenschaft ist für den Menschen die letzte Möglichkeit sich auszusprechen, so wie der Himmel für den Sturmwind die einzige Möglichkeit zu sein.
Der Mensch – ein Sturm, Leidenschaft – ein Himmel, welcher ihn auflöst.

O Dichter, Dichter! Einzige wahre Liebhaber der Frauen!

»In meinem Namen«: Liebe fürs Leben, »in deinem Namen«: Liebe über den Tod hinaus.

»Eine alte Frau . . . Was soll ich mit einer alten Frau anfangen?!« – In ihrer Offenherzigkeit – entzückende Formel des Männlichen.

»Wozu ziehen alte Frauen sich schön an? Das ist sinnlos! Ich würde ihnen allen eine einheitliche . . . ›Jungiform‹ machen

lassen und, da sie alle reich sind, eine Kasse gründen, aus der ich alle jungen und schönen Frauen einkleiden – und zwar sehr gut einkleiden! – würde.«
– Stör mich nicht dabei, ein Gedicht über dich zu schreiben!
– Stör mich dabei, ein Gedicht über mich zu schreiben!
Dazwischen – die ganze Liebesskala eines Dichters.

Eine dritte Person lenkt immer ab. Am Anfang der Liebe – von ihrem Reichtum. Am Ende der Liebe – von ihrer Armut.

Die Geschichte einiger Begegnungen. Gefühlsequilibristik.

Die Erzählung eines Junkers: ». . . ich mache ihr eine Liebeserklärung, singe ihr natürlich was vor . . .«

Lieben und Mutterliebe schließen einander fast aus. Wahre Mutterliebe ist mannhaft.

Wieviel mütterliche Küsse fallen auf Köpfe nicht von Kindern – und wieviel nicht-mütterliche auf die von Kindern!

Eine leidenschaftliche Mutterliebe geht an die falsche Adresse. Dort, wo ich (der anderen wegen) über eine Tat nachdenken, sie erfinden muß, ist sie niemals ganz aus einem Stück – angefangen und nicht beendet – ich kann das nicht erklären – nicht meine. Ich hatte mir A genau gemerkt und denke nicht an B – und sofort, statt B – meine seligen Hieroglyphen!

Gespräch:
Ich, über einen Roman, den ich gerne schreiben würde: »Verstehen Sie, im Sohn liebe ich den Vater, im Vater – den Sohn . . . Wenn Gott mir ein langes Leben schenkt, werde ich das unbedingt schreiben!«
Er, ruhig: »Wenn Gott Ihnen ein langes Leben schenkt, werden Sie das unbedingt tun.«

Über das Hohelied:
Das Hohelied wirkt auf mich wie ein Elefant: schreckenerregend und zugleich komisch.

Das Hohelied wurde in einem Land geschrieben, wo die Weintrauben so groß wie Pflastersteine sind.

Das Hohelied: Flora und Fauna aller fünf Erdteile in einer einzigen Frau. (Das unentdeckte Amerika – mit eingeschlossen.)

Das Beste am Hohenlied ist der Vers von Achmatowa:

Die Bibel hat ein rotes Ahornblatt
Gelegt aufs Lied der Lieder.

»Ich könnte niemals eine Tänzerin lieben, es käme mir immer vor, als flatterte ein Vogel in meinen Händen.«

Eine Witwe, die sich wiederverheiratet. Lange suchte ich nach einer Formel für diese mich abstoßende, gesetzlich sanktionierte Möglichkeit. Und plötzlich – in einem französischen Buch, offenbar dem einer Frau (der Autorin von »*Amitié amoureuse*«) – meine Formel:
»*Le remariage est un adultère posthume.*«
– Ich atmete auf!
Früher hieß alles, was ich liebte – »ich«, jetzt – »Sie«. Aber es ist noch immer dasselbe.
Ehefrauen gibt es viele, Geliebte wenige. Eine wirkliche Ehefrau aus Mangel (an Liebe), eine wirkliche Geliebte vor Überfluß. Ich liebe nicht die Ehefrauen und nicht die Geliebten, sondern die »*amoureuses*«.
Wieviel weniger ist ein Musikant als die Musik! Und wieviel weniger ist ein Liebhaber als die Liebe!

(NB! »Liebhaber« hier und in Zukunft im Sinne des mittelalterlichen, umfassenden »*amant*«. An der Umgangssprache vorbei gebe ich ihm seine ursprüngliche Bedeutung zurück. Liebhaber: der, der liebt, der, durch den die Liebe in Erscheinung tritt, eine Leitung für das Element Liebe. Vielleicht in ein und demselben Bett, vielleicht aber auch tausend Werst weit entfernt. – Liebe nicht als »Verbindung«, sondern als Element.)

»Es gibt zweierlei Eifersucht. Die eine«, eine Angriffsbewegung, »von sich weg, die andere«, Schlag auf die Brust, »in sich hinein. Was ist niedrig daran, sich ein Messer in die Brust zu stoßen?« (Balmont)

Ich sollte Sie literweise trinken und trinke Sie tropfenweise, was mich husten macht.

Wie langsam die und die mit Ihnen zusammenkommen. Sie legen Millimeter zurück dort, wo ich Meilenschritte tue!

Wozu die Schlange, wenn es Eva gibt?
Liebe: im Winter vor Kälte, im Sommer vor Hitze, im Frühling der ersten Blätter wegen, im Herbst der letzten wegen: immer – wegen allem möglichen.

Nächtliches Gespräch.
Pawel Antokolskij: »Gott hatte Judas. Aber wer ist der Judas – des Teufels?«

Ich: »Das wird natürlich eine Frau sein. Der Teufel wird sich in sie verlieben, und sie wird ihn zu Gott zurückführen wollen – und es auch tun.«
Antokolskij: »Und sie wird sich erschießen. Aber ich behaupte doch, daß es ein Mann sein wird.«
Ich: »Ein Mann? Wie kann ein Mann den Teufel verraten? Er hat doch überhaupt keinen Zugang zum Teufel, der Teufel braucht ihn gar nicht, was geht den Teufel ein Mann an? Der

Teufel ist selbst ein Mann. Der Teufel – das ist die ganze Männlichkeit. Den Teufel kann man nur mit Liebe verführen, das heißt mit einer Frau.«
Antokolskij: »Und doch wird sich ein Mann finden, der sich die Ehre dieser Eroberung zuschreibt.«
Ich: »Und wissen Sie, wie das sein wird? Eine Frau wird sich in den Teufel verlieben, sie aber liebt ein Mann. Er wird zu ihr gehen und sagen: ›Du liebst ihn, tut er dir denn wirklich nicht leid? Es geht ihm doch schlecht, führ ihn zu Gott zurück.‹ – Und sie wird es tun . . .«
Antokolskij: »Und ihn nicht mehr lieben.«
Ich: »Nein, nicht s i e. Er wird sie nicht mehr lieben, denn jetzt hat er ja Gott, da braucht er sie nicht mehr. Sie wird nicht aufhören, ihn zu lieben, aber sich dem anderen an den Hals werfen.«
Antokolskij: »Und in seine Augen schauen und sehen, daß es immer noch dieselben Augen sind und daß sie selbst – vom Teufel besiegt wurde.«
Ich: »Aber es gab doch einen Augenblick, in dem der Teufel der Besiegte war, – der Augenblick, als er zu Gott zurückkehrte.«
Antokolskij: »Und doch hat ihn – ein Mann verraten.«
Ich: »Ach, ich spreche von einem Liebesdrama!«
Antokolskij: »Und ich spreche von dem Namen, der schließlich auf den Gesetzestafeln stehen wird.«

Ich: »Die Frau ist eine Besessene. Die Frau geht den Weg des Seufzers entlang«, ich atme tief durch, »so. Und Heine mit seinem ›*horizontalen Handwerk*‹ hat völlig danebengetroffen! Gerade die Vertikale entlang!«
Antokolskij: »Und der Mann will – so«: Die vorgeschleuderte Hand macht einen Satz.
Ich: »Nicht der Mann, ein Tiger macht es so. Übrigens, wenn es statt ›Mann‹ ›Tiger‹ hieße, würde ich vielleicht auch Männer lieben. Was für ein scheußliches Wort – ›Mann‹! Wieviel besser

klingt es auf deutsch: ›*Mann*‹, und auf französisch: ›*homme*‹. *Mann, uomo* ... Nein, bei allen klingt es besser ...
Aber weiter. Also, die Frau geht den Weg des Seufzers entlang ... Die Frau, das ist ein Seufzer. Der Mann, das ist die Geste. (Der Seufzer kommt immer zuerst, während des Sprungs atmet man nicht.) Der Mann will nie als erster. Wenn der Mann beginnt zu wollen, will die Frau bereits.«
Antokolskij: »Aber was machen wir mit der tragischen Liebe? Wenn die Frau – tatsächlich – nicht will?«
Ich: »Das heißt, nicht sie wollte, sondern irgendeine andere nebenan. Er hat sich in der Tür geirrt.«

Ich, schüchtern: »Antokolskij, kann man das, was wir gerade tun, Denken nennen?«
Antokolskij, noch schüchterner: »Das – ist eine universale Angelegenheit: dasselbe, wie auf den Wolken sitzen und die Welt regieren.«

Ich: »Es gibt zwei Arten von Beziehung zur Welt: die liebende und die mütterliche.«
Antokolskij: »Auch wir haben zwei: die liebende und die eines Sohnes. Aber eine väterliche gibt es nicht. Was soll das sein, Väterlichkeit?«
Ich: »Väterlichkeit gibt es gar nicht. Mütterlichkeit gibt es: – Maria – Die Mutter – mit großem M.«
Antokolskij: »Und Väterlichkeit – mit großem V, das heißt Vakuum, nichts.«
Ich, versöhnlich: »Aber dafür haben wir keine töchterliche Beziehung.«
Wir sprechen über die Liebe.
Antokolskij: »Die Madonna lieben ist dasselbe wie sich gegen Gläubiger versichern.« (Die Gläubiger sind die Frauen.)
Wir sprechen über Jeanne d'Arc, und Antokolskij platzt plötzlich heraus:
»Aber der König braucht überhaupt kein Reich, er will das,

was mehr ist als ein Reich – Johanna. Aber Ihnen . . . Aber ihr ist er vollkommen gleichgültig: ›Nein, du mußt König werden! Zieh ins Reich!‹ – so wie man sagt: ›Geh ins Gymnasium!‹«

Eine gesättigte Lösung. Mehr kann das Wasser nicht auflösen. So lautet das Gesetz. Sie sind eine mit mir gesättigte Lösung.
Ich bin kein Faß ohne Boden.

Man (ich) muß lernen, an eines Menschen Liebesgegenwart heranzugehen wie an seine Liebesvergangenheit, das heißt – mit aller Abgeschiedenheit und Leidenschaftlichkeit des Schaffens.
Der Rivale ist immer entweder ein Idol (du betest ihn an!) – oder ein Dummkopf (du verachtest ihn nicht einmal).

Verrat deutet schon auf Liebe hin. Man verrät unmöglich einen Bekannten.

1918

Gerichtsverhandlung für Admiral Schtschastnyj. Das Urteil ist gesprochen. Der Angeklagte wird abgeführt. Und im Hinausgehen, halb zurückgewandt, in die Menge hinein: »Werden Sie kommen?«
Eine Frauenstimme: »Ja!«

Ich bin keine Heroin der Liebe, ich verliere mich niemals an den Geliebten, immer – an die Liebe.

»Das ganze Leben teilt sich in drei Perioden: Vorahnung der Liebe, Wirkung der Liebe, Erinnerung an die Liebe.«
Ich: »Wobei die mittlere vom 5. bis zum 75. Lebensjahr dauert, – ja?«

Brief:
»Lieber Freund! Wenn ich, in Verzweiflung über die Bettelarmut der Tage, erdrückt vom Alltag und von fremder Dummheit, endlich Ihr Haus betrete, habe ich mit all meinem Wesen ein Anrecht auf Sie. Man kann das Recht eines Menschen auf Brot bestreiten (der Großvater hat nicht gearbeitet, also – Enkel, iß nicht!) – man kann nicht das Recht eines Menschen auf Luft bestreiten. Meine Luft mit Menschen zusammen ist die Begeisterung. Daher mein Gekränktsein.
Ihnen ist heiß, Sie sind gereizt, Sie sind erschöpft, jemand klingelt, Sie gehen träge zur Tür: ›Ach, Sie sind es?‹ Und Klagen über die Hitze, die Müdigkeit, Gefallen an der eigenen Trägheit, – aber so begeistern Sie sich doch an mir, ich bin so schön!
Ich, meine Seele kommen Ihnen nicht gelegen, drei Tage lang – ein Tief (nicht für mich – ohne Sie, für mich – mit mir), allein an Träumen in drei Nächten – tausendundeiner, und ich träume auch noch am Tag!

Sie sagen: ›Wie kann ich Sie lieben? Ich liebe nicht einmal mich selbst.‹ Die Liebe zu mir ist ein Teil Ihrer Liebe zu sich selbst. Das, was Sie Liebe nennen, nenne ich eine gute Geistes-(Körper-)verfassung. Kaum geht es Ihnen schlecht (Zwistigkeiten zu Hause, die Hitze, die Bolschewiki) – schon existiere ich nicht mehr.
Das Zuhause ist ein einziges Zerwürfnis, die Hitze gibt es jeden Sommer, und die Bolschewiki fangen gerade erst an!
Lieber Freund, ich will das so nicht, ich atme so nicht. Ich möchte solch eine bescheidene, furchtbar einfache Sache: daß sich der Mensch freut, wenn ich zur Tür hereinkomme.

Hier, mein Lieber, bin ich mit dem Bleistift in der Hand eingeschlafen. Ich hatte schreckliche Träume, – flog von New Yorker Stockwerken herab. Ich wache auf: das Licht brennt. Die Katze auf meiner Brust macht einen Buckel.«

Lieben – einen Menschen so sehen, wie Gott ihn gemeint hat und die Eltern nicht haben werden lassen.
Nicht lieben – einen Menschen so sehen, wie ihn seine Eltern haben werden lassen.
Aufhören zu lieben: statt seiner – einen Tisch, einen Stuhl sehen.

Die Familie ... Ja, langweilig, ja, langweilig, ja, das Herz klopft nicht ... Sind ein Freund, ein Liebhaber da nicht besser? Aber habe ich mich einmal mit dem Bruder verzankt, so habe ich doch trotzdem das Recht zu sagen: »Du mußt mir helfen, denn du bist mein Bruder ...« (Sohn, Vater ...) Aber zum Liebhaber wirst du das nicht sagen – um nichts in der Welt – eher schneidest du dir die Zunge ab.
Das im Blut nistende Recht auf Intonation.

Blutsverwandtschaft ist grob und dauerhaft, Wahlverwandtschaft – fein. Wo allzu fein gesponnen wird, da reißt es.

Meine Seele ist ungeheuer eifersüchtig: sie würde es nicht ertragen, wenn ich eine Schönheit wäre.
In meinem Fall über das Äußere zu sprechen wäre unvernünftig: es geht so sehr und so offensichtlich – nicht darum!
»Wie gefällt Ihnen ihr Äußeres?«
– Aber will sie denn äußerlich gefallen? Ich gebe einfach kein Anrecht darauf, – auf solch eine Bewertung!
Ich bin ich: auch meine Haare sind ich, auch meine Männerhand mit den quadratischen Fingern ist ich, auch meine bucklige Nase ist ich. Genauer gesagt: weder meine Haare sind ich noch die Hand oder die Nase: ich bin ich: etwas Unsichtbares.
Ehrt die Hülle, die mit dem Odem Gottes beglückt wurde.
Und geht: andere Körper lieben!

(Wenn ich diese Aufzeichnungen veröffentlichte, würden sie sicher sagen: *par dépit*).
Brief über Lauzun.*
Sie wollen, daß ich Ihnen einen kurzen Bericht über meine letzte Liebe gebe. Ich sage »Liebe«, weil ich nicht weiß, mir nicht die Mühe gebe zu wissen ... (Vielleicht: alles, was recht ist – nur keine Liebe! Aber – alles was recht ist!)
Also: erstens ist er göttlich schön, zweitens hat er eine göttliche Stimme. Beide Göttlichkeiten sind nur etwas für Liebhaber: für all die Männer, die keine Frauen lieben, und all die Frauen, die keine Männer lieben.
Er ist eindrucksfähig, in der Seele ebenso wie auf der Haut, das ist seine hauptsächliche und unzweifelhafte Wesensart. Vom Frösteln bis zur Begeisterung ist es nur ein Schritt. Es fröstelt ihn leicht. Es gibt keinen zweiten solchen Gesprächspartner auf der Welt. Er weiß das, was Sie nicht gesagt haben und vielleicht auch nicht sagen würden ... wenn er es nicht schon wüßte! Da er nur seine eigene Trägheit schätzt, zwingt er Sie, ohne es zu wollen, so zu sein, wie es ihm bequemt. (»Beliebt« ist hier nicht angebracht, – ihm beliebt nichts.)
Ist er gut? Nein. Zärtlich? Ja.
Denn Güte ist ein ursprüngliches Gefühl, er aber lebt ausschließlich vom sekundären, widergespiegelten. So: anstelle von Güte – Zärtlichkeit, von Liebe – Geneigtheit, von Haß – Ausweichen, von Begeisterung – Gefallen, von Anteilnahme – Mitgefühl. Statt A n w e s e n h e i t der Leidenschaft – A b w e s e n h e i t der Leidenschaftslosigkeit (statt Parteilichkeit der Anwesenheit – Leidenschaftslosigkeit der Abwesenheit).
Aber in allem Sekundären ist er sehr stark: eine Perle, die erste Geige.
– Und in der Liebe?
Hierüber weiß ich gar nichts. Mein scharfes Gehör flüstert mir ein, daß ihn allein das Wort »Liebe« – irgendwie – unangenehm berührt. Er hat überhaupt Angst vor Worten, wie überhaupt –

* der Held meines Stückes »Fortuna«.

vor allem Deutlichen. Gespenster mögen nicht, daß man ihnen einen Körper gibt. Diesen Luxus behalten sie sich selbst vor.

»Liebe mich, wie es dir beliebt, aber zeige das so, wie es mir bequemt. Und mir bequemt es, daß ich nichts davon weiß.«
Absichtliche Bosheit? Keineswegs. Aller Reiz und alle Gefährlichkeit liegen in seiner tiefen Unschuld. Sie können sterben, er wird sich monatelang nicht nach Ihnen erkundigen. Und dann, zerstreut: »Ach, wie bedauerlich! Wenn ich das gewußt hätte, aber ich war so beschäftigt . . . Ich wußte gar nicht, daß man so mit einemmal stirbt . . .«
Da er alles Weltbewegende weiß, weiß er natürlich nichts Alltägliches, und der Tod am soundsovielten zu der und der Stunde ist natürlich Alltag. Auch die Pest ist Alltag.
Aber er hat, anstelle von allem, was er nicht hat, eines: Phantasie. Das ist sein Herz und seine Seele und sein Geist und seine Begabung. Der Ursprung ist klar: seine Eindrucksfähigkeit. Weil er spürt, was Sie in ihm sehen, wird er auch so.
Also: ein Dandy, ein Dämon, ein verzogener Bengel, ein Erzengel mit Posaune – er ist alles, was Sie möchten, nur tausendmal mehr, als Sie es je wollten. Ein Spielzeug, das sich rächt. Ein *objet de luxe et d'art* – und ein Unglück für Sie, wenn dieses *objet de luxe et d'art* Ihr täglich Brot wird!
– Unschuld, Unschuld, Unschuld! –
Unschuld in seiner Eitelkeit, Unschuld in seiner Selbstsucht, Unschuld in seiner Vergeßlichkeit, Unschuld in seiner Hilflosigkeit . . .
Dieser unschuldigste und unverwundbarste aller Verbrecher hat jedoch eine verwundbare Stelle: die wahnsinnige – nur wird er niemals wahnsinnig werden! – Liebe zu seiner Kinderfrau. Dieses eine Mal verausgabte sich all seine Menschlichkeit ein für allemal.
Fazit – als Mensch ein Nichts und als Wesen eine Vollkommenheit.

Von all seinen Versuchungen für mich würde ich vor allem drei hervorheben: die Versuchung der Schwäche, die Versuchung der Leidenschaftslosigkeit – und die Versuchung Des Fremden.

Moskau, 1918-19
(»Dni«, 25. Dezember 1925, Berlin)

Über Dankbarkeit

(Aus dem Tagebuch von 1919)

Als der fünfjährige Mozart, eben gerade vom Cembalo fortgelaufen, auf dem rutschigen Schloßparkett der Länge nach hinfiel und die siebenjährige Marie-Antoinette, als einzige von allen, zu ihm lief und ihm aufhalf, – sagte er: *»Celle-là – je l'épouserai«*, und als Maria Theresia ihn fragte, warum, – *»Par reconnaissance.«*

Wie vielen sie auch später, als Königin von Frankreich, vom Parkett – dem für Spieler, Ehrgeizlinge und Zecher immer rutschigen – aufhalf, hat ihr jemand – *par reconnaissance* – *»Vive la Reine!«* zugerufen, als sie auf ihrem Räderkarren durch die Menge zum Schafott fuhr?

Reconnaissance ist Wiedererkennen. Das einmal, in einem besonderen Augenblick erkannte wahre Gesicht – allen Masken und Runzeln zum Trotz – wiedererkennen. (Dankbarkeit).

Ich bin Menschen nie für ihre Taten dankbar, – nur für ihr Wesen. Das mir gegebene Brot kann sich als eine Zufälligkeit erweisen, ein Traum, den jemand von mir hatte, ist immer etwas Wesentliches.

Ich nehme, wie ich gebe: blindlings, ebenso gleichgültig gegenüber der Hand des Gebenden wie meiner empfangenden gegenüber.

Ein Mensch gibt mir Brot. Was ist das erste? Zurückschenken. Zurückschenken, um nicht dankbar sein zu müssen. Dankbarkeit: ein Geschenk meiner selbst für das Gute, das heißt: Liebe gegen Bezahlung.

Ich achte die Menschen zu sehr, als daß ich sie mit Liebe gegen Bezahlung beleidigen könnte.

Beleidigend ist es für mich, also auch für den anderen.

Der auf mich gerichtete gute Wille hat niemals etwas im voraus entschieden. Das Persönliche (das Auf-mich-gerichtet-Sein) eines Geschenks ist in meiner Wahrnehmung des Geschenks nicht vorhanden. Ich bin dankbar nicht für mich und nicht für den Nachbarn, ich bin dankbar.

Mich kauft man nicht. Das ist der Punkt. Mich kann man nur mit dem Wesen kaufen. (Das heißt – mein Wesen!) Mit Brot kauft ihr: Scheinheiligkeit, falschen Eifer, Liebenswürdigkeit, – all meinen Schaum . . . wenn nicht den Kesselstein.
Kaufen heißt sich loskaufen. Von mir kauft man sich nicht los.

Kaufen kann man mich nur – mit dem ganzen Himmel in sich! Einem Himmel, in dem für mich vielleicht nicht einmal Platz ist.

Dankbar bin ich unabhängig vom Persönlichen, das heißt nur dort, wo ich, abgesehen vom guten Willen eines Menschen, auch ohne sein Wissen mir selbst etwas nehmen kann.

Eine Beziehung ist keine Bewertung. Ich bin es müde, das zu wiederholen. Dadurch, daß du mir Brot gabst, bin ich vielleicht gutwilliger geworden, aber du deshalb noch nicht vortrefflicher.

Eine Tat ist keine Beziehung, eine Beziehung ist keine Bewertung, eine Bewertung (die eines Kritikers von Blok, zum Beispiel) ist nicht das Wesen (Blok).
Das Wesen ist die Absicht, es ist nur mit dem Gehör wahrzunehmen.

Ein Stück Brot von einem widerwärtigen Menschen. Ein glücklicher Zufall. Nicht mehr.

Ich esse euer Brot und lästere. – Ja. –
Nur der Eigennutz ist dankbar. Nur der Eigennutz mißt das Ganze (das Wesen) nach dem Teil, das ihm gegeben wurde. Nur kindliche Blindheit behauptet, auf die eigene Hand schauend: »Er hat mir ein Stück Zucker gegeben, er ist gut.« Der Zucker ist gut, ja. Aber das Wesen eines Menschen nach den Zuckerstücken und »Trinkgeldern« bewerten, die man von ihm bekommen hat, das kann man nur Kindern und Dienstboten verzeihen: dem Instinkt.
Aber auch das gibt es nicht: wir sehen oft Hunde, die ihren Herrn, der ihnen nichts gibt, der Köchin gegenüber, die sie füttert, bevorzugen.
Die Quelle des Guten mit den guten Gaben gleichzusetzen (die Köchin – mit dem Fleisch, den Onkel – mit dem Zucker, den Gast – mit dem Trinkgeld), ist Zeichen einer völligen Unentwickeltheit von Seele und Denken. Eine Kreatur, die über ihre fünf Sinne nicht hinauskam.
Ein Hund, der liebt, weil er angesehen wird, steht höher als eine Katze, die liebt, weil sie gestreichelt wird, und eine Katze, die liebt, weil sie gestreichelt wird, steht höher als ein Kind, das liebt, weil es gefüttert wird. Es geht um die Abstufungen.
So: von der allereinfachsten Liebe für Zucker – zur Liebe für ein Streicheln – zur Liebe beim Sehen – zur Liebe ohne Sehen (auf die Entfernung hin*), – und zur Liebe ohne Ansehen (der Nichtliebe); von der kleinen Liebe »für« zur großen Liebe »ohne« (mich) – von der empfangenden Liebe (durch den Willen des anderen!) zur nehmenden Liebe (sogar ungeachtet des Willens des anderen, ohne sein Wissen, gegen seinen Willen!) – und zur Liebe an sich.

* Daher – mein ganzes Ich.

Je älter wir werden, desto mehr wollen wir: im Kindesalter – nur Zucker, in der Jugendzeit – nur Liebe, im Alter – nur (!) Wesen (dich außerhalb meiner selbst).

Je weniger wir die äußeren Güter schätzen, desto leichter geben und nehmen wir sie, desto weniger sind wir dankbar für sie.

(In der Praxis: ich lasse nur stillschweigende Dankbarkeit für Brot (eine Gabe) zu. In der offen gezeigten liegt etwas Beschämendes für den, der gibt, eine Art Vorwurf.)

Freude über das Brot, – das ist die beste Dankbarkeit! Eine Dankbarkeit, die mit dem letzten Hinunterschlucken in die Speiseröhre hinein endet.

Soll denn wirklich diese Einzelheit, Selbstverständlichkeit (für mich) – geben – unausweichlich zu einem Berg anwachsen, nur wegen dem Zusatz: mir?
Ich weiß doch, wie man gibt: blindlings! Und würde ich selbst es denn ertragen, daß man mir für Brot dankt? (Nicht einmal für Gedichte ertrage ich es, – so ist das!)
Brot – bin das etwa ich?! Gedichte (die Zufälligkeit der Begabung zum Lied) – bin das etwa ich?!
Ich bin alleine unter weitem Himmel. Geht fort und dankt.

Ich will nicht niedrig denken von den Menschen. Wenn ich einem Menschen Brot gebe, so gebe ich es dem Hungrigen, das heißt seiner Speiseröhre, das heißt nicht ihm. Seine Seele tut hier nichts zur Sache. Ich kann jedem beliebigen geben, und nicht ich gebe, sondern jeder beliebige tut es. Das Brot gibt sich selbst. Und ich will nicht glauben, daß jeder beliebige, der meiner Speiseröhre gibt, deshalb etwas von meiner (oder meine) Seele fordert.

Aber nicht die Speiseröhre gibt, sondern die Seele! Nein – die Hand. Diese Gaben sind nicht persönlich. Seltsam wäre es, einen Magen einem anderen vorzuziehen, und wenn doch, so den hungrigeren. Der hungrigere ist, für heute, meiner (deiner). Ich bin dafür nicht verantwortlich.

Und so wäre es, nachdem ich Gebenden (die Hand) und Empfangenden (die Speiseröhre) festgestellt habe, seltsam, forderte das eine Stück Fleisch vom anderen Stück Fleisch ... Dankbarkeit.

Die Seelen sind dankbar, aber die Seelen sind ausschließlich dankbar für Seelen. Danke dafür, daß es dich gibt.
Alles übrige – von mir zu einem Menschen oder von einem Menschen zu mir – ist Beleidigung.

Geben, das ist nicht unsere Tätigkeit! Nicht unsere Persönlichkeit! Nicht Leidenschaft! Nicht Wahl! Etwas, das allen gehört (Brot), folglich (ich habe keines) mir weggenommen wurde, kehrt (durch dich) zu mir zurück (durch mich – zu dir).
Brot dem Armen, das ist Wiederherstellung der Rechte.
Wenn wir geben würden, wem *wir* wollten, wären wir die allerletzten Schufte. Wir geben dem, *der* will. Sein Hunger (sein Wille!) ruft unsere Geste (das Brot) hervor. Gegeben und vergessen. Genommen und vergessen. Keinerlei Verbindung, keinerlei Verwandtschaft. Sobald ich gegeben habe, grenze ich mich ab. Sobald ich genommen habe, grenze ich mich ab.
Ohne Folgen.

»Wozu soll ich dir dann überhaupt geben?«
Um kein Schuft zu sein.

Ich weiß noch, als Schülerin – unterwegs auf einem Kirchhof – ein Bettler. – »Gebt, um Christi willen!« Ich gehe vorüber. – »Gebt, um Christi willen!« Ich gehe weiter. Er läuft mir hinter-

her: »Wenn nicht um Gottes willen, dann eben um des Teufels willen!«
Warum gab ich? Ich wurde zornig.

Brot. Geste. Geben. Nehmen. Das wird es dort nicht geben. Deshalb ist alles, was aus Geben und Nehmen entsteht – Lüge. Das Brot selbst ist Lüge. Nicht was aufs Brot gebaut ist, wird bestehen (das mit Hefe Angerührte – wird nicht aufgehen). Der gegangene Teig unserer Brotgefühle wird bei der kalten Temperatur der Unsterblichkeit unweigerlich zusammenfallen.
Es lohnt erst gar nicht, ihn anzurühren.

Nehmen ist Scham, nein, Geben ist Scham. Der Nehmende hat, da er nimmt, ganz offensichtlich keine; der Gebende hat, da er gibt, ganz offensichtlich welche. Und diese Konfrontation von Haben und Nichthaben . . .
Geben müßte man auf den Knien, so wie die Bettler bitten.

Zum Glück sind mit dieser Scham des Gebens nur die Bettler ausgezeichnet. (Die Feinfühligkeit ihrer Gabe!) Die Reichen beschränken sich auf ein kurzes Zögern beim Honorieren des Arztes.

Dankbarkeit: vom Gefallen bis zum Umgeworfensein.
Ich habe nur an der Hand Gefallen, die das letzte hergibt, folglich kann ich niemals einem Reichen gegenüber dankbar sein.
. . . Es sei denn ihrer Schüchternheit, ihres Schuldgefühls wegen, das sie sogleich zu Unschuldigen macht.

Der Arme sagt, wenn er gibt: »Verzeih, daß es so wenig ist.« Verlegenheit des Armen wegen dem »mehr kann ich nicht«. Der Reiche sagt, wenn er gibt, nichts. Verlegenheit des Reichen wegen dem »mehr will ich nicht«.

Geben, das ist soviel leichter als nehmen – und soviel leichter als *sein*.

Die Reichen kaufen sich los. Oh, die Reichen haben wahnsinnige Angst – wenn nicht vor der Revolution, so vor dem Jüngsten Gericht. Ich kenne eine Mutter, die für ein fremdes (krankes!) Kind Milch kauft, damit ihr eigenes (gesundes) nicht umkommt. Eine reiche Mutter, die ein fremdes Kind vor dem (sicheren) Tod rettet, kauft nur ihr eigenes vom möglichen Tod frei. (»Das Schicksal gnädig stimmen!«)
Ich schaue auf den Ursprung einer Tat, auf ihre Absicht. Diese ihre Milch, die einer reichen Mutter, wird beim Jüngsten Gericht wie Pech fließen.

Wohltätigkeit. Der Ring des Polykrates.

Die Gabe des Bettlers (die vom Herzen gerissene, letzte!) ist unpersönlich. »Gott gibt.« Die Gabe des Reichen (Überfluß, Abfall fast) hat einen Vornamen, Vatersnamen, Nachnamen, Rang, Titel, Geschlecht, Tag, Stunde, Datum. Und – Gedächtnis. Die Rechte gab, aber beide erinnern sich.
Der Bettler, der von Hand zu Hand gab, vergißt. Der Reiche, der es durch seinen Diener schicken ließ, erinnert sich. Und denkt man sich hinein, so ist es verständlich: eine Art entlastendes Material fürs Jüngste Gericht.
– Zweifelhaftes Material.

Moskau, Juli 1919.
(»Blagonamerennyj« No. 1, Brüssel 1926)

Auszüge aus dem Buch »Irdische Zeichen«

Die geheimnisvolle Langweiligkeit großer Kunstwerke, schon allein ihrer Benennungen: die Venus von Milo, die Sixtinische Madonna, das Kolosseum, die Göttliche Komödie (die Musik ist eine Ausnahme. »Die Neunte Symphonie«, – das erhebt immer!).
Als ob sich pudweise auf sie die Langeweile all ihrer Leser, Verehrer, Kuratoren und Deuter gelegt hätte ...
Und die geheimnisvolle Anziehungskraft weltbekannter Namen: Helena, Roland, Caesar (hier miteingeschlossen auch die Schöpfer der oben genannten Schöpfungen, sofern ihre Namen überliefert sind).

Das Gesagte bezieht sich auf den Klang ihrer Namen, auf meine Wahrnehmung mit dem Gehör. Was dagegen ihr Wesen betrifft, so folgendes:
Der Schöpfung ziehe ich zweifellos Den Schöpfer vor. Nehmen wir die Gioconda und Leonardo. Die Gioconda ist das Absolute, Leonardo dagegen, der uns die Gioconda gegeben hat, ein großes Fragezeichen. Aber vielleicht ist eben die Gioconda auch die Antwort auf Leonardo? Ja, aber keine erschöpfende. Jenseits der Grenzen der Schöpfung (des Sichtbar-Gemachten!) liegt noch ein ganzer Abgrund – Der Schöpfer: das ganze schöpferische Chaos, aller Himmel, alle Tiefen, das ganze Morgen, alle Sterne – alles, was hier mit dem irdischen Tod abbricht.
So verwandelt sich das Absolute (die Schöpfung) für mich in eine Relativität: in Meilensteine auf dem Weg zum Schöpfer.
»Aber das ist die Vernichtung der Kunst!« – Ja. Die Kunst ist kein Selbstzweck: eine Brücke, aber kein Zweck.

Das Kunstwerk antwortet, das lebendige Schicksal fragt (Sehnsucht des Geborenen nach Verkörperung in der Kunst!).

Das Kunstwerk, als etwas Vollendetes, befiehlt, das lebendige Schicksal, als etwas Unvollendetes, bittet. Wenn du das Absolute willst, geh zur Venus – von Milo, zur Madonna – der Sixtinischen Kapelle, zum Lächeln – von Leonardo, wenn du das Absolute geben (antworten!) willst, geh einfach – zu Aphrodite, einfach – zu Maria, einfach – zum Lächeln: an der Deutung vorbei – zur Urquelle hin, das heißt, tu dasselbe, was die Schöpfer dieser Schöpfungen taten, die namenlosen oder die namhaften.
Damit setzt du weder Goethe herab noch Leonardo oder Dante. Deine Stummheit vor ihnen ist dein Tribut an sie. Was kann man auf eine erschöpfende Antwort erwidern? Du schweigst.
Aber wenn du in die Welt hineingeboren bist, um Antworten zu geben, erstarre nicht im glückseligen Nichtsein, nicht so schufen und nicht das wollten, schaffend, Goethe, Leonardo oder Dante. Umgeworfen sein – ja, aber auch wieder aufstehen können: auf die Knie gefallen – sich wieder losreißen, der Welt abhanden gekommen – wiederauferstehen.
Beug dein Knie – und geh vorüber: in die ungeborene Welt, die unerschaffene und verlangende.

In dieser zurückstoßenden Kraft liegt gerade die wesentliche Kraft aller großen Kunstwerke. Das Absolute stößt zurück – zur Erschaffung wiederum eines Absoluten! Ebendarin verbirgt sich ihre Wirkkraft und ihr ewiges Leben.

Aber zwischen der Gioconda (der absoluten Deutung des Lächelns) und mir (dem Erkennen dieser Absolutheit) stehen nicht nur meine Stummheit, – sondern noch Milliarden von Deutern dieser Deutung, alle über die Gioconda geschriebenen Bücher, die ganze fünfhundertjährige Erfahrung der Augen und Köpfe, die sich über ihr abgemüht haben.
Mir bleibt hier nichts mehr zu tun.
Sie ist absolut, erfüllt, vollendet, gedeutet, liebgewonnen.

Das einzige, was man vor der Gioconda tun kann – nicht sein.

»Aber mit ihrem Lächeln – fragt die Gioconda doch!« Darauf antworte ich: die Frage ihres Lächelns – ist auch ihre Antwort. Die Unausweichlichkeit der Frage ist auch das Absolute der Antwort. Das Wesen des Lächelns ist Frage. Die Frage ist in ihrer Unausgesetztheit gegeben, folglich ist das Wesen des Lächelns gegeben, seine Antwort, sein Absolutes.
Der Versuch der Gelehrten, Künstler, Dichter und Kaiser, Das Lächeln (Die Gioconda) zu deuten, ist sinnlos. Ein Geheimnis ist gegeben, das Geheimnis als Wesen und das Wesen als Geheimnis. Das Geheimnis an sich ist gegeben.

Lieben – einen Menschen so sehen, wie Gott ihn gemeint hat und seine Eltern nicht haben werden lassen.
Nicht lieben – statt seiner einen Tisch, einen Stuhl sehen.

Eine Tochter, deren Vater sie umgebracht haben, ist eine Waise. Eine Frau, deren Mann sie umgebracht haben, ist eine Witwe. Und eine Mutter, deren Sohn sie umgebracht haben?

Ich bekreuzige mich immer, wenn ich über einen Fluß fahre. Noch ehe ich denken kann. Interessant, gibt es im Volk solch einen Brauch? Wenn nicht, dann heißt das, es hat einmal einen gegeben.

Blutsverwandtschaft ist grob und dauerhaft, Wahlverwandtschaft – fein.
Wo allzu fein gesponnen wird, da reißt es.

»Ich werde Sie nicht im Stich lassen!« So reden kann nur Gott – oder ein Bauer mit Milch im Winter 1918 in Moskau.

Ich und Das Theater:
Ich gehöre zu den Zuschauern, die nach Beendigung des Mysteriums Judas in Stücke reißen.

Das ganze Geheimnis liegt darin, hundert Jahre früher wie heute zu sehen, und heute – wie hundert Jahre früher.
(Vernichtung . . . ich hatte schreiben wollen: des Raums. Nein, der Zeit. Aber »Zeit« stellst du dir nicht anders vor denn als: Entfernung. Und »Entfernung« – sofort als Werst, Meilensteine. Also: Werst, das sind räumliche Jahre, so wie ein Jahr – in der Zeit – eine Werst ist.
Wie auch immer, aber Jahre und Werst vertauschen – muß man.)

Werst: fort-führende! Wieviel besser das ist als »ausgehende« (über die »eingehende« will ich erst gar nicht reden: sie ging ein in mich – und da blieb sie!).

Liebe ist wie ein Zauberspruch:

Zur rechten Zeit,
Am rechten Ort
Der rechte Mann –
Das rechte Wort.

Und die Hauptsache – das *Wort*! Auf *Zeit, Ort* und *Mann* kann ich verzichten.

Wenn ich aus einer Stadt fortziehe, scheint mir, daß sie endet, aufhört zu existieren. So Freiburg zum Beispiel, wo ich als kleines Mädchen war. Jemand erzählt: »1912, als ich über Freiburg fuhr . . .« Mein erster Gedanke: »Wirklich?« (Das heißt, existiert es wirklich, Freiburg, existiert es weiterhin?) Das ist kein Eigendünkel, ich weiß, daß ich im Leben der Städte nichts bin. Das ist nicht: ohne mich?! sondern: an sich?! (Das heißt: existiert es tatsächlich, außerhalb meines Gesichtskreises, habe nicht ich es mir ausgedacht?)

Wenn ich aus einem Menschen fortgehe, scheint mir, daß er endet, aufhört zu existieren. So zum Beispiel auch von Z. Jemand erzählt: »1917, als ich Z. traf...« Mein erster Gedanke: »Wirklich?« (Das heißt: existiert er, Z., wirklich, existiert er weiterhin?) Das ist kein Eigendünkel, ich weiß, daß ich im Leben der Menschen nichts bin...

»Endet, hört auf zu existieren.« Hier sind zwei Fälle zu unterscheiden.
Der erste:
Stark von mir belebte (verlebendigte? ausgepreßte?) Menschen und Städte gehen unwiederbringlich verloren: sind wie spurlos verschwunden. Nicht klingende Kiteschs, sondern öde Herkulaneen.
Die Städte und Menschen aber, die mir nur als flüchtiges Spielwerk dienten – erstarren: auf derselben Stelle, in derselben Bewegung. Ein Stereoskop.
Wenn ich von jenen höre, wundere ich mich: *stehen* sie wirklich? Wenn ich von diesen höre, wundere ich mich: *wachsen* sie wirklich?
Ich wiederhole: das ist kein Eigendünkel, das ist ein tiefes, unschuldiges, mitunter frohes Staunen. Ich höre zu, frage nach, nehme teil, fühle mit... und insgeheim: »Das ist nicht Freiburg. Nicht jenes Freiburg. Eine Larve Freiburgs. Ein Trugbild. Eine Unterstellung.«

Man muß in der Revolution vieles abschließen: alles, außer den Koffern! Und, nachdem man abgeschlossen hat, den Schlüssel weit hinauswerfen ins... aber solch ein Meer gibt es gar nicht! Nein, nachdem man abgeschlossen hat, schweigend und mutig Gott den Schlüssel aushändigen.
»Gott« spreche ich wie ein Ertrinkender aus: mit einem Seufzer. Das unbestimmte Gefühl: du sollst Gott nicht belästigen (kennen), wenn du dir selbst helfen kannst. Und das »du kannst« wächst mit jedem Tag...

Bei Mandelstam gibt es darüber ein wunderbares Gedicht (aus jungen Jahren):

Du mein Gott! – so sprach ich aus Versehen,
Ohne daß ich selbst daran gedacht . . .

und – weiter:

Gottes Name flog, ein großer Vogel,
Rasch aus meinem Herzen mir heraus . . .

Unvermutet. – Aber ich werde niemals wagen, mich selbst eine Gläubige zu nennen, und dies – ein Gebet.

Was habe ich nicht gegen was alles in meinem Leben schon ausgerufen!
Photographie gegen Portraitmalerei, Leibeigenschaft gegen das Recht im allgemeinen, den Kohlkopf gegen die Rose, Martha gegen Maria, die Altgläubigen gegen Peter den Großen . . . Das mir Entgegengesetzteste – gegen mich selbst!
Und nicht aus Sportsgeist (der fehlt mir!), nicht des Streites wegen (darunter leide ich!), – aus reinem Gerechtigkeitsgefühl: im Recht, da gekränkt.
Und außerdem: aus völliger Unfähigkeit zum Mit-fühlen (-denken, -lieben) mit den Heuchlern, die insgeheim unbestreitbar die Photographie der Portraitmalerei vorziehen, die Leibeigenschaft dem Recht an sich, den Kohlkopf der Rose, Martha – Maria, die Langbärtigen – Peter dem Großen!

Aber es gibt noch ein Geheimnis: etwas Gekränktes fängt an, im Recht zu sein. Sammelt all seine Kräfte und richtet sich auf, sammelt all sein Recht auf Existenz – und steht.
(NB! Die Wirkungskraft verfolgter Ideen und Menschen!)
Es gibt ja keine endgültige Lüge, jede Lüge hat zumindest einen Strahl – in die Wahrheit hinein. Und diesen Strahl entlang geht sie dann ganz. Eine entdeckte und bestrafte Schuld wird schon zu Unheil, die Verantwortung fällt auf die Köpfe der Richter herab. Ein hier auf Erden verurteilter Verbrecher ist vor Gott rein. Aber es gibt noch ein anderes Geheimnis,

und das ist vielleicht das schrecklichste: das Ansteckende der von uns bestraften Krankheiten, die Erblichkeit von Schuld. Ein Verbrecher, der durch uns gewaltsam von einer Krankheit befreit wird, gibt seine Krankheit an uns weiter. Jeder Richter und Henker wird Erbe.
Außerdem liegt darin ein bestimmter Wille des Bluts. Irdisches Blut muß vergossen werden. Es gibt keinen Verbrecher, der allernächste Verwandte ist Henker (oder Richter, einerlei!). Das vom Verbrecher nicht vollends vergossene Blut schreit laut zum Henker: vergieße mich! Der Augenblick der Hinrichtung ist ein Augenblick des Bündnisses. Der erste Tropfen des hervorspritzenden Verbrecherblutes ist schon Beginn des Besitzergreifens . . . und der Verpflichtung.
Es gibt geheimnisvollere Ehebündnisse als die von Mann und Frau.

(Geheimnisvolle Entsprechung von: Altar und Richtblock, Axt und Kreuz, Volk und Chor, Richter und Priester, Henker und Opfer, – die Ehen eingehen; anstelle des unsichtbaren Gottes – der unsichtbare Teufel. Verkehrte Teufelshochzeit mit derselben Unverbrüchlichkeit des stillschweigenden Gelöbnisses.)

Jede Wahrheit (aus dem Reich des Dort) muß zur Lüge werden im Reich des Hier. Jede Lüge (aus dem Reich des Hier) muß zur Wahrheit werden im Reich des Dort.
Die Wahrheit ist eine Überläuferin.

Im Kommissariat für Nationalitätenfragen:
Ich, unschuldig: »Ist es eigentlich schwer, Polit-Instrukteur zu sein?«
Meine Kommissariatsgefährtin, eine Estin und Kommunistin: »Überhaupt nicht! Du stellst dich einfach auf eine Abfallkiste – und schreist und schreist und schreist . . .«

Der Bourgeoisie wurde verboten, zum Schneewegräumen Pferdekräfte zu benützen. Da hat sich die Bourgeoisie kurz entschlossen ein Kamel gemietet. Und das Kamel hat gezogen. Und die Soldaten haben teilnahmsvoll gelacht.
»Teufelskerle! schlau, wie sie das Dekret umgangen haben!«
(Ich sah es mit eigenen Augen auf dem Arbat.)

»Preis dir, du Lieblingsspeise
Im Land des Kommunismus!«
(Vers über den Stockfisch in der Zeitung »Immer vorwärts!«)

Die Theaterleute ertragen nicht meine Art, Gedichte zu lesen. »Sie verderben sie!« Sie, die mit Versen und Gefühlen hausieren gehen, verstehen nicht, daß die Sache des Schauspielers und die des Dichters zweierlei sind. Sache des Dichters ist: verbergen, was er aufgedeckt hat. Die Stimme ist für ihn ein Panzer, eine Larve. Ohne den Schutzmantel der Stimme ist er nackt. Der Dichter verwischt immer wieder seine Spuren. Die Stimme des Dichters löscht – mit Wasser – den Brand (der Zeilen). Der Dichter kann nicht deklamieren: das ist beschämend und beleidigend. Der Dichter ist ein Zurückgezogener, die Bühne ist für ihn ein Schandpfahl. Seine Gedichte mit der Stimme (der allervollkommensten aller Leitungen!) darbringen, Psyche für den Erfolg benützen?! Mir genügt schon das große Geschäft der Niederschrift und des Druckens!
– Ich bin nicht der Impresario meiner eigenen Schande! –
Anders – der Schauspieler. Der Schauspieler – das ist das Wiederholte. Ebensosehr wie der Dichter das *être*, so ist der Schauspieler das *paraître*. Der Schauspieler ist ein Vampir; der Schauspieler ist Plüsch; der Schauspieler ist ein Polyp. Sagt, was ihr wollt: nie werde ich glauben, daß Iwan Iwanowitsch (und sie alle sind Iwan Iwanowitschs!) jeden Abend die Freiheit hat, sich wie Hamlet zu fühlen. Der Dichter ist in Gefangenschaft von Psyche, der Schauspieler will Psyche in

Gefangenschaft nehmen. Der Dichter ist schließlich Selbstzweck, er ruht in sich (in Psyche). Setzt ihn auf einer einsamen Insel aus – wird er deshalb etwa aufhören zu sein? Aber was für ein kläglicher Anblick: eine Insel – und ein Schauspieler darauf!

Der Schauspieler ist für andere da, ohne die anderen ist er nicht denkbar, der Schauspieler ist wegen der anderen da. Der letzte Applaus ist sein letzter Herzschlag.

Die Sache des Schauspielers dauert eine Stunde lang. Er muß sich beeilen. Und vor allem – Gebrauch machen: von sich, von anderem, – einerlei! Einen Shakespeare-Vers, den eigenen, strammen Oberschenkel, – alles in einen Topf! Und an diesem zweifelhaften Gebräu, schlagt ihr vor, soll ich, der Dichter, mich berauschen?! (Ich spreche nicht über mich und nicht für mich, sondern – für Psyche!)

Nein, ihr Herren Schauspieler, unsere Reiche sind geschieden. Uns – eine Insel ohne Bestien, euch – Bestien ohne Insel. Und nicht umsonst hat man euch in früheren Zeiten außerhalb der Kirchhofmauern begraben!

(Ausgenommen: die Sänger, versklavt durch die Naturgewalt der Stimme, in der sie sich auflösen, – die Schauspielerinnen, das heißt: Frauen, das heißt: von Natur aus sich selbst Spielende – und all diejenigen, die, als sie mich lasen, verstanden – und aushielten.)

All dies, und unzweifelhaft dies und nichts anderes, wurde schon von jenem Juden gesagt, für den ich alle Russen hergebe, verkaufe, verrate, nämlich: von Heinrich Heine – in folgender zurückhaltender Bemerkung: »Theater ist nicht günstig für Poeten, und Poeten sind nicht günstig für das Theater.«

Die Meisterschaft des Gesprächs besteht darin, dem Gesprächspartner dessen Armut verborgen zu halten. Die Genialität – ihn im gegebenen Augenblick zu zwingen, ein Krösus zu sein.

Moskau sieht jetzt mit Mißtrauen – wie auf den auferstandenen Lazarus – auf die Straßenbahnen. (Und augenblicklich sowohl Moskau als auch die Straßenbahnen vergessend: aber Lazarus' Mißtrauen der Welt gegenüber ist doch bei weitem schrecklicher!)

Lazarus: auf ewig gläsern gewordene Augen. Lazarus – Augen – *Glas* . . . Und auch: *glas des morts* . . . (Am Ende daher?)

»Laß ihn auferstehen, denn ohne ihn langweilen wir uns!« ist dasselbe wie: »Weck ihn auf, denn ohne ihn schlafen wir nicht . . .« Ist das etwa ein Argument? – Oh, was für ein totes, leibliches, ungeheuer wunderliches Wunder! Was für eine Gewalttätigkeit Lazarus gegenüber und was für eine – weit furchtbarere – sich selbst gegenüber!
Lazarus, der von dort her zurückkehrt: ein Toter – zu den Lebenden, und Orpheus, der dorthin hinabsteigt: ein Lebender – zu den Toten . . . Das aufgetane Grab und die Elysischen Gefilde. – Ach, ich hab's! – Lazarus konnte von dort nur Verwesung mitbringen: ein Geist, zum »Leben« auferstanden, »aufersteht« nicht ins Leben. Orpheus aber ging aus dem Leben fort – zum »Leben«. Nicht auf fremdes Geheiß: aus eigenem Verlangen.

(Aber vielleicht ist es einfach nur ein Beerdigungsritus? Dort – eine Urne, hier – eine Gruft. Orpheus kam im Hades eine Erscheinung entgegen, die sich aus der Asche erhoben hatte. Und Maria und Martha kam ein Leichnam entgegen.)

Wie bedauere ich Christus! Wie bedauere ich Christus seiner gewaltsamen Wunder wegen! Christus, der kam, um Berge zu versetzen – durch das Wort! »Beweise es, dann werden wir

glauben!« – »Wir glauben, aber bestätige es!« Zwischen dem Wunder zu Kanaan (auf Marias Bitten) und dem prüfenden Finger des Thomas besteht eine seltsame Ähnlichkeit. Wenn Maria hellsichtiger gewesen wäre, hätte sie, nach der Verwandlung von Wasser in Wein, eine andere Wandlung erblickt: die von Wein – in Blut . . .
Ich bin überzeugt, daß Johannes Christus nicht um Wunder bat.

Im Kommissariat: (die 3 M).
»Na, wie haben Sie die Kartoffeln nach Hause gebracht?«
»Ach, ganz gut, mein Mann hat mich abgeholt.«
»Wissen Sie, Sie müssen die Kartoffeln mit Mehl vermischen. ⅔ Kartoffeln, ⅓ Mehl.«
»Wirklich? Das muß ich meiner Mutter sagen.«
Ich habe: weder Mutter noch Mann, noch Mehl.

Die »Prager Speisehalle« Ecke Nikolo-Pskowskij-Gasse und Arbat. Ich erinnere mich, in der Kriegszeit stand dort die Büste von Bonaparte. Die Februar-Revolution hat sie mit der von Kerenskij vertauscht. Ach, apropos Kerenskij! Ich habe da folgendes Souvenir: ein türkisblaues Büchlein aus Karton mit goldener Umrandung, schlägt man es auf: links ein zerbrochener Spiegel, rechts – Kerenskij. Ein Kerenskij, der Tag und Nacht auf die Scherben seiner Hoffnungen schaut. Diese Reliquie bekam ich von der Kinderfrau im Tausch gegen einen wirklichen Spiegel, einen ganzen, ohne Diktator.
Zurück zur Speisehalle: Der Oktober ersetzte Kerenskij durch Trotzki – die schreckenserregende Fratze Trotzkis, der auf die schlingenden Kinder herabschaut – und außerdem noch durch Marx, der, mit Trotzki beschäftigt, nicht auf die Kinder schaut. Die berüchtigte und umstrittene Suppe übrigens kippen die Kinder in den Napf des Bernhardiners Mars, der von 12 bis 2 Uhr an den Türen Wache hält. Manchmal fällt auch etwas in die Näpfe der Bettlerinnen: Mars ist nicht eifersüchtig.

Es ist unanständig, hungrig zu sein, wenn ein anderer satt ist. Die Korrektheit in mir ist stärker als der Hunger, – stärker sogar als der Hunger meiner Kinder.
»Na, wie geht es bei Ihnen, haben Sie alles?«
»Bis jetzt ja, Gott sei Dank.«
Wer muß man sein, um einen Menschen so zu enttäuschen, so zu verwirren, so zu vernichten mit einer verneinenden Antwort?
– Einfach eine Mutter.

(Jetzt, im Jahr 1923, stelle ich die Frage anders:
Wer muß man sein, um damals, im Jahr 1919 in Moskau, mich kennend, meine Kinder sehend – so zu fragen?!
– Einfach »ein Bekannter«.)

(Eine zweite Anmerkung:
Nicht Korrektheit, sondern ein feines Empfinden für Intonation. Die Frage diktiert die Antwort. Auf »Wir haben nichts« wäre bestenfalls gefolgt: »Wie bedauerlich!«
Wer gibt, fragt nicht erst.)

Meine hartherzigen Freunde! Wenn ihr mir, statt mich am Teetisch mit Gebäck zu bewirten, einfach nur ein Stückchen Brot für den nächsten Morgen gegeben hättet . . .
Aber ich bin selbst schuld, ich lache zuviel mit den Menschen. Und außerdem: wenn ihr hinausgeht, – stehle ich euch dieses Brot.

Meine Diebstähle im Kommissariat: zwei prachtvolle karierte Notizblöcke (gelbe, mit Glanzpapier bezogen), eine ganze Schachtel Federn, ein Fäßchen englische rote Tinte. Mit ihr schreibe ich auch.

Der krumme Weg führt ans Ziel, der gerade – ins Verderben.

Statt »Monplenbesch« schreibe ich nach kurzem Zögern »Monplesir« (*Monplaisir* – eine Art kleines Versailles im 18. Jahrhundert).

Mein »ich will nicht« heißt immer: »ich kann nicht«. In mir ist keine Willkür. »Ich kann nicht« – und sanfte Augen.

Mein »ich kann nicht« – nicht nur meines, jedes – ist eine gewisse natürliche Grenze. Im »ich will« ist keine Grenze, deshalb gibt es auch kein »ich will nicht«.

»Ich will nicht« ist Willkür, »ich kann nicht« ist Notwendigkeit. »Was mein rechter Fuß will« . . . »Was mein linker Fuß kann«, – das gibt es nicht.

»Ich kann nicht« ist heiliger als »ich will nicht«. »Ich kann nicht«, das sind alle überwundenen »ich will nicht«, alle korrigierten Versuche zu wollen, – das ist das Endergebnis.

Mein »ich kann nicht« ist am allerwenigsten Schwäche. Im Gegenteil: es ist meine Hauptstärke. Es gibt also etwas in mir, das trotz all meinem Wollen (meiner Gewaltanstrengungen mir selbst gegenüber!) dennoch nicht will, trotz all meinem wollenden Willen, der gegen mich selbst gerichtet ist. Das nicht will, um all meiner selbst willen; es gibt also (außer meinem Willen!) ein »in mir«, »mein«, »mich selbst«, – es gibt mich.

Ich will nicht in der Roten Armee dienen. Ich kann nicht in der Roten Armee dienen. Das erste setzt voraus: »Ich könnte, aber ich will nicht!« Das zweite: »Ich würde gerne, aber ich kann nicht.« Was ist wichtiger: einen Mord nicht begehen können oder einen Mord nicht begehen wollen? Im Nicht-Können liegt unser ganzes natürliches Wesen, im Nicht-Wollen – unser bewußter Wille. Schätzt man vom ganzen Wesen nur den

Willen, – ist das Stärkere natürlich: »ich will nicht«. Schätzt man das ganze Wesen, dann natürlich: »ich kann nicht«.

Die Wurzeln des »ich kann nicht« reichen tiefer, als man absehen kann. Das »ich kann nicht« wächst von dort her, von wo auch unsere »ich kann« herstammen: alle Begabungen, alle Entdeckungen, all unsere *Leistungen*: Hände, die Berge versetzen, Augen, die Sterne entzünden. Aus den Tiefen des Blutes oder aus den Tiefen des Geistes.

Ich spreche vom ureigensten »ich kann nicht«, vom todernsten »ich kann nicht«, von jenem »ich kann nicht«, dessentwillen du dich in Stücke reißen läßt, vom sanften »ich kann nicht«.

Ich behaupte: Das »ich kann nicht« und nicht das »ich will nicht« zeugt Helden!

Möge mein »ich will nicht« ein »ich kann nicht« sein: das große und letzte »ich will nicht« meines ganzen Wesens. Laßt uns die allerungeheuerlichsten Dinge wollen. Füße, geht voran! Hände, packt an! – und im letzten Augenblick: die Füße wie angewurzelt, die Axt – aus den Händen: ich kann nicht!

Laßt uns mit dem Wollen beginnen! Übertreffen wir darin alle! Ein »ich kann nicht« ohne alle versuchten »ich will« ist klägliche Schwäche und endet natürlich mit einem: »ich kann«.

– Aber wenn ich nicht nur nicht (sagen wir: verraten) kann, wenn ich außerdem (verraten) auch nicht können will?
Aber aus wahrem Mund meint das »ich will nicht« ja gerade »ich kann nicht« (nicht allein mein Wille, sondern mein ganzes Wesen will nicht!), aber aus wahrem Mund meint das »ich kann nicht« ja gerade »ich will nicht« (nicht allein mein unbewußtes [illegible] sondern auch mein Wille will nicht!).
[illegible]cht wollen und ich will das nicht können.

– Die Formel. –

Ich kann nicht: 1. einen Wurm in die Hand nehmen, 2. mich nicht erheben zur Verteidigung eines anderen (er mag im Recht sein oder schuldig, hier oder hundert Werst entfernt, heute oder vor hundert Jahren – egal), 3. mich zu – meiner eigenen Verteidigung erheben, 4. in der Liebe teilen.

Ich brauche nur anzufangen, einem Menschen zu erzählen, was ich fühle, und schon – augenblicklich – die Entgegnung: »Aber das ist doch eine rationale Überlegung!«
Gefühle, das sind für die Menschen irgendwelche Furien mit aufgelöstem Haar, etwas, das nicht in ihnen selbst vorgeht, sondern über sie hereinbricht. Wie eine Art Steinschlag, unter dem sie sofort – zu Brei werden!

– anders gesagt: –

Die scharf umrissene Deutlichkeit meiner Gefühle läßt die Menschen sie für rationale Überlegungen halten.

Ich bin nicht in mich selbst verliebt, ich bin in diese Arbeit verliebt: das Zuhören. Wenn ein anderer mich genauso ihm zuhören ließe, wie ich ihn zuhören lasse (sich mir genauso ergäbe, wie ich selbst mich ergebe), würde ich genauso einem anderen zuhören.
Den anderen gegenüber bleibt mir nur eins: erraten.
– Erkenne dich selbst! –
Ich habe mich selbst erkannt. – Und das erleichtert mir nicht im geringsten das Erkennen eines anderen. Im Gegenteil, sobald ich anfange, einen Menschen nach mir selbst zu beurteilen, folgt ein Mißverständnis auf das andere.

Ich denke nicht, ich höre zu. Dann suche ich nach der genauen Verkörperung im Wort. Das Ergebnis ist der eisige Panzer einer Formel, darunter – nichts als Herz.

Ich höre nicht hin, sondern höre ab, genau wie der Arzt: die Brust. Und wie oft klopfst du – und es klingt dumpf!

Es gibt Menschen einer bestimmten Epoche, und es gibt Epochen, die sich in Menschen verkörpern. (Nicht Bonaparte ist das 19. Jahrhundert: das 19. Jahrhundert ist Bonaparte!)

Über Sein und Nichtsein im Geliebten.
Nie will ich an die Brust, immer in sie hinein. Nie – an sie fallen! Immer nur in sie hinein verschwinden! (In den Abgrund.)

Ein »Lebender« wird sich niemals so lieben lassen wie ein »Toter«. Der Lebende möchte selbst sein (leben, lieben). Das erinnert mich an den ewigen Schrei der Kindheit: »Ich selbst! Ich selbst!« Und unausbleiblich – mit dem Fuß in den Ärmel, mit der Hand in den Stiefel.
So auch in der Liebe.

Ich will mich in dir auslöschen, das heißt, ich will du sein. Aber dich gibt es schon nicht mehr in dir, du bist schon ganz in mir. Ich verschwinde in meiner eigenen Brust (dir). Ich kann nicht in deiner Brust verschwinden, weil du dort nicht mehr bist. Aber vielleicht bin ich dort? (Gegenseitige Liebe. Die Seelen haben ihre Behausungen getauscht.) Nein, auch ich bin dort nicht. Nichts ist dort. Mich gibt es nirgendwo. Es gibt meine Brust – und dich. Ich liebe dich durch dich.
Besitzergreifung? Ja. Aber besser als Gütertausch.
Nun, und die gegenseitige Liebe? (Gütertausch.) Gleichzeitige Besitzergreifung (Hingabe) über Kreuz. Doppeltes Verschwinden: der Seele von X in der eigenen Brust, wo Z ist, und der Seele von Z – in der eigenen Brust, wo X ist.
Aber da ich in dir lebe, bin ich nicht verschwunden! Aber da du in mir lebst, bist du nicht verschwunden! Das ist Sein im Geliebten, das ist »ich in dir und du in mir«, das ist trotz alledem ich und du, das ist nicht: zwei, die eins geworden

sind. Zwei, die eins geworden sind, das ist Nichtsein. Ich sprach vom Nichtsein im Geliebten.

Zwei sind eins, das heißt: das Nichtsein im Geliebten ist nur für einen möglich. Um im anderen nicht-zu-sein, muß der andere sein.

Vorbehalt: Alles Gesagte bezieht sich natürlich auf unsere Wahrnehmung der Seele des anderen, auf unser geheimes Leben mit der Seele des anderen.
Unter der Bedingung, daß jeder von den zweien nicht weiß, daß es den anderen nicht gibt, glaubt, daß es den anderen gibt, nicht weiß, daß der andere in ihm ausgelöscht ist, unter dieser Bedingung des Nichtwissens ist das gegenseitige Nichtsein des einen im anderen natürlich möglich.

Unser Besitzergreifen vom anderen geschieht nur in uns.
»Für mich gibt es dich in dir nicht, du bist ganz in mir.« So denkt der Dichter über seine Psyche. Das hindert sie nicht daran, zu heiraten und einen anderen zu lieben. Aber ihr Verheiratetsein hindert seinerseits nicht den Dichter und kann ihn auch nicht hindern.
Ich will noch mehr sagen: in direkter Beziehung zum Geheimnis steht die Stärke des Besitzergreifens, dessen Tiefe – zu seiner äußeren Widerrufung. Wenn schon nichts mehr mein ist, ist alles mein! Das führt uns auf geradem Weg zum Tod: zum physischen Tod des Geliebten. Nur verwechselt das nicht mit Eifersucht! Das »sei nicht« der Eifersucht kommt aus Armut und Angst. (»Liegt sie einmal im Grab, gibt es auch keinen Rivalen mehr!«) Für das Besitzergreifen gibt es weder Rivalen noch Grab: das »sei nicht« des Besitzergreifens ist ein letztes Entsagen, das äußerste Macht erteilt.

Verheiratet eure Schönen etwas weiter fort, Dichter! Daß nicht einer eurer Seufzer (Verse) sie erreiche, nicht als – Seufzer wiederkehre! Verzichtet sogar auf Träume von ihnen.

Der Tag ihrer Eheschließung ist euer erster Schritt zum Sieg, der Tag ihrer Beerdigung – eure Apotheose.

(Beatrice. Dante.)

Liebe ist für mich – der Liebende. Und außerdem: den Liebe Erwidernden empfinde ich immer als Dritten. Es gibt meine Brust – und dich. Was hat hier noch ein anderer (seine Wirkungskraft?) zu suchen.

Erwiderte Liebe ist für mich eine Sackgasse. Nicht Seufzer suche ich, sondern Auswege.

In unserer Küche übernachtet ein Junge, der Sohn der Bäuerin, die uns Milch bringt.

»Das hätte ich nicht gedacht, daß ich auf einer Sprungfeder schlafen muß!«

Von diesem »auf einer Sprungfeder« zog sich mir das Herz zusammen.

Da hast du ihn, den Haß auf das einfache Volk!

Gestern, auf der Ochotnyj-Zeile, ein Bauer zum anderen: »Jammer du nicht! Heuer ist so ein Jahr – das neunzehnte!«

»Na, machst du Moskau einen Besuch?«

(wie einem Kranken)

Der Tod ist nur für den Körper schrecklich. Die Seele denkt ihn nicht. Deshalb ist beim Selbstmord der Körper der einzige Held.

Selbstmord: *lâcheté** der Seele, die sich in Heroismus des Körpers verwandelt. Das gleiche, wie wenn Don Quijote, feige geworden, Sancho Pansa in den Kampf geschickt – und der gehorcht hätte.

* Der vorangegangene Abschnitt über Wörter, die es in der russischen Sprache nicht gibt, wurde weggelassen. »lâcheté« zum Beispiel ist eine Mischung aus Feigheit und Niedertracht, nicht nur Feigheit allein.

Heroismus der Seele – leben, Heroismus des Körpers – sterben.

In der orthodoxen Kirche (im Kirchengebäude) fühle ich einen Körper, der in die Erde hinabsteigt, in der katholischen – eine Seele, die in den Himmel fliegt.

Gedichte und Prosa:
In der Prosa erscheint mir zuviel überflüssig, im Gedicht (im wirklichen) alles notwendig. Bei meinem Hang zum Asketismus auch des Prosa-Worts kann bei mir schließlich ein Gerippe zum Vorschein kommen.
Im Gedicht – ein gewisses natürliches Maß an Fleisch: weniger geht nicht.

Meine beiden liebsten Dinge auf der Welt: das Lied – und die Formel. (Das heißt – Anmerkung im Jahr 1921 – Naturgewalt und der Sieg über sie!)

Ich stehe für keines meiner irdischen Zeichen ein, das heißt, im Wort »irdische Zeichen« kann ich auf das »irdische« (die Materialität) verzichten, auf das Zeichen (den Sinn) jedoch – nicht.
Ich stehe für keines meiner irdischen Zeichen im besonderen ein, wie auch für keinen meiner Verse und keine meiner Stunden im besonderen, – wichtig ist ihre Gesamtheit.
Ich stehe nicht einmal für die Gesamtheit meiner irdischen Zeichen ein, ich stehe nur ein für ihr Recht auf Existenz und für die Wahrheit – meiner Existenz.
Genialer Rat von S. (dem Sohn eines Malers). Irgendwie hatte ich mich im Winter beklagt (lachend natürlich!), daß ich überhaupt keine Zeit zum Schreiben hätte. »Bis fünf Uhr – arbeiten, dann heizen, waschen, die Kinder baden, zu Bett bringen . . .«
»Schreiben Sie nachts!«

Darin war: Verachtung für meinen Körper, Vertrauen in meinen Geist und eine große Schonungslosigkeit, die sowohl S. wie mir Ehre machte.
Großer Tribut eines Künstlers – an einen Künstler.

Der Einfluß von Konjonkows Stenka Rasin auf die Gemüter. Ein Soldat, der an der Erlöser-Kathedrale vorübergeht, zu einem anderen Soldaten:
»Die sollte man neu anstreichen!«

Auf einem trostlosen Zaun irgendwo seitwärts von der Erlöser-Kathedrale die schüchterne Aufschrift: »Verbessere Handschrift«.
Das erinnerte mich aus irgendeinem Grund – in seiner Aussichtslosigkeit – an den Verkauf meiner Sachen (um in den Süden zu fahren).

Epigraph zu meinem Ausverkauf:

> Dem Wildfang Katja, eieiei,
> Ging alles Spielzeug längst entzwei:
> Die Hündchen ohne Näschen,
> Die Püppchen ohne Hälschen.
> Das Teeservice
> Vermutlich bald
> In Stücke knallt . . .

Es gibt schon gar keins mehr!
Zerbrochen sind zum Beispiel: die Nähmaschine, der Schaukelstuhl, das Sofa, zwei Sessel, die beiden Kinderstühlchen von Alja, der Toilettentisch . . . Dem Marmorwaschbecken fehlt eine Seite, der Primuskocher brennt nicht, die Thermoskanne wärmt nicht, aus der Petroleumlampe Marke »Blitz« – nur noch Blitze, dem Grammophon fehlt die Kurbel, die Etageren stehen nicht, die Teeservice haben keine Täßchen mehr, die Täßchen keine Henkelchen, die Henkelchen keine Füßchen . . .
Und der Flügel ist auf beiden Pedalen taub! Und die Drehorgel

aus rotem Holz – die hat übrigens noch nie gespielt! (Im ersten Moment verplapperte sie sich mit zwei Takten aus »Der Schlittschuhläufer« – und verstummte dann, das heißt, fing so an zu knurren, daß wir verstummten!) Und die drei kleinen Eichhörnchen-Käfige sind ohne Eichhörnchen und ohne Türchen! (Der Geruch ist geblieben.) Und die Kinderbadewanne mit dem verbogenen Hahn und der eingedrückten Seite! Und die große Zinkwanne, die ganz grün geworden ist wie ein Ankerplatz und hoffnungslos wie ein Grab! Und die Napoleon-Stiche: fein geschliffene Glasrahmen, die nur am Ehrenwort ihrer Einfassungen aus Papier hängen und allaugenblicklich mit dem Tode drohen! Und der Fleischwolf, und die Rollschuhe, und die Schlittschuhe!

Zerbrochen haben hauptsächlich Aljas Kindermädchen und Serjoschas Junker. Die einen wie die anderen aus Jugendlichkeit und Heftigkeit: Hitze des Herzens und der Hände. Die Kindermädchen hatten es satt, bei dem Kind zu sitzen, und sie drehten am Grammophon; die Junker hatten es satt, sich die Militärdienstordnung einzupauken – und sie drehten an der Nähmaschine.

Aber im Grunde – nicht die Junker und auch nicht die Kindermädchen, so wie jetzt – nicht die Bolschewiken und nicht die »Untermieter«. Ich sage es noch einmal: das Schicksal. Etwas durch leichtfertigen Umgang Gekränktes rächt sich: es geht kaputt.

Das ist die Geschichte meines »Alltags«.

Die Flößer! – Ein Wort aus meiner Kindheit! Die Oka, Spätherbst, abgemähte Wiesen, die letzten Blumen am Wegrand, rosafarbene, Mama und Papa sind im Ural (Marmor holen für das Museum) – getrocknete Apfelschnitze – die Gouvernante sagt, daß ihr die Ratten nachts die Füße abgenagt haben, daß die Flößer kommen und uns umbringen werden ...

Auf Abschnitt No. 30 der Karte für Gebrauchsgüter werden Särge ausgegeben, und Marjuschka, die alte Bedienstete von Sonetschka Holliday, erwirkte sich vor kurzem bei ihrer Hauswirtin die Erlaubnis, einen solchen auf dem Mezzanin aufzustellen: »Denn sonst – wenn es das Unglück will . . .«
Aber die arme Alte erwartete eine grausame Prüfung: rosafarbene (für Jungfrauen!) gab es keine, und sie, die achtzig Jahre lang hintereinanderweg untadelig im Jungfrauenstand gelebt hat, wird sich nun in einem himmelblauen Männersarg zur Ruhe betten müssen.

Das Karussell:
Zum ersten Mal in meinem Leben fuhr ich mit elf Jahren Karussell, in Lausanne, – zum zweiten Mal vorgestern, am zweiten Pfingstfeiertag, auf den Sperlingsbergen mit der sechsjährigen Alja. Zwischen diesen beiden Karussells – mein Leben.

Karussell! – Zauberei! Karussell! – Glückseligkeit! Erster Himmel von jenen sieben! Überladen mit Sternen, vollbeladen mit Klängen, erster armer irdischer Kinderhimmel des einfachen Volks!
Sieben Werschok nur über der Erde, – aber schon reicht der Fuß nicht mehr hinab! Schon gibt es k e i n e R ü c k k e h r mehr! Dieses Gefühl des Nicht-mehr-zurück-Könnens, des zum Flug Verurteilt-Seins, des Eintritts in den Kreis –
Das Planetarische des Karussells! Die Sphärenmusik seiner laut dröhnenden Säule! Nicht die Erde um ihre eigene Achse, sondern der Himmel – um seine! Die Quelle des Klangs bleibt verborgen. Hast du dich hineingesetzt – siehst du nichts mehr. Du gerätst ins Karussell wie in einen Wirbelsturm.
Heraldische Löwen und apokalyptische Pferde, seid ihr nicht Trugbilder jener Tiere, mit denen Bacchus sein Schiff überschwemmte?
Beflissenheit der Geißler – Rundum-Bürgschaft der Planeten –

Säule des Memnon bei Sonnenaufgang ohne Untergang ... Karussell!

Abgöttisch liebe ich das einfache Volk: auf den Feldern, den Jahrmärkten, unter Prozessionsfahnen, überall in ungebundener Freiheit und Fröhlichkeit, – und nicht wegen des schönen Anblicks: der roten Röcke der Bäuerinnen wegen! – nein, liebevoll liebe ich es, mit all dem großen Glauben an das Gute im Menschen. Hier habe ich wahrhaftig das Gefühl von Zusammengehörigkeit.
Gemeinsam gehen wir, im Einklang.

Abgöttisch liebe ich die Reichen. Reichtum ist ein Nimbus. Außerdem erwartest du von ihnen, wie von den Zaren, niemals etwas Gutes, deshalb ist ein einfach-vernünftiges Wort aus ihrem Mund eine Offenbarung, ein einfach-menschliches Gefühl – Heroismus. Reichtum vertausendfacht alles. (Resonanz der Null!) Du dachtest, ein Geldsack, nein – ein Mensch.
Außerdem gibt Reichtum Selbstbewußtsein und inneren Frieden (»alles, was ich tue, ist gut!«) – ebenso wie Begabung, deshalb stehe ich mit den Reichen auf gleicher Ebene. Mit anderen fühle ich mich zu sehr »erniedrigt«.
Außerdem, das schwöre und bestätige ich, sind die Reichen gut (weil es sie nichts kostet) und schön (weil sie sich gut kleiden).
Wenn man weder ein Mensch noch eine Schönheit oder eine Berühmtheit sein kann, so muß man reich sein.

Das geheimnisvolle Verschwinden des Photographen auf der Twerskaja, der lange Zeit und hartnäckig alle verantwortlichen Sowjet-Funktionäre (kostenlos) photographierte.

Vor kurzem bekreuzigte ich mich unvermutet vor einer Eiche in Kunzewo. Offensichtlich liegt der Ursprung des Gebets nicht in der Furcht, sondern im Entzücken.

Auf dem Smolensker Markt kostet das Brot jetzt 60 R. das Pfund, und sie geben nur jeweils 2 Pfund pro Person. Den, der mit List mehr kauft, – schlagen sie.

Ich bin ein nicht versiegender Quell von Ketzereien. Ohne mir auch nur einer bewußt zu sein, beichte ich sie alle. Vielleicht begehe ich sie auch.

Man soll nur die Bücher schreiben, an deren Nichtvorhandensein man leidet. Kurz: seine eigene Handbibliothek.

Das Allerwertvollste in den Gedichten wie im Leben ist das, was mißlang.

Das einfache Volk verirrt sich nie in der Stadt. Ortssinn der Tiere und der Wilden.

Jetzt geht alles entzwei, weil nichts mehr geflickt wird: die Dinge wie die Menschen, und die Menschen wie die Liebe.

(Geflickt werden: die Dinge – von den Handwerkern, die Menschen – von den Ärzten, aber die Liebe – womit? Mit Rubeln wohl: mit Geschenken, Reisen, Premieren. Zusammen Skrjabin hören. Zusammen den Vesuv besteigen.
Schließlich gibt es nur wenige Tristane und Isolden!)

Tristan und Isolde: Liebe an sich. Ohne den Hitzeerzeuger Neid oder Eifersucht (die Augen). Ohne den Resonator Mißbilligung oder Bestätigung (das Gerede). Fern von Augen und Gerüchten. Niemand hat sie gesehen, und niemand hat von ihnen gehört. Sie lebten im Wald. Wolf und Wölfin. Tristan

und Isolde. Sie hatten nichts. Sie hatten nichts an. Unter ihnen war nichts. Über ihnen war nichts. Hinter ihnen – nichts, vor ihnen – Das Nichts. Weder morgen noch gestern, weder Jahr noch Stunde. Die Zeit stand still. Die Welt hieß Wald. Der Wald hieß Strauch, der Strauch hieß Blatt, das Blatt hieß Du. Das Du hieß Ich. Nichtsein im leeren Raum. Hintergrund – als Abwesenheit, und Abwesenheit – als Hintergrund.
Und – sie liebten.

All mein Klagen über das Jahr 1919 (es gibt keinen Zucker, kein Brot, kein Holz, kein Geld) geschieht ausschließlich aus Höflichkeit: damit ich, die ich nichts habe, nicht die beleidige, die alles haben.
Und alles Klagen anderer, in meiner Gegenwart, über das Jahr 1919 (»Rußland ist verloren«, »Was haben sie mit der russischen Sprache gemacht« und so fort) geschieht ausschließlich aus Höflichkeit: damit sie, denen nichts genommen wurde, nicht mich beleidigen, der – alles genommen wurde.

Platzangst und Furcht vor der Menge. Beidem liegt Verlustangst zugrunde. Verlust seiner selbst durch das Fehlen von Menschen (»Platz«) und durch ihr Vorhandensein (die Menge). Kann man an beidem zugleich leiden?
Ich glaube, die Furcht vor der Menge kann man ausschließlich nur durch Selbstbehauptung überwinden, im Jahr 1919 zum Beispiel durch den Schrei »Nieder mit den Bolschewiken!« Auf daß sie dich bemerken und in Stücke reißen.

(NB! Furcht vor der Menge ist Furcht vor dem Tod durch Ersticken. Wenn sie dich zerreißen, – ersticken sie dich nicht.)

Hohes Maß. Mit hohem Maß messen. Das tut auch Gott. Von – oben herab messen und mit hohem Maß. Wie eine Art sehr seltenes Sieb: die kleinen Gemeinheiten wie auch die kleinen Tugenden fallen – durch. – Wohin? – *Dans le néant.*

Hochmut (hoch messen), das ist der vollkommene Mangel an Kleinlichkeit. Daher – eine sehr vorteilhafte Eigenschaft ... für die anderen.

Über einen Kommunisten:
Gestern, bei meiner Freundin:
»Aber schließlich rasieren Sie sich doch nicht«, sagte der Kommunist, »wozu brauchen Sie dann Puder?«
Ein Altkommunist, er stirbt vor Hunger. Eine so wunderbare singende Stimme.

Einer im Zimmer: »In der Eremitage läuft ein ganz unglaubliches Programm!«
Der Altkommunist, singend: »Was ist das, Eremita-age?«

Ach, Macht des Bluts! Ich erinnere mich, meine Mutter schrieb bis an ihr Lebensende: *Thor, Rath, Theodor*, – aus deutschem Patriotismus alter Zeiten, obwohl sie Russin war, und keineswegs aus Altersgründen, denn sie starb mit 36 Jahren.
– Ich mit meinem Jat!

Gestern zu Gast (ein Kuchen zum Namenstag, Singen, ein kleiner Kerzenstummel, Erzählen davon, wie die Roten kämpfen) – und plötzlich, beim Durchblättern der Noten:
Beethoven – »Bußlied«.
Puccini – das und das.
Marie-Antoinette – »Si tu connais dans ton village ...«

Marie-Antoinette! Sie haben Musik zu Versen von Florian geschrieben, aber Sie hat man in eine Festung gesperrt und Ihnen den Kopf abgeschlagen. Und Ihre Musik werden andere – Glücklichere – singen – ewig!
Nie, nie, – weder in der schelmischen Halbmaske in den Bosketten von Versailles, Hand in Hand mit dem bezaubernden *mauvais sujet d'Artois*, noch als Frankreichs Königin oder

als Ballkönigin oder Milchhändlerin im Trianon oder Märtyrerin im Temple – oder schließlich auf dem Räderkarren – nie haben Sie mir so das Herz durchbohrt wie mit:
Marie-Antoinette: »Si tu connais dans ton village . . .«
(Paroles de Florian)

Ludwig der XVI. hätte Marie-Luise heiraten sollen (*»Fraîche comme une rose«* und eine dumme Gans), Napoleon – Marie-Antoinette (einfach eine Rose!).
Der Aventurier, der Die Aventure gewann, – und den letzten Kristall von Geschlecht und Geblüt.
Und Marie-Antoinette als Aristokratin: folglich untadelig in jedem ihrer Gedanken, hätte ihn dort, auf dem Felsen, nicht im Stich gelassen wie einen Hund.

Moskau 1919
(»Wolja Rossii« No. 1-2, Prag 1924)

Nachtrag zu »Irdische Zeichen«

Raubüberfall

2 Uhr nachts. Ich komme von Bekannten zurück, wo ich jeden Abend zubringe. In den Ohren noch die letzten, begeistert-bangen Ausrufe: »Wie mutig! Alleine – zu so einer Stunde! Wo rundherum nur ausgeraubt wird! Und all diese Kostbarkeiten!« (Sie selbst bitten mich doch, noch zu bleiben, sie selbst lassen mich doch nicht bei sich übernachten, sie selbst bieten doch nicht an, mich zu begleiten, und heraus kommt, ich bin mutig! So ist auch der Hund mutig, den Menschen aus dem Schlitten hinaus in ein Rudel Wölfe stoßen.)
Also, es geht auf drei Uhr nachts. Der Mond mir geradewegs ins Gesicht. Ich fange ihn wie in einem Spiegel im silbernen Schild meines Ringes ein. Die feine Stimme des Springbrun-

nens, eine nicht-russische, wortreiche Klage, – so klagt die jüngere Frau im Harem der älteren ihr Leid. So klagte die Perserin durch Zöpfe und Schleier (Ketten und Schleier, Tränen und Schleier) hindurch umsonst – niemandem – ihr Leid in Rasins Kahn. Der Springbrunnen: Puschkins Urne auf dem Sobatschja-Platz, – deshalb Puschkins, weil im Haus gegenüber Puschkin seinen »Godunow« las. Beinah – »Der Springbrunnen von Bachtschissaraj«!

Ich halte mein Gesicht dem Mond hin, mein Gehör – dem Wasser: doppeltes Strömen.

Des Mondes, des Wassers
Doppeltes Strömen . . .

Strömen . . . Struktur . . . Sträucher . . . Streben . . . (Was für ein vages Wort! Leer. Es paßt nicht zu – sprunghaft, jählings!) An der Ecke Sobatschja und Borisoglebskij umwehe ich mit meinem Kleid zwei schlafende Milizionäre. Schlaftrunken heben sie die Köpfe. Nicht lebendiger als die Prellsteine, an die gelehnt sie schlafen. Der müßige Gedanke: »Ach! Was könntet ihr mir alles rauben!« Neun silberne Ringe (der zehnte ist der Ehering), eine Offiziers-Armbanduhr, eine riesenlange, schmiedeeiserne Kette mit Lorgnette, eine Offiziers-Schultertasche, eine alte Brosche mit Löwen, zwei große Armreifen (der eine – aus einem Hünengrab, der andere ein chinesischer), ein Paket Zigaretten (250! ein Geschenk) – und noch ein deutsches Buch. Aber die Milizionäre schlafen, ohne etwas von meinem Rat gehört zu haben. Ich bin schon an der Bäckerei von Mileschin vorüber, an der Baba-Jaga-Hütte, dem Zaun, – da sind schon meine beiden Pappeln gegenüber. – Das Haus. – Schon will ich meinen Fuß über die Eisenschwelle des Tores setzen (nachts kommt man vom Hof aus herein), da höre ich vom überdachten Hauseingang her:

»Wer da?«

Ein Bursche von etwa achtzehn Jahren, in Uniform, unter der Schirmmütze hervor – ein kecker Schopf. Dunkelblond. Sommersprossen.

»Haben Sie eine Waffe?«
»Was hat eine Frau für eine Waffe?«
»Was haben Sie da?«
»Bitte, sehen Sie sich's an.«
Ich hole aus der Tasche und gebe ihm eins nach dem andern: das neue, geliebte Zigarettenetui mit den Löwen (ein gelbes, englisches: »*Dieu et mon droit*«), die Geldbörse und die Streichhölzer.
»Und hier ist noch ein Kamm, der Schlüssel ... Wenn Sie Zweifel haben, gehen wir zum Hauswart, ich wohne hier das vierte Jahr.«
»Haben Sie einen Ausweis?«
Da erinnere ich mich an die Geleitworte meiner vorsichtigen Freunde und pariere gewissenhaft und sinnlos:
»Haben Sie denn einen Ausweis?«
»Hier!«
Der im Mondlicht weiße Stahl eines Revolvers. (Er ist also – weiß, und ich dachte immer, er sei schwarz, ich sah ihn als schwarzen. Revolver – Tod – Schwärze ...)
Im selben Augenblick fliegt die Kette mit der Lorgnette über meinen Kopf, würgt mich dabei und hakt sich am Hut fest. Da erst begreife ich, worum es geht.
»Senken Sie den Revolver und nehmen Sie sie mit beiden Händen herunter. Sie würgen mich.«
»Und Sie, schreien Sie nicht!«
»Sie hören doch, was ich sage.«
Er läßt ihn sinken und nimmt mir, schon ohne mich zu würgen, schnell und geschickt die doppelt umgeschlungene Kette ab. Die Tat mit der Kette ist seine letzte. – »Genossen!« – Das höre ich schon hinter meinem Rücken, während ich den Fuß über die Eisenschwelle des Tores setze. (Ich vergaß zu sagen, daß die ganze Zeit unseres Gesprächs über (etwas über eine Minute lang) auf der anderen Seite der Gasse irgendwelche Leute auf und ab gingen.)
Der Uniformierte ließ mir: alle Ringe, die Löwen-Brosche, die

Tasche selbst, beide Armreifen, die Uhr, das Buch, den Kamm und den Schlüssel.
Er nahm: die Geldbörse mit einem wertlosen Scheck über 1000 Rubel, das neue wunderschöne Zigarettenetui (das ist es, das *droit* ohne *Dieu*!), die Kette mit der Lorgnette und die Zigaretten.
Im allgemeinen, wenn nicht mit Gott, so doch – brüderlich.

Am darauffolgenden Tag, um 6 Uhr abends, wurde er auf der Kleinen Moltschanowka ermordet. (Er fiel am hellichten Tag einen Passanten an, der ließ sich berauben, ihn weitergehen und schoß ihn dann in den Rücken.) Er war, stellte sich heraus, einer der drei Söhne des Küsters von der benachbarten Rschewskaja-Kirche, die anläßlich der Revolution aus dem Straflager zurückgekehrt waren.
Man schlug mir vor, hinzugehen und meine Sachen zurückzuholen. Mit Schaudern lehnte ich ab. Wie, – ich, die Lebende (das heißt Glückliche, das heißt – Reiche), soll hingehen und ihm, dem Toten, seine letzte Beute abnehmen?! Allein der Gedanke macht mich schaudern. So oder anders, ich war seine letzte (vielleicht – vorletzte!) Freude, – das, was er mit sich ins Grab nahm. Tote beraubt man nicht.

Die Erschießung des Zaren

Alja und ich kehren von irgendwelchen Lebensmittel-Plackereien durch trostlose, trostlose, trostlose Nebenstraßen der leeren Boulevards nach Hause zurück. Eine Vitrine, – das armselige kleine Fenster eines Uhrmachers. Unter wertlosen Kleinigkeiten ein riesengroßer silberner Wappenring.
Dann irgendein Platz. Wir stehen und warten auf die Straßenbahn. Regen. Und der freche Hahnenschrei eines Jungen: »Erschießung von Nikolaj Romanow! Erschießung von Nikolaj Romanow! Nikolaj Romanow vom Arbeiter Beloborodowyj erschossen!«

Ich sehe die Menschen an, die auch auf die Straßenbahn warten und auch (dasselbe) hören. Arbeiter, abgerissene Intelligenzija, Soldaten, Frauen mit Kindern. Nichts. Wenigstens einer! Wenigstens etwas! Sie kaufen die Zeitung, schauen sie flüchtig durch und wenden die Augen wieder ab – wohin? Einfach so, ins Leere. Vielleicht zaubern sie auch die Straßenbahn herbei.
Daraufhin ich, zu Alja, mit zusammengepreßter, ruhiger und lauter Stimme (wer einmal mit solch einer gesprochen hat – weiß es): »Alja, sie haben den russischen Zaren, Nikolaj II., getötet. Bete für sein Seelenheil!«
Und Aljas sorgfältiges, dreimaliges Bekreuzen, mit einer tiefen Verbeugung. (Der begleitende Gedanke: »Schade, daß sie kein Junge ist. Sie würde die Mütze abnehmen.«)

Das Attentat auf Lenin

Türklopfen. Ich fliege hinunter und öffne. Ein fremder Mensch in Pelzmütze. Aus Kaffeebräune – weiße Augen. (Später sah ich sie genauer an: hellblaue.) Er ist außer Atem.
»Sind Sie Marina Iwanowna Zwetajewa?«
»Ja.«
»Lenin ist tot!«
»Oh!!!«
»Ich komme vom Don zu Ihnen.«
Lenin ist tot und Serjoscha lebt! Ich werfe mich an seine Brust.

Am Abend desselben Tages. Der Untermieter und Kommunist S-s schaut in der Küche vorbei.
»Na und, sind Sie zufrieden?«
Ich mache stumpfe Augen – nicht aus Schüchternheit natürlich: ich fürchte, ihn mit allzu offener Freude zu kränken. (Lenin ist tot, die Weiße Garde hereingekommen, alle Kommunisten werden gehängt, S-s als erster) . . . Schon – die Großherzigkeit des Siegers.
»Und Sie, sind Sie sehr betrübt?«

»Ich?« Schulterzucken. »Für uns Marxisten, die wir die Einzelpersönlichkeit in der Geschichte nicht anerkennen, ist das überhaupt nicht wichtig, – Lenin oder irgendein anderer. Das seid ihr, die Vertreter der bourgeoisen Kultur . . .«, erneutes Schulterkrampfen, ». . . mit euren Napoleons und Caesaren . . .«, satanisches Lächeln, ». . . aber für unsss, Sie wissen ja. Heute Lenin, und morgen . . .«
Für Lenin gekränkt (!!!), schweige ich. Verlegene Pause. Und dann schnell-schnell:
»Marina Iwanowna, ich habe da Zucker bekommen, dreiviertel Pfund, ich brauche keinen, ich trinke mit Sacharin, vielleicht nehmen Sie ihn für Alja?«

(Derselbe X schenkte mir zu Ostern 1918 einen holzgeschnitzten Zaren.)

Die Krätze

Im Augenblick geht eine Mode durch Moskau, die Krätze. Ganz Moskau kratzt sich. Es beginnt zwischen den Fingern, dann am ganzen Körper: subkutane Milbe. Wo sie sich niederläßt – ein Geschwür. Man bekommt es nur abends.
In den Büros Aufschriften: »Händeschütteln untersagt.« (Besser wäre – Küssen!)
Und da fragt vor kurzem, auf Besuch, der Verwandte der Hausherrin, ebenfalls ein Gast, hartnäckig und mit unterdrückter Aufregung die Gastgeberin darüber aus: wie das ist, und was das ist, und woher das kommt, und womit es aufhört – und ob es aufhört.
Und ihr unerwartet durchschauender Ausruf:
»Am Ende hast du selbst die Krätze, Abrascha?«
(»Krätze« ist ihrer Vorstellung nach offenbar selbst eine Milbe. Fliegen, Zecken, Schaben, Wanzen, Krätzen.)
Vom Aufbrechenden verabschiedet sich, scheinbar nur im Scherz, niemand mit Händedruck. Um dem zu entgehen, küßt

ihn der Hausherr sogar. Der Gast ist mir zuwider – ein Bourgeois. Auch ohne Krätze schon widerwärtig genug. Der Gast ist ein Feigling und hat Verständnis für die, die Abstand nehmen. Krätze ist etwas Abscheuliches. Und indem ich all das berücksichtige, die ganze Unsinnigkeit der Geste und des Opfers, strecke ich ihm in voller Verzweiflung und mit Frösteln nicht nur die Hand hin, sondern halte seine Hand auch noch ungewöhnlich lange in meiner.
Ein wahrhaft folgenreicher Händedruck: für dich, der du die Krätze hast, die Gewißheit meines Wohlwollens und daher (unter Berücksichtigung der Krätze!) eine doppelt schlaflose Nacht; für mich, die ich die Krätze nicht habe – die Krätze und daher (unter Berücksichtigung deiner Gewißheit!) ebenfalls eine doppelt schlaflose Nacht.

Wie er geschlafen hat, weiß ich nicht. Ich wenigstens habe mich nicht gekratzt und kratze mich nicht.

Das Fräulein

Hungriges Gedränge auf der Ochotnyj-Zeile. Sie verkaufen Karotten und himbeerfarbene Zwergtrappen, widerliche, auf Kartonuntersätzen. Die, die sich noch nicht aufgegeben haben, rennen hin und her, die hoffnungslosen schleppen sich herum. Plötzlich – ein bekannter Hinterkopf: etwas Seltenes, Dunkelblondes ... Ich hole auf, sehe näher hin: milchige Augen, eine traurige, rötliche Adlernase – das *Fräulein*. Meine Deutschlehrerin aus meinem letzten Gymnasium.
»*Guten Tag, Fräulein!*« – Ein erschrockener Blick. – »Erkennen Sie mich nicht? Zwetajewa. Aus dem Brjuchanenko-Gymnasium.« Und sie, besorgt: »Zwetajewa? Wo setze ich Sie bloß hin?« Und, stehenbleibend: »Wo setze ich Sie denn bloß hin?«
»Na, Tantchen, geh endlich weiter!!«

Das hatte er nicht ausgehalten – der deutsche Verstand!

Übernachtung in der Kommunalwohnung

Ich bin zu Besuch. Sie bitten mich, Gedichte vorzutragen. Da im Zimmer ein Kommunist ist, lese ich »Die Weiße Garde«.

Weiße Garde – groß ist dein Weg . . .

Nach der Weißen Garde – noch einmal Weiße Garde, nach der zweiten Weißen Garde – eine dritte, den ganzen »Don«, dann »Die Vollblutpferde« und »Dem Zaren zu Ostern«, – kurz, als ich wieder zur Besinnung komme, ist es Mitternacht und das Eingangstor meines Hauses unumstößlich zugesperrt.

Hier über Nacht bleiben kann ich nicht, – »ein anständiges Haus«, mit Dienstboten, Verwandten, es bleibt nur eins: auf den Sobatschja-Platz gehen und dort zu den Klängen des Puschkinschen Springbrunnens schlafen. Das verkündend, stehe ich lachend auf und gehe festen Schrittes zur Tür. Und, schon an der Tür, das melodische:

»Marinuschka!«

»Ja?«

»Wollen Sie wirklich auf der Straße schlafen?«

»Allerdings.«

»Aber das ist doch . . .«

»Sogar sehr, aber . . .«

»Dann gehen wir zu uns, in die Kommunalwohnung.«

»Aber vielleicht ist es Ihnen unangenehm?«

»Weshalb? Ich habe ein Einzelzimmer.«

»Dann – danke schön.«

Ich strahle, denn ungeachtet meines ganzen inneren Aventurismus, oder besser: dank meines ganzen inneren Aventurismus, komme ich doch sehr gut ohne äußeren aus. (NB! bei der Übernachtung auf einer kommunistischen Straße und der Übernachtung in einem kommunistischen Haus steht der Aventurismus – trotz allem – an erster Stelle!)

Wir gehen. Die Kommunalwohnung ist nicht weit: eine prächtige, steinerne Villa, die an England (wo ich nie war) erinnert. Wir gehen hinein. Eine Treppe mit Läufer. Stille des Samtes. Stille der Nacht. Mit den schwieligen Händen über den Samt des Geländers hin. Wir gehen durch ein (an Menschen und Eßwaren) leeres Eßzimmer, durch noch einige Zimmer und – sind angekommen. Es gleicht eineinhalb Hotelzimmern: das Zimmer biegt um die Ecke und bildet einen Haken. Ein geisterhafter Stoff-Vorhang, hinter dem ein unsichtbares Fenster mit zweifellos ganzer Glasscheibe ist – falls sie nicht der Oktober eingeschlagen hat. Möbelkrimskrams wie kleine Tischchen, Etageren, Jardinieren. Ein niedriges, holzgeschnitztes Bett, sehr tief, sehr breit. Für langes Liegen, für spätes Aufstehen. Ein Bett – für Faulheit, für Wohlleben, für Fett, für alles, was ich hasse!

»Hier werden Sie schlafen, Marinuschka.«

»Und Sie?«

»Und ich auf dem Sofa, im Arbeitszimmer.«

(Das Arbeitszimmer ist offenbar der Haken selbst.)

»Nein, ich auf dem Sofa! Das liebe ich, auf dem Sofa! Zu Hause habe ich immer auf dem Sofa geschlafen. Sogar auf dem Hundesofa! Wenn ich aus dem Pensionat nach Hause kam! Und dann ist der Hund, wenn er merkte, daß ich eingeschlafen war, auch auf das Sofa gekrochen und hat sich höchst frech auf meinen Kopf schlafen gelegt ... Ehrenwort!«

»Aber Sie sind nicht im Pensionat, Marinuschka!«

»Erinnern Sie mich nicht daran, wo ich bin, mein Lieber!«

Wir setzen uns. Rauchen. Unterhalten uns. Er überläßt mir sein Abendessen: ein Stückchen Brot, drei gekochte rote Bete und ein Glas Tee mit einem Stückchen Zucker.

»Und Sie?«

»Ich habe schon zu Abend gegessen.«

»Wo? Nein, nein, essen wir zusammen!«

Wir sprechen über Gedichte, über Deutschland, das wir beide leidenschaftlich lieben, er fragt nach meinem Leben.

»Haben Sie ein sehr schweres Leben?«

Verwirrt beschönige ich.

Und er: »Marinuschka, Marinuschka . . . Na, ich bekomme bald ein bißchen Mehl, dann bringe ich Ihnen welches . . . Wie schrecklich das alles ist!«
Ich: »Aber ich versichere Ihnen . . .«
Er denkt laut: »Vielleicht gelingt es mir, auch ein wenig Hirse zu besorgen . . .«, und, hilflos: »Und in den Süden fahren – ist Ihnen ganz unmöglich?«
(Ein verantwortlicher Mitarbeiter!)
Ich sehe sein Gesicht an: ein wunderschönes, mageres; ich sehe seine Augen an: braune, in einer Hornbrille. Und solch ein Erkennen seiner Unschuld, seiner Schuldlosigkeit, solch ein Ersticken an Mitleid und Dankbarkeit, daß . . . aber schon fließen die Tränen, und er, erschrocken:
»Aber Sie haben doch wenigstens keine schlechten Nachrichten aus dem Süden?«

Ich schlafe natürlich im Bett, weder Hund noch Beteuerungen halfen. Vor dem Schlaf rufen wir einander noch zu:
»N! Würden Sie jetzt gerne in Wien sein? Das hier ist das Hotelzimmer, wir haben das Jahr 1912, schauen Sie zum Fenster hinaus – das lebendige, ausgelassene, nächtliche Wien . . . ›*Wienerblut*‹ . . .«
Und er, gedehnt:
»Ach, ich kenne gar nichts, Marinuschka!«

Ich wache mit der Sonne auf. Schnell schlüpfe ich in mein übermäßig weites rotes Kleid (der Farbe *cardinal*, – eine Feuersbrunst!). Ich schreibe N. eine Notiz. Vorsichtig öffne ich die Tür und – o Schreck! – ein riesiges Doppelbett, und in ihm – Schlafende. Ich weiche zurück. Dann begebe ich mich, ein plötzlicher Entschluß, mit großen leisen Schritten zur gegenüberliegenden Tür, drücke schon die Klinke herunter . . .
»Ja was ist denn das?!«
Auf einem Bett sitzt ein Mann – den Kopf zerzaust, den Kragen aufgeknöpft – und schaut mich an.

Und ich, höflich: »Das bin ich. Ich habe zufällig hier übernachtet und gehe nach Hause.«
»Aber Genossin!«
»Um Gottes willen, verzeihen Sie. Ich dachte nicht, daß ... Ich dachte, daß ... Ich bin offenbar nicht an die richtige Tür geraten ...«
Und ohne eine Antwort abzuwarten, verschwinde ich.

(NB! Genau an – die richtige!)

Später hörte ich von N: der Schläfer habe mich für eine rote Erscheinung gehalten. Das Gespenst der Revolution, das mit den ersten Sonnenstrahlen verschwindet!
Beim Erzählen lachte er ganz unsinnig.

Erst jetzt, fünf Jahre später, weiß ich die Situation nach Gebühr zu schätzen: das einzige, was mir zu tun einfiel, als ich in eine Kommunalwohnung kam, – war, in ein fremdes Schlafzimmer hineinzugeraten, das einzige – allen Aufrufen von Mme Kollontaj und Co zum Trotz – Nicht-Kommunistische der Kommunisten.
– *Plus royaliste que le Roi!*
(Anmerkung im Frühling 1923)

Der Krieger Christi

Früher Morgen. Alja und ich gehen an Boris und Gleb vorbei. – Gottesdienst. – Wir gehen einer schwarzen Alten nach über die Stufen des weißen Aufgangs hinein. Die Kirche ist voll, durch die frühe Stunde und die Stille Eindruck einer Verschwörung. Nach einigen Sekunden höre ich klar und deutlich und mit eigenen Ohren:
»... Wenn also, Brüder, diese schreckliche Kunde sich bewahrheitet, so wird, sobald ich nur davon erfahre, der Glöckner die Glocke läuten, werden Boten und Läufer durch alle

Häuser eilen und euch, euch allen, von der unerhörten Missetat Nachricht geben. Seid bereit, Brüder! Der Feind ist wachsam, seid auch ihr wachsam! Beim ersten Schlag der Glocke, ganz gleich zu welcher Stunde des Tages oder der Nacht, kommt alle, alle in die Kirche! Schützen wir, Brüder, verteidigen wir mit unserem eigenen Leben unser Allerheiligstes! Nehmt eure kleinen Kinder mit, mögen die Männer keine Waffe mitnehmen, erheben wir die bloßen Hände zum Zeichen des Gebets, laßt uns sehen, – ob sie es wagen werden, mit dem Schwert auf die unbewaffnete Menge loszugehen!
Doch wenn auch das geschehen sollte, – nun, dann werden wir uns, wir alle, mit dem Gefühl, unsere Pflicht erfüllt zu haben, auf die Stufen unserer Kirche legen und bis zum letzten Tropfen Blut unseren Gott und Jesus Christus unseren Herrn verteidigen, die Beschützer dieser Kirche und unserer unglücklichen Heimat.
... Das Sturmläuten wird ein schnelles, feines sein, mit klar vernehmlichen Pausen dazwischen ... Ich erkläre euch dies, Brüder, damit ihr es, aus dem Schlaf gerissen, nicht mit der Feuerglocke verwechselt. Sobald ihr zur ungewohnten Stunde ein ungewöhnliches Läuten hört, wisset: es ruft der Herr! Also, ihr lieben Brüder ...«
Und zur Antwort mein hastiges: »Gebe Gott! Gebe Gott! Gebe Gott!«

Moskau 1918-1919
(»Poslednije nowosti«, Paris, 25. Dezember 1925)

Über Deutschland

(Tagebuchauszüge aus dem Jahr 1919)

Meine Leidenschaft, meine Heimat, Wiege meiner Seele! Festung des Geistes, die gewöhnlich für ein Gefängnis der Körper gehalten wird!

Die kleine Ortschaft *Loschwitz* bei Dresden, ich bin sechzehn Jahre alt, in einer Pfarrersfamilie – rauche ich, trage kurzgeschnittenes Haar, fünf Werschok hohe Absätze (ein *Luftkurort* nach dem System von Dr. Lahmann, – die ganze Ortschaft in Sandalen!) – gehe zum Rendezvous mit der Statue eines Kentauren im Wald, unterscheide rote Bete nicht von Karotten (in einer Pfarrersfamilie!), – unmöglich, alles Abstoßende aufzuzählen!

Wie denn – wirkte ich abstoßend? Nein, sie liebten mich, nein, sie duldeten es, nein, sie l i e ß e n m i c h s e i n. Bekam ich dort jemals von irgend jemandem einen Verweis? Zumindest einen schrägen Blick? Zumindest in Gedanken?

Das ist das Land der Freiheit. Ich bezeuge es. Das Land des höchsten Zusammenschlusses von Qualität und Qualität, von Quantität und Qualität, von Persönlichkeit und Persönlichkeit, Unpersönlichkeit und Persönlichkeit. Ein Land, wo das Gesetz (des Zusammenlebens) nicht nur mit der Ausnahme rechnet, sondern sie verehrt. Denn in jedem Kontoristen schlummert ein Dichter. Denn in jedem Schneider erwacht ein Geiger. Denn in jedem Kneipenlöwen wird auf den Ruf des Vaterlands hin ein wirklicher Löwe erwachen.

Ich weiß noch, in früher Kindheit, an der Riviera, der an Tuberkulose sterbende achtzehnjährige Deutsche Röver. Bis zu seinem achtzehnten Lebensjahr saß er in Berlin, zuerst in der Schule, dann im Kontor. Muffig, schweißig, langweilig.

Ich weiß noch, abends, angezogen von seiner deutschen Musik und meiner russischen Mutter – Mutter beherrschte un-weiblich das Klavierspiel! – zur Musik seines geheiligten Bach, im

dunkelnden italienischen Zimmer, wo die Fenster wie Türen waren – lehrte er Assja und mich die Unsterblichkeit der Seele.* Ein Stückchen Papier über der Petroleumlampe: das Papier schrumpft zusammen, verglimmt, die Hand, die es hielt, – läßt los und . . . – *»Die Seele fliegt!«*
Ein Stückchen Papier flog davon! Flog an die Decke, die sich natürlich auftun wird, um die Seele in den Himmel durchzulassen!

Ich hatte ein Album. Einer dreißigjährigen Frau, Mutter von zwei Kindern, ist es peinlich, ein Album zu führen, also führte Mutter welche für Assja und mich – unsere. Die ganze schwindsüchtige Genueser Küste schrieb hinein. Und da steht, zwischen Uhland, Tennyson und Nekrassow, folgende, aus der Feder eines Deutschen seltsame Wahrheit:
»Tout passe, tout casse, tout lasse . . .«
– mit dem durchaus deutschen – in sorgfältigen, beinahe einen Werschok großen Buchstaben geschriebenen – Zusatz: *»Excepté la satisfaction d'avoir fait son devoir.«*

Der Deutsche Reinhardt Röver, ein vorbildlicher Kontorist, und ein nicht weniger vorbildlicher Sterbender (Fieberthermometer, Thiokol, Rückkehr nach Hause bei Sonnenuntergang) – der Deutsche Röver starb im zweiundzwanzigsten Lebensjahr zur Zeit des Karnevals in Nervi.
Sie hatten ihn schon in ein Privatquartier verlegt (in einer Pension darf man nicht sterben), in eines der oberen Zimmer eines hohen düsteren Hauses. Assja und ich brachten ihm die ersten Veilchen, Mutter – die ganze Musik ihres ungewöhnlichen Wesens.
»Wenn Sie einen ansehen, gnädige Frau, klingt's so recht wie Musik!«
Und da kommen Assja und ich eines Tages hereingestürmt – mit Veilchen, *»confetti«*, den Mund voller Neuigkeiten . . . Die Tür steht sperrangelweit auf. – *»Herr Röver!«*
Und das erschrockene Zischen der Krankenwärterin:

* Meine Schwester.

»Zitto, zitto, e morto il Signore!«
Der geöffnete Mund, durch den die Seele entflogen war, die geschäftigen Zipfel des Kopftuchs über der sterblichen Hülle. Wir traten näher, legten die Blumen nieder, küßten ihn (»Küßt nur nicht! Auf jeden Kubikmillimeter Luft kommen Milliarden von Miasmen«, – so hatten es uns alle beigebracht und nicht damit gerechnet, daß man mit acht Jahren weder Kuben, noch Millimeter, Milliarden oder Miasmen kennt – nichts, außer Kuß und Luft!)
Wir küßten ihn, standen eine Weile und gingen dann. Auf der Treppe – eine Wendeltreppe, die laut widerhallte – bekamen wir Angst: Röver jagt uns nach!
Drei Tage lang hingen Matratze, Kopfkissen und Bettlaken zum Fenster seines Sterbezimmers heraus – in Erwartung neuer Mieter. Seine Habseligkeiten (Malkasten, Fieberthermometer, einige Garnituren Wäsche, sein Lieblingsbändchen Lenau) wurden nach Hause geschickt, ins Kontor.
Und nichts blieb von dem Deutschen *Reinhardt Röver – »excepté la satisfaction d'avoir fait son devoir«*.

Von meinem Röver bis zum weltbekannten Novalis ist es nur ein Atemzug. *»Die Seele fliegt«* – etwas Größeres hat auch Novalis nicht gesagt. Etwas Größeres hat niemand jemals gesagt. Hierin ist sowohl Platon wie Gr. August von Platen, hierin seid ihr und alle, und w e i t e r g i b t e s n i c h t s.
Aus einem Kindervergnügen und einer Alben-Inschrift, aus zwei Worten: Seele und Pflicht –
Seele ist Pflicht. Pflicht der Seele ist der Flug. Pflicht ist die Seele des Flugs (ich fliege, weil ich muß) . . . Mit einem Wort, so oder anders: *die Seele fliegt!*

»Ausflug«. Hört doch nur einmal genau hin: Flug a u s – der Enge . . . (der Stadt, des Zimmers, des Körpers, – G e n i t i v). Allsonntäglicher Ausflug *ins Grüne*, allstündlicher – *ins Blaue. Aether, heilige Luft!*

Vielleicht sage ich hier etwas ganz Ungereimtes, aber für mich ist Deutschland ein fortgesetztes Griechenland, das antike, jugendliche. Die Germanen sind seine Erben. Und ich nehme, da ich kein Griechisch kann, jenen Nektar, jene Ambrosia aus keinen anderen Händen, aus keinem anderen Mund als dem deutschen entgegen.

Über die Jungen. Ich weiß noch, in Deutschland – ich war noch eine Halbwüchsige – in der kleinen Ortschaft *»Weißer Hirsch«* bei Dresden, wohin Vater Assja und mich geschickt hatte, damit wir bei einem Pfarrer Hauswirtschaft lernten, schaute sich ein fünfzehnjähriger, unangenehm dreister und unangenehm schüchterner rosiger Junge einmal meine Bücher an. Er sieht *»Zwischen den Rassen«* von Heinrich Mann, mit dem von meiner Hand vorangesetzten Epigraph:

Blonde enfant qui deviendra femme,
Pauvre ange qui perdra son ciel.
(Lamartine)

»Ist's wirklich Ihre Meinung?«
Und meine Erwiderung:
»Ja, wenn's durch einen wie Sie geschieht!«

Assja dagegen führte ein anderer Junge, auch rosig und blond, aber schon ganz und gar schüchtern und angenehm schüchtern – ein kleiner *commis*, der rührende dreizehnjährige *Christian* – feierlich wie seine Braut an der Hand. Er dachte vielleicht – sicher sogar! – gar nicht daran, aber diese Geste, in Dutzenden von Generationen (von Handlungsgehilfen!) erarbeitet, lag ihm in der Hand. Und der andere – der dunkelhaarige und helläugige *Hellmuth*, dem wir zusammen mit den anderen Jungen nachts (Assja und ich waren »erwachsen«, »reich«, »frei«, sie aber *Schulbuben*, die man um 9 Uhr ins Bett jagte) das Rauchen beibrachten und Kuchen anboten und der Assja zum Abschied so lustig ins Album schrieb: *»Die Erde ist rund, und wir sind jung, – wir werden uns wiedersehen!«*

Und der kleine Gymnasiast Wolodja, – der so ganz anders war –, aber genauso begeistert die Höhe unserer Absätze maß – hier, im Heiligtum von Dr. Lahmann, wo sie sogar in Sandalen zur Welt kommen!
Hellmuth, Christian, kleiner Gymnasiast Wolodja! – wer von euch hat die Jahre 1914-1917 überlebt!

Ach, Macht des Bluts! Ich erinnere mich, Mutter schrieb bis an ihr Lebensende: *Thor, Rath, Theodor* – aus deutschem Patriotismus alter Zeiten, obwohl sie eine Russin war, und keineswegs aus Altersgründen, denn sie starb mit sechsunddreißig Jahren. – Ich mit meinem J a t!

Von Mutter habe ich Die Musik, Die Romantik und Deutschland geerbt. Einfach – Die Musik. Mein ganzes Ich.
Die Musik empfinde ich ganz eindeutig als Deutschland (so wie das Lieben – als Frankreich, die Schwermut – als Rußland.) Es gibt so ein Land – die Musik, seine Einwohner sind die Deutschen.

Rasins Perserin und Undine. Beide wurden geliebt, und beide wurden verlassen. Tod durch das Wasser. Rasins Traum (in meinen Gedichten) und der Traum des Ritters (bei *Lamotte-Fouqué* und bei Schukowskij).
Und beide: Rasin wie auch der Ritter mußten durch die Geliebte umkommen, – nur kommt die Perserin mit all der Heimtücke Der Nicht-Liebenden und Persiens, sich »das Pantöffelchen holen«, Undine dagegen mit all der Hingabe Der Liebenden und Deutschlands, sich einen Kuß holen.

Treue – wie das klingt!
Die Franzosen vermochten aus ihrer *fidélité* lediglich einen *Fidèle* zu machen. (Fidelka!)

Bei Heine gibt es eine Prophezeiung über unsere Revolution: *»... Und ich sage euch, es wird einmal ein Winter kommen, wo der ganze Schnee im Norden Blut sein wird ...«*
Überhaupt steht bei Heine Interessantes über Rußland. Über das Demokratische einer Nation. Über Peter den Großen – den regierenden Revolutionär. (Die gekrönte Revolution)
– Heine! – Ein Buch, das ich schreiben würde. Und zwar – ohne Archive, ohne den Luxus des persönlichen Durchdringens, einfach nur – Auge in Auge mit den sechs Bänden der fürchterlichsten deutschen Ausgabe Ende der achtziger Jahre. (Illustrierte Gedichte! Und da Heine häufig über Frauen schreibt, – lauter Würste!)
Heine wird immer jedes Ereignis meines Lebens überlagern, und das nicht, weil ich ... (das Ereignis, das Leben) schwach bin, sondern weil er stark ist!

Zusammenstoßen – und, ohne sich entschuldigt zu haben, auseinandergehen –, was für eine Grobheit liegt in dieser Geste! Ich denke an Heine, der, in Paris angekommen, absichtlich angerempelt werden wollte, – nur um die Entschuldigung zu hören.

In Heine herrschen Germanien und Romanien gleichzeitig nebeneinander. Ich kenne nur noch einen dieser Art – eine andere Formation, ein anderes Seelen-Thema, eine andere Größenordnung –, aber in seinem Doppelt-Beheimatetsein Heine – gleich: Romain Rolland.
Aber Romain Rolland ist, dem Hörensagen nach, Gallo-Germane, Heine – wie jeder weiß – Jude. Und damit wird das Wunder erklärbar. Ich aber hätte gern ein unerklärbares (wirkliches) Wunder: durch und durch Franzose und liebt (spürt) Deutschland wie ein Deutscher, durch und durch Deutscher und liebt (spürt) Frankreich wie ein Franzose. Ich rede nicht von Stilisierungen – die sind leicht und langweilig –, sondern von durchbrochenen Sackgassen und auseinandergeschobe-

nen Grenzen der Geburt und des Bluts. Von organischem (nationalem) Schaffen, das nicht mit der Zoologie zusammenhängt. Mit einem Wort, daß ein Franzose ein neues Nibelungenlied schüfe, und ein Deutscher – ein neues Rolandslied. Das »kann« nicht sein, das muß sein.

Die blinde Mathilde – eine Kindheitserinnerung.
In Freiburg, im Mädchenpensionat, kam jeden Sonntag eine Frau zu uns – *die blinde Mathilde*. Sie trug immer ein dunkelblaues Satinkleid – etwa fünfundvierzig Jahre alt – halbgeschlossene hellblaue Augen – gelbes Gesicht. Der Reihe nach mußte jedes Mädchen Briefe für sie schreiben und, auf eigene Kosten, frankieren. Wenn das Briefeschreiben zu Ende war, setzte sie sich zum Dank an den Flügel und sang.
Den deutschen Mädchen: *»Ich kenn ein Kätzlein wunderschön«.*
Assja und mir: *»Der rothe Sarafan«.*

Und nun die Frage: Wem hat *die blinde Mathilde* so viele Briefe geschrieben? Wer die Antwort auf diese Frage weiß, wird einen Roman schreiben.

Wie habe ich – mit Sehnsucht! bis zum Wahnsinn! – den Schwarzwald geliebt. Die goldfarbenen Täler, die widerhallenden, bedrohlich-behaglichen Wälder – gar nicht erst zu reden von den Dörfern mit ihren Aufschriften auf den Wirtshausschildern: *»Zum Adler«, »Zum Löwen«.* (Wenn ich ein Wirtshaus hätte, dann hieße es: *»Zum Kuckuck«.*)

Niemals werde ich die Stimme vergessen, mit der der Wirt des kleinen »*Gasthauses zum Engel*« im kleinen Schwarzwald ausrief, indem er auf das Portrait Kaiser Napoleons, das einzige im Saal, zeigte:
»Das war ein Kerl!«
Und nach einer Pause, die volle Genugtuung bezeugte: *»Der hat's der Welt auf die Wand gemalt, was wollen heisst!«*

Nach Eckermann kann ich nur noch das »*Mémorial de Sainte-Hélène*« von Las Cases lesen – und wenn ich jemanden in meinem Leben beneidet habe – so nur Eckermann und Las Cases.

Seltsam. Hier der Gipfel des Glücks, dort der Gipfel des Unglücks und nach beiden Büchern dieselbe Traurigkeit, – als ob Goethe ebenfalls nach Weimar verbannt worden wäre!

Oh, Napoleon war für Goethe (1829) schon eine Legende!
Oh, Napoleon war für Napoleon (1815) schon eine Legende!

Goethe, den die nach außen gekehrte grüne Uniform Napoleons rührt.

An Goethe stört mich seine »*Farbenlehre*«, an Napoleon stören mich alle seine Feldzüge. (Eifersucht)

Neulich gehe ich über den Kusnezkij Most und plötzlich, auf einem Aushängeschild: »*Farbenlehre*«.
Ich erstarre.
Ich gehe näher heran: »*Fabergé*«.

In mir sind viele Seelen. Doch meine Hauptseele ist deutsch. In mir sind viele Ströme, doch mein Hauptstrom ist der Rhein. Der Anblick gotischer Buchstaben versetzt mich sogleich auf einen Turm hinauf: auf die allerhöchste Zacke! (Nicht Buchstaben, sondern *Zacken*. Was für eine Pracht!) In der Deutschland-Hymne vergehe ich.

Lieb Vaterland, magst ruhig sein, –

Hört doch nur auf dieses »*magst*«, – wie ein Löwe – zu seinem Löwenjungen! Das ist doch der Rhein selbst, der da spricht, *Vater Rhein*! Wie kann man da nicht ruhig sein?!

Wenn man mich fragt: wer ist Ihr Lieblingsdichter, verschlucke ich mich zuerst, dann schleudere ich gleich ein Dutzend deutscher Namen auf einmal hervor. Um sofort antworten zu können, bräuchte ich zehn Münder, damit sie im Chor, alle auf einmal herauskämen. Der Rangstreit unter den Dichtern in meinem Herzen ist weit grausamer als der bei Hof. Jeder will der erste sein, denn er ist der erste, jeder will der einzige sein, denn es gibt keinen zweiten. Heine ist meinetwegen eifersüchtig auf Platen, Platen auf Hölderlin, Hölderlin auf Goethe, nur Goethe ist auf niemanden eifersüchtig: ein Gott!

»Was lieben Sie an Deutschland?«
»Goethe und den Rhein.«
»Nun, und das gegenwärtige Deutschland?«
»Leidenschaftlich.«
»Wie, ohne Rücksicht auf...«
»Nicht nur ohne Rücksicht, – ohne es zu sehen!«
»Sind Sie blind?«
»Sehend.«
»Sind Sie taub?«
»Absolutes Gehör.«
»Was sehen Sie denn?«
»Goethes Stirn über den Jahrtausenden.«
»Was hören Sie denn?«
»Das Rauschen des Rheins durch die Jahrtausende hin.«
»Aber da reden Sie von der Vergangenheit!«
»Von der Zukunft!«

Goethe und der Rhein haben sich noch nicht erfüllt. Genauer kann ich es nicht sagen.

Frankreich ist für mich zu leicht, Rußland – zu schwer, Deutschland – genau richtig. Deutschland ist ein Baum, eine Eiche, die *heilige Eiche* (Goethe! Zeus!). Deutschland ist die genau passende Hülle meines Geistes, Deutschland ist mein Leib: seine *Ströme* sind meine Hände, seine *Haine* – meine Haare, es ist ganz mein, und ich bin ganz sein!

Edelstein. – In Deutschland würde ich Brillanten lieben. (*Edelstein, Edelfrucht, Edelmann, Edelwein, Edelmuth, Edelblut* . . .)
Und auch: *Leichtblut*. Leichtes Blut. Nicht Leichtsinn, sondern Leichtblut. Und dann: *Übermuth:* Über-Kraft, Überschuß, Übermaß. *Leichtblut* und *Übermuth* – wie mich das wiedergibt, ohne allen verdächtigen »Leichtsinn«, ohne allen schwerfälligen »Überschuß an Lebenskraft«.
Leichtblut und *Übermuth* – sind das nicht all jene Götter? (Die einzigen.)
Und vor allem: das schließt nichts aus, weder Opfer noch Untergang, – nur eben: ein leichtes Opfer, ein leichter Untergang!

Und »*Götterjüngling*!« Ersteht da nicht der ganze Phoebus im Kreis seiner Lieblinge?!
Und »*Urkraft*«, ist das nicht das ganze erwachende Chaos?! Diese Vorsilbe: *Ur*! *Urquelle, Urkunde, Urzeit, Urnacht.*

Urahne, Ahne, Mutter und Kind
In dumpfer Stube beisammen sind . . .

Das ist doch die Ewigkeit, die da heult! Wie ein Wolf, im Ofenrohr. Jede solche *Urahne* – eine Parze.

»*Drache*« und »*Rache*« – und schon das ganze »*Nibelungenlied*«!

Deutschland ist das Land der Sonderlinge. »*Land der Sonderlinge*«. So würde ich das Buch nennen, das ich darüber schriebe (auf deutsch). *Sonderlich. Wunderlich. Sonder* und *Wunder* miteinander verwandt. Mehr noch: ohne *Sonder* – kein *Wunder*, und ohne *Wunder* – kein *Sonder*.
Oh, ich habe sie gesehen: die *Naturmenschen* mit den Haarschöpfen von Rothäuten, die Pfarrer, die in Dionysos vernarrt waren, die Pfarrfrauen, die in Chiromantie vernarrt waren, die ehrbaren alten Frauen, die sich jeden Abend nach dem Abendessen mit dem verstorbenen »Geliebten« (ihrem Mann) beratschlagten – und andere alte Frauen (die »*Märchenfrau*«), Mär-

chenerzählerinnen aus Berufung und als Handwerk, Handwerkerinnen des Märchens. Das Märchen als Handwerk und wie ein Handwerk nährend. – Wißt dieses Land zu schätzen. Oh, ich habe sie gesehen! Ich kenne sie! Erzählt jemand anderem von der Vernünftigkeit und der Langweiligkeit der Deutschen! Das ist das Land der Verrückten, der vom Verstand zur höchsten Vernunft – zum Geist – Gerückten.

»Die Deutschen sind Kleinbürger . . .« Nein, die Deutschen sind *Bürger*. Von *Burg:* Festung. Die Deutschen sind Burgvolk, Leibeigene des Geistes.
Kleinbürger, Bürger, *bourgeois, citoyen*, bei den Deutschen ist das unteilbar eins: *Bürger*. Zum Ausdruck von Kleinbürgerlichkeit und bourgeoisem Wesen dient der Zusatz *klein*: *kleinbürgerlich*.
Kann es kein einzelnes Wort für den Grundzug einer ganzen Nation geben? Darüber wäre nachzudenken.
Mein ewiges »*Schwärmen*«. In Deutschland ist das in der Ordnung der Dinge, in Deutschland bin ich ganz in der Ordnung der Dinge, ein weißer Rabe unter weißen. In Deutschland bin ich eine von vielen, beliebig.

Eingeengt ist in Deutschland nur der Einengende, das heißt der, der sich – äußerlich – über die ihm zugewiesene Grenze hinaus, sie sei räumlich oder zeitlich, ausbreitet.
So breite ich mich zum Beispiel, wenn ich nach 10 Uhr auf meinem Zimmer Flöte spiele, über die Zeitgrenze hinaus aus, die vom menschlichen Zusammenleben festgelegt wurde, und enge damit meinen Nachbarn ein, im allergenausten Sinn benge (verkürze) ich seinen Schlaf. – Verstehe, schweigend zu spielen! –
Ich, die ich bis zu einer gewissen Leidenschaft gleichgültig gegen äußere Dinge bin, fühle mich in Deutschland ungebunden.

An Deutschland verlockt mich das Geregelte (das heißt Vereinfachte) des äußeren Lebens, – das, was es in Rußland nicht gibt und niemals gab. Den Alltag haben sie hier kirre gemacht – damit man sich ihm voll und ganz unterordne.

In der Beschränkung zeigt sich erst der Meister,
Und das Gesetz nur kann uns Freiheit geben.

Kein einziger Deutscher lebt in diesem Leben, aber sein Körper ist pflichtbewußt und genau. Pflichtbewußtsein und Genauigkeit der deutschen Körper nehmt ihr für Knechtschaft der deutschen Seelen! Es gibt keine freiere Seele, keine aufrührerischere, hochmütigere! Sie sind uns Russen Brüder, aber sie sind weiser (älter?) als wir. Der Kampf ist vom Marktplatz des Alltags voll und ganz auf die Höhen des Geistes verlegt. Hier brauchen sie nichts. Daher ihre Fügsamkeit. Selbstbeschränkung hier für unbegrenzte Herrschaft dort. Sie haben keine Barrikaden, aber sie haben philosophische Systeme, die die Welt sprengen, und Gedichte, die sie wieder von neuem erschaffen. Der wahnsinnige Dichter Hölderlin übt dreißig Jahre lang unentwegt auf einem stummen Cembalo. Der Geisterseher Novalis sitzt bis ans Ende seiner Tage hinter dem Gitterfenster eines Bankschalters. Und weder fühlt sich Hölderlin durch sein Gefängnis noch Novalis durch seines – bedrückt. Sie bemerken es nicht. Sie sind frei.
Deutschland, das ist: Schraubstöcke für die Körper und elysische Gefilde – für die Seele. Ich mit meiner Maßlosigkeit brauche Schraubstöcke.

»Und was ist mit dem Krieg?«
Mit dem Krieg ist das so: nicht Alexander Blok – gegen Rainer Maria Rilke, sondern Kugel gegen Kugel. Nicht Alexander Skrjabin gegen Richard Wagner, sondern Dreadnought gegen Dreadnought. Fiele Blok – würde ich um Blok trauern (das beste Rußland), fiele Rilke – würde ich um Rilke trauern (das

beste Deutschland), und kein Sieg, er sei unser oder ihrer, könnte da trösten.
Im Völkerkrieg fühle ich nichts, im Bürgerkrieg – alles.

»Und was ist mit den deutschen Bestialitäten?«
Aber ich sprach doch vom qualitativen Deutschland, nicht vom quantitativen. Qualität, die von der Quantität erzeugt wird, – das ist Bestialität. Der Mensch für sich allein ist kein Tier (es gibt keinen Grund und keinen Gegenstand). Bestialität beginnt mit Kain und Abel, mit Romulus und Remus, das heißt mit der Zahl zwei. Von dieser verhängnisvollen Zahl des ersten menschlichen Zusammenlebens an bis zur zweistelligen Zahl und weiter – ein katastrophales Anwachsen von Bestialität, die sich mit jeder weiteren Stelle vertausendfacht. (Erinnert euch an Kindheit und Schule.)
Kurz: wenn »*pour aimer il faut être deux*«, dann um so mehr – *pour tuer*. (Adam konnte einfach die Sonne lieben, Kain brauchte, zum Mord, Abel.)
Um zu lieben, braucht es nur einen, um zu morden, braucht es einen zweiten.
Wenn Menschen, die sich langweilen, das Gesicht verlieren, werden sie zuerst zur Herde und dann zur Meute.
Wartet nur, es wird die Zeit kommen, da werdet ihr das heroische Deutschland beweinen, so wie heute das heroische zerstörte Frankreich. Heute – die Kathedrale von Reims, morgen – den Kölner Dom: die Höhen stören dieses Jahrhundert! Das ist nicht Haß der Deutschen auf die Franzosen oder der Franzosen auf die Deutschen, das ist der Haß des Quadrats – auf die Spitze, des Platten – auf die Schärfe, der Horizontalen – auf die Vertikale.
Die Kathedrale von Reims ist für mich eine größere Wunde als für euch: in ihr erfüllte sich meine Johanna! – und indem ich die Kathedrale beweine, beweine ich mehr als ihr: nicht Johanna, nicht Frankreich, – das Jahrhundert der Scheiterhaufen, das abgelöst wurde vom Jahrhundert des Eisenbetons!

»Den Deutschen haben wir die Bolschewiken zu verdanken.« – »Den Deutschen haben wir den plombierten Lenin zu verdanken . . .«
In diplomatischen Geschenken kenne ich mich nicht aus, aber selbst wenn es wahr sein sollte, Hand aufs Herz, – wären wir an ihrer Stelle gewesen und auf diesen Gedanken gekommen, – hätten wir es nicht ebenso gemacht?
Der Waggon, der Lenin brachte, – ist er nicht ebenjenes trojanische Pferd?
Politik ist bekanntermaßen eine Abscheulichkeit, von ihr hat man nichts anderes zu erwarten. Eine Ethik haben – und in die Politik gehen?!
Aber ob das nun eine deutsche Abscheulichkeit ist oder eine russische, – das kann ich nicht unterscheiden. Das kann überhaupt niemand unterscheiden. So wie die Internationale etwas Böses ist, so ist auch Das Böse – international.

Vous avez pris l'Alsace et la Lorraine,
Mais notre cœur, vous ne l'aurez jamais!
Vous avez cru germaniser la plaine,
Mais malgré vous nous resterons français . . .

Damit bin ich aufgewachsen. (Die hochbetagten französischen Gouvernanten.) Und das ist mir genauso heilig wie die »*Wacht am Rhein*«. Und das streitet sich nicht in mir. Erhabene Übereinstimmung der Höhen.
Leidenschaft für jedes einzelne Land wie für das einzige – das ist meine Internationale. Keine dritte, sondern die ewige.

Moskau 1919
(»Dni«, 13. Dezember 1925, Berlin)

Sie saßen und aßen friedlich zu Abend, – oder vielleicht auch zu Mittag, eine Sache der Worte, denn der Salat war immer der gleiche, – also, das russische Abendessen mit dem französischen Mittagessen in einem römischen Salat vereinigend, – aßen: Vater, Mutter und Sohn.
»Wie ingeniös die Franzosen sind, Mama«, sagte plötzlich der Junge.
»Nicht die Franzosen sind generös, die Russen sind es!« sagte die Mutter feurig. »Und überhaupt sagt man das nicht so allgemein, sondern eher von einer bestimmten Tat.«
»Wa-a-arum?« staunte der Junge. »Wie kann eine Tat ingeniös sein? Sie hat doch weder Kopf noch Hände.«
In diesem Augenblick war ein Klopfen an der Tür zu hören und die Mutter ging öffnen, noch ehe sie das Wort-Mißverständnis erkennen konnte. Auf der Schwelle, in der vollständigen Finsternis des Treppenabsatzes, stand jemand sehr Großes, den Hut in der Hand.
»Entschuldigen Sie, gnädige Frau«, sagte er mit junger Stimme, »ich bin Inspektor . . .«
Die Mutter wich zurück und ließ ihn damit – herein. Der junge Mann folgte ihr auf den Fersen in die Küche, wo er – zwischen Eßtisch, Geschirrtisch, Gasofen, Herd, Spüle und den Stühlen der Essenden – wie auf dem einzigen, in der Flut trockengebliebenen und zwischen Abgründen festen Fußbreit Erde stehenblieb: auf einem Bein, darüber das zweite, linke, gelehnt.
»Ja?« fragte, ohne die Augen zu heben, mit den Brauen die Mutter, die sich schon wieder vor ihren Salat gesetzt hatte.
»Entschuldigen Sie, daß ich Ihr Abendessen störe, aber ich bin Inspektor und . . .«
(Die Steuer! – sagte sie sich in Gedanken. – Aber wir haben sie doch neulich erst gezahlt, oder hat man sich wieder an den

entführten General erinnert und läßt alle Russen nochmals registrieren?)
»Hier meine Karte«, fuhr der junge Mann fort, indem er ihr ein aufgeschlagenes Büchlein vor die Augen hielt und gleich wieder wegzog – so zeigt man Kindern eine Sekunde lang die »Überraschung« von morgen –, mit irgendeiner vielleicht tatsächlich ähnlichen Photographie, falls sie Zeit gehabt hätte, erstens die Photographie und zweitens den, der sie ihr präsentierte, zu betrachten.
Aber warum sagt er denn nicht »*Sûreté*« und zeigt seine Erkennungsmarke? dachte sie und machte in Gedanken an seiner Stelle die Handbewegung, mit der man die Erkennungsmarke aufdeckt. – Und schließlich, wofür uns verhaften?
»*Assurance*«, erklang wie bestätigend seine Stimme über ihr.
Als sie schließlich das verhängnisvolle (weil für »*Sûreté*« genommene) Wort vernahm, hörte sie auf zu essen und begann zu warten.
»Ich gehe ins Nuelmon«, fuhr die Stimme von oben fort, »und prüfe die Wohnungen im Hinblick auf Feuergefahr.«
(Mein Gott! – schoß es ihr durch den Kopf. – Und ich habe eine schadhafte elektrische Schnur, ganz verknotet und schlägt dauernd Funken! Und was ist das für ein Nuelmon?)
»Sie verstehen anscheinend kein Französisch?« erkundigte er sich und brachte damit den Anwesenden zu Bewußtsein, daß sie vom Augenblick seines Eintretens an auf all seine Reden hin nicht nur kein einziges Wort, sondern nicht einmal eine Silbe hervorgebracht hatten, so daß er mit Recht hätte fragen können: Sie besitzen anscheinend die Gabe der Rede nicht?
»O nein!« rief die Mutter, an empfindlicher Stelle getroffen und dadurch tatsächlich lebhafter werdend. »Wir verstehen ausgezeichnet Französisch. Aber verzeihen Sie, was wünschen Sie von uns?«
»Sie fragen, was ich von Ihnen wünsche?« fuhr die Stimme mit spöttischem Unterton fort. »Ich habe Ihnen doch gesagt: ich gehe ins Nuelmon durch die Wohnungen.«

Ein Arbeitsloser! dachte sie. – Offenbar geht er zu sich nach Hause ins Nuelmon, und auf dem Weg dorthin prüft er die Öfen. Man muß ihm etwas geben. – Und endlich hob sie die Augen:

»Wir sind nicht sehr reich«, sagte sie zaghaft, »und unsere Öfen sind geputzt, aber trotzdem werden wir ...« – und sofort stockte sie, denn sie begriff, daß sie über sich ein junges, schönes, rotwangiges, glattrasiertes und saubergewaschenes, ganz und gar nicht arbeitsloses und erst recht kein Ofensetzergesicht sah, unter dem sie, auf dem Weg ihrer Augen zurück auf den Teller, auch eine neue kirschrote Krawatte und einen sauberen Anzug ausmachte.

»Aber es ist ja gerade für Arme«, belebte sich der Nuelmoner, »wozu brauchen es Reiche! Selbst wenn nach und nach ihre ganze Familie sterben sollte, ihr Leben wird dadurch nicht beeinträchtigt. Es ist gerade für Nichtwohlhabende, für die, die von ihrer Hände Arbeit leben.«

»Aber was ist dieses ›es‹?« fragte sie, wieder Mut fassend.

»Eine Lebensversicherung – habe ich Ihnen das nicht gesagt?« Und, mit neuen Kräften:

»Ich gehe ins Nuelmon durch die Wohnungen« (und plötzlich begriff sie, daß es überhaupt kein Nuelmon gab, sondern daß es *annuellement* war, dessen letzte Silbe er wie »mon« aussprach) »und bemühe mich vor allem, für mein Angebot gerade die weniger Wohlhabenden zu interessieren, diejenigen, die von ihrer Hände Arbeit leben.«

(Seine Augen glitten hinüber zu den schmalen Händen und langen Fingern des Mannes):

»Ihr Mann ist Künstler?«

»Nein«, preßte der Mann hervor.

»Nein?« vergewisserte er sich bei der Frau.

»Nein«, bestätigte die Frau.

»Interessant«, sagte er nachdenklich, »ich war sicher, er sei Künstler. Überhaupt werde ich mit Ihnen sprechen, da Ihr Gatte so aussieht, als verstehe er kein Französisch. Also: Es ist gerade für diejenigen wichtig, die von ihrer Hände Arbeit leben. Stellen Sie sich vor, Madame, Sie hätten das Unglück, Ihren Mann zu verlieren«, dreist, als rede er nicht über ihren hier anwesenden, sichtlich lebenden und kauenden Mann, sondern über irgendeine allegorische Person, die sie niemals auch nur zu Gesicht bekommen hätte und daher auch gar nicht verlieren könnte, »und blieben alleine mit drei kleinen Kindern, das jüngste – ein Säugling.«

»Ich habe keine Säuglinge«, erwiderte sie, »der Junge, den Sie hier sehen, ist neun Jahre alt.«

»Aber andere haben welche, Sie können doch nicht behaupten, andere hätten keine«, korrigierte sie sanft der Inspektor – so wie man beim Examen einen sonst erfolgreichen, jetzt aber Unsinn redenden Schüler zur Vernunft bringt. »Ich kannte eine Frau, die hatte sechs kleine Kinder, und als ihr Mann vom Baugerüst stürzte . . .«

»Oh!« schrie sie auf und schauderte bei dieser schrecklichen Vorstellung. »Wie schrecklich! Ist er von sehr hoch herabgestürzt?«

»Ja, vom siebten Stock«, bestätigte der Inspektor und faßte nun auch mit dem zweiten Bein Fuß, »und ich selbst habe ihr die Prämie ausgehändigt. Glauben Sie etwa, sie hat sich nicht gefreut?«

»Wie schrecklich!« rief seine Zuhörerin ein zweites Mal und nun schon ganz anders. »Wie schrecklich – die Freude über solches Geld!«

»Aber sie hatte Kinder«, fuhr der Inspektor schulmeisternd fort, »sechs kleine Kinder, und sie hat sich nicht über den Tod von deren Vater gefreut, sondern über ihr Wohlergehen. Und wenn Sie, Madame, das Unglück haben sollten, Ihren Mann zu verlieren . . .«

»Hören Sie!« rief sie. »Sie reden mir nun schon zum zweiten Mal vom Tod meines Mannes. Das ist abscheulich. Bei uns tut man so etwas nicht, in Gegenwart des Lebenden. Wir sind Ausländer. Ich werde Ihnen sogar sagen, daß wir Russen sind,

und«, schon im Hinausgehen, an ihm vorbei ins andere Zimmer, um Zigaretten zu holen, »Russen können solche Dinge nicht mit eigenen Ohren anhören, Russen können nur von ihrem eigenen Tod hören. Ja!«
»Madame«, erklang schon aus dem Flur die Stimme des jungen Mannes, »Sie haben mich nicht richtig verstanden, ich wollte überhaupt nicht sagen, daß Sie unbedingt Ihren Mann verlieren werden, ich wollte nur sagen, daß das Ihnen, wie jeder anderen auch, passieren kann.«
»Jetzt sagen Sie es zum dritten Mal!« explodierte die junge Frau, schon rauchend und geradwegs auf ihn zugehend, womit sie ihn wieder in die Küche hinaushofierte. »Und ich will das nicht mehr hören. Wenn das eine Lebensversicherung ist, dann erkläre ich Ihnen, daß ich fremde Leben nicht versichere.«
»Aber Monsieur würde seines selbst versichern.«
»Weder fremde noch eigene, das liegt uns nicht im Blut, und außerdem haben wir kein Geld, wir müssen in eine andere Wohnung umziehen und . . .«
»Aber mein Angebot ist ja gerade auch gedacht für Personen, die in eine andere Wohnung umziehen. Während eines Umzugs kann es ebenfalls Unglücksfälle geben: ein Schrank, der dastand, zum Beispiel, ein Schrank, der zwanzig Jahre lang stand – ein Spiegelschrank, verstehen Sie mich? –, fällt plötzlich um und . . .«
(Wie schrecklich! – und sie schloß sogar die Augen, – gerade unser Schrank, den man uns gerade wegen seiner Baufälligkeit überlassen hat . . .)
»Wir haben keine Angst vor fallenden Schränken«, sagte sie fest, »wir tun natürlich alles dazu, daß der Schrank nicht umfällt, aber wenn er fällt, dann ist das eben – Schicksal, verstehen Sie? So wird Ihnen jeder Russe antworten.«
»Die Russen sagen immer ›nein‹«, sagte nachdenklich der junge Mann, wobei er sich in den Knien wiegte, »in Meudon (ich wohne in Meudon) gibt es ein ganzes Haus voller Russen, die kein Französisch sprechen. Klopft man an die Tür, kommt

ein Herr oder eine Dame heraus und sagt: ›*Njet.*‹ Dann gehe ich gleich wieder fort, denn ich weiß, daß sie mich nicht verstehen werden. Ja, nicht oft versteht man mich so wie Sie, Madame. Und, um auf die Versicherung zurückzukommen . . .«

»Kommen Sie lieber nicht zurück!« rief sie heftig und herzlich. »Wir haben allen Grund, uns nicht zu versichern: Erstens sind wir vollkommen arm und werden sowieso nicht zahlen, als ehrlicher Mensch warne ich Sie, – Sie werden immer wieder kommen und nichts erhalten, Sie werden schreiben, und wir werden nie antworten; und zweitens – für uns aber erstens – verbietet uns das, meinem Mann und mir, allein der Gedanke an Geld für den Tod von einem von uns.«

»Denkt Monsieur wie Sie?« fragte der Inspektor. »Er versteht anscheinend kein Französisch?«

»Er versteht ausgezeichnet und denkt genau wie ich.« Und um irgendwie zu besänftigen, abzulenken: »Vielleicht, wenn mein Sohn einmal groß ist und heiratet . . . Aber wir sind noch eine andere Generation, eine lyrische«, und als sie sah, daß diesmal er nicht verstand, »wir sind ›sentimental‹, ›abergläubisch‹, ›Fatalisten‹. Sie haben wahrscheinlich schon davon gehört? Von der *âme slave*?«

»Ja, ich habe sogar einmal einen Film gesehen, mit meiner Mutter. Ein alter russischer General *dans un bonnet d'Astrakhan* läßt sich in einer riesigen Kathedrale trauen, und als er bemerkt, daß seine junge Frau einen armen Offizier liebt, reist er sofort alleine nach Sibirien ab und wirft dem anderen aus dem Schlitten heraus noch seine Börse zu. Meine Mutter hat sogar geweint . . .« Und nach langem Nachdenken: »Ihre Gefühle machen Ihnen Ehre, und wollen wir hoffen, daß Ihr Sohn Ihnen Freude bereiten wird. Hat er immer so einen Appetit?«

(Man muß ihm einen Stuhl anbieten, – kam es ihr zum wievielten Mal in den Sinn, – jetzt ist er ja Gast, aber wohin den Stuhl stellen? Oder wenigstens eine Zigarette . . .)

»Ich bin der fünfzehnte Sohn«, fuhr der Inspektor nachdenklich und schon mit ganz anderer Stimme, wie im Traum, fort, »und nach mir kamen noch zwei. Ich bin sechsundzwanzig Jahre alt, und meine Mutter ist zweiundfünfzig. Sie hatte siebzehn Kinder und zwei Lungenentzündungen, und zweimal haben sie ihr den Bauch aufgeschnitten, sogar dreimal, denn beim zweiten Mal hatten sie ein Laken darin vergessen . . . Aber aussehen tut sie wie meine Schwester, und sie ist genauso schlank wie Sie. Wir lachen immer zusammen und haben viel Spaß.«

»Wie schön – siebzehn!« rief seine Gesprächspartnerin mit nicht ganz überzeugender Begeisterung aus. »Leben sie alle noch?«

»Nein, nur ich lebe noch, mein letzter Bruder – er war vierunddreißig Jahre alt – ist im vergangenen Jahr mit dem Automobil gegen einen Baum gefahren und tödlich verunglückt.«

»Und . . . die anderen?« fragte sie zaghaft.

»Die anderen? Alles Unglücksfälle. Ertrunken, gestürzt, manche bei lebendigem Leib verbrannt (*il y en a qui sont brûlés vifs*).«

(»Jeanne d'Arc«, brachte kaum vernehmlich der Junge hervor.) »Und Sie verstehen, daß ich nicht heiraten kann? Daß ich das so spät wie möglich, so spät wie möglich tun werde . . . Meine Mutter wird einfach nicht imstande sein . . . Oh, sie haben uns sehr streng erzogen, und wenn ich jetzt meinem Vater gegenüber eine Widerrede wagte, bekäme ich natürlich eine Ohrfeige, und ich würde sie hinnehmen. Mein Vater ist zweiundsechzig Jahre alt und wiegt einhundertfünf Kilo.«

»Ihre Eltern sind wahrscheinlich nicht aus Paris?«

»Doch, das heißt, meine Mutter ist Pariserin und Vater aus der Normandie. Sehen Sie mich an, ich bin ja nicht gerade klein geraten«, die ganze Zeit über ragte er über ihr auf wie ein Turm, »aber von uns – von ihnen – allen bin ich noch am wenigsten geraten. Die anderen waren – Riesen! Aber da nun ausgerechnet ich am Leben geblieben bin, darf ich auch nicht heiraten, weder heiraten noch bei einem Unglücksfall ums Leben kommen, denn wenn ich aus dem Leben s c h e i d e, dann würden drei aus dem Leben scheiden ... Meine Mutter hat übrigens Ihre Größe und Ihre Figur, aber solche Mütter haben eben auch solche Söhne. Oh, Sie kennen meine Mutter nicht. Jedesmal, wie spät ich auch von der Arbeit komme, – Unglücksfälle passieren schließlich zu jeder Stunde! – sei es um zehn Uhr, um elf, um zwölf, um eins, – jedesmal steht sie auf und macht mir das Essen warm. Auch heute wird sie mir in Issy-les-Moulineaux entgegenkommen. Kann ich etwa heiraten? Ich bin sechsundzwanzig Jahre alt, und ich bin noch nie, verstehen Sie, noch nie ohne sie ins Cinéma gegangen oder Dampfer gefahren. *On prend tous ses plaisirs ensemble*. Kann ich etwa heiraten?«

»Sie sind ein wunderbarer Sohn!« rief sie aus vollem Herzen und richtete die Augen dabei unwillkürlich und gleichsam fragend auf ihren eigenen. »Gebe Gott Ihnen, Ihrer Mutter und Ihrem Vater Gesundheit!«

»Ja, Gesundheit brauche ich unbedingt, ich darf nicht aus dem Leben scheiden. Wollen wir hoffen, daß auch Ihr Sohn Ihnen Freude bereiten wird. Was willst du einmal werden, Junge?«

»*Service militaire* und dann Flieger.«

»Nein, Flieger darfst du nicht werden; deine Mutter müßte zu oft zum Himmel hinaufsehen, und Unglücksfälle gibt es auch auf der Erde genug. Da ist der Militärdienst schon etwas anderes. Eine gute Zeit, die beste Zeit, so glücklich wirst du später nie mehr sein ... Also, Madame, ich wünsche Ihnen Glück mit Ihrem Sohn. Und verzeihen Sie, wenn ich mit irgend etwas Ihre Gefühle verletzt haben sollte ... Sie lieben Ihren Mann, Sie haben ein Heim, Ihnen wird eine Versicherung ebensowenig helfen wie mir, ich verstehe Sie jetzt ...«

Und nachdem er die Türklinke, auf die er wie oft schon folgenlos seine Hand gelegt hatte, dieses Mal nun herunterdrückte, mit einer tiefen Verbeugung: »Haben Sie Dank und verzeihen Sie.«

»Haben Sie den Verstand verloren!« explodierte ihr Mann und sprang wie ein wildes Tier hinter dem Tisch hervor. »Ihretwegen komme ich jetzt überallhin zu spät!«
»Warum sind Sie denn nicht gegangen?« fragte sie und wußte selbst, wie scheinheilig ihre Frage war.
»Warum? Weil Sie mit ihm zusammen die Tür versperrt hielten, ich saß wie in der Falle.«
»Und ich habe aus Versehen den ganzen Tomatensalat aufgegessen, verzeihen Sie, Mama, ich bin so ins Zuhören gekommen, daß ich auch Ihre Portion gegessen habe.« Und, sich die Tülle der Teekanne an die Lippen setzend: »Oh, habe ich einen Durst! Wissen Sie, er hat so geredet, daß ich eine ganz trockene Kehle bekommen habe . . .«
Türklopfen.
»Verzeihen Sie, Madame, ich wollte Ihnen nur noch sagen, daß ich heute mit meiner Mutter ins Lichtspielhaus gehe . . .«
Nachdem sie ihren Mann hinausbegleitet hatte, das heißt, nachdem sie statt seiner Hand den Griff der Tür, die er hinter sich zuwarf, zu fassen bekam und nachdem sie den Sohn, der ins Bett fiel wie ein Stein auf den Grund, schlafen gelegt hatte, erst dann, doch auch dann nicht gleich, erst als sie wieder zu sich kam (in alldem war die Angespanntheit eines Traums gewesen, und das Herz klopfte ihr ganz wie demjenigen, der vom Baugerüst stürzte), erst dann ging sie an den Tisch und rechnete auf der Rückseite des erstbesten Briefumschlags aus, daß er, der Sechsundzwanzigjährige, bei einer zweiundfünfzigjährigen Mutter nur dann der fünfzehnte Sohn gewesen sein konnte, wenn sie als Fünfzehnjährige geheiratet und ihre siebzehn Söhne einen nach dem andern zur Welt gebracht hatte, ohne einen Tag Unterbrechung. Das gibt es . . . Mit einiger Mühe, aber – möglich . . . Und schon viel eher möglich, wenn es zum Beispiel dreimal Zwillinge gewesen waren (die natürlich auch paarweise umkamen: zwei auf einmal ertrunken, zwei auf einmal abgestürzt, zwei auf einmal verbrannt, – dann sind es auch weniger Tode . . .). Aber trotzdem, daß alle, alle sech-

zehn mit Ausnahme von ihm allein durch unglückliche, so verschiedenartige und ganz offensichtliche Zufälle umgekommen sein sollten ... Bedenkt man außerdem die Dreistigkeit und zugleich Förmlichkeit seines Tons, in dem er davon berichtete, als ob er auswendig eine Preisliste hersage ... Und vergleicht man diese Stimme mit derjenigen, mit der er von seiner Mutter gesprochen hatte, der, die ihm in Issy-les-Moulineaux entgegenkommen wird ...

Was war das eigentlich gewesen? Sie wußte es nicht. Aber selbst wenn er in einem Anfall von seltsamer Inspiration all das aus dem Stegreif erfunden hätte, – ist er nicht rührend, dieser Mythos von sich selbst, von der Mutter mit den siebzehn Söhnen und vom letzten überlebenden, unsinnig ergebenen Sohn? Ist das etwa kein Traum von sich selbst – als dem besten, von sich selbst – als dem wahren Sohn? Kein Aufschrei – der wahren *profession manquée*? Nicht die ganze Potenz der Sohnesliebe?

Mit sechsundzwanzig Jahren, als großer schöner Mann, unwiderstehlich in den eigenen Augen und auch in den Augen von ganz Paris, einer fremden, noch nicht alten – und in der Finsternis des Flurs überhaupt ganz jungen! – Frau zu erzählen, daß er bis heute von seinem Vater Ohrfeigen bekommt und sie bereitwillig hinnimmt. Ist das etwa der Traum eines jungen Mannes von heute? Oder selbst der – eines jungen Mannes von früher?

Vielleicht, dachte sie weiter, ich kann es nicht verbürgen ... Vielleicht gab es auch gar keine siebzehn Kinder, vielleicht, da es sie nicht gab, auch keine sechzehn Todesfälle, vielleicht auch keinen normannischen Vater, der Ohrfeigen austeilte – jede einhundertfünf Kilo schwer! – vielleicht – ja sogar höchstwahrscheinlich, und darin liegt vermutlich alles – gab es überhaupt keinen Vater.

Aber die Mutter, die gab es.

Paris, Juni 1934
(»Poslednije Nowosti«, 3. August 1934, Paris)

Der Chinese

Warum liebe ich die Ausländer so sehr, alle, ohne Unterschied, sogar die verdächtigen Araber und die hochmütigen Polen, gar nicht erst zu reden von den blutsverwandten Südslawen, den durch Nachbarschaft und Erziehung verwandten Deutschen, den durch Römisches Recht und rollendes »r« verwandten Italienern, ich will nicht aufzählen, – alle, ohne Unterschied? Warum weiten sich Herz und Mund zu einem Lächeln, wenn ich auf dem Markt Französisch mit Akzent höre, genauer: bloßen Akzent mit ein bißchen Französisch? Warum nehme ich, selbst wenn ich gar keinen Kohl brauche, unweigerlich, magnetisiert, hypnotisiert bei einem *métèque* einen Kopf und, zurückgekehrt, einen zweiten, nur um noch einmal sein für ein französisches Ohr ungeheuerliches »merrrci« zu hören, das mit der Axt gefällte »Madamm« oder manchmal auch einfach nur: »Auf Wiedersehn, komm wieder.« Warum ist, selbst beim schlechtesten Kohl, der Stand der métèques für mich unbestreitbar – der bessere? Warum drückt die Hand von alleine über den Stand hin die Pranke eines Arabers, Mohren und ich weiß nicht wessen noch? Warum gehe ich beleidigt fort, wenn auf dem Markt ein wendiger, mit Worten und Büchsen um sich werfender *camelot* die französische Sardine preist und die portugiesische schmäht? Schließlich hat man ja nicht mich beschimpft – was geht das die Russen an? Aber als die portugiesische Sardine beschimpft wurde, traf das mich, meine Seele, und da zog sie mich aus dem Kreis der Einheimischen mächtiger fort als der Schutzengel an seiner Hand oder der Schutzmann – auch an seiner Hand, wenn auch anders.

Deshalb vielleicht (liebe ich die Ausländer so sehr), weil es uns allen, den Fremdlingen, in Paris schlechtgeht? Nein, nicht deshalb. Erstens geht es mir in Paris nicht schlecht (nicht schlechter als an jedem beliebigen anderen Ort, den nicht ich mir aussuchte), zweitens geht es meinem armenischen Freund vom Markt, der die jungen Frauen »*p'tite sœur*« nennt, die älteren »*p'tite mère*« und selbst die eleganteste Dame nicht »*Madame*«, in Paris offensichtlich gut. Es ist also keine Frage des schlechten Lebens, und meine Liebe ist keine »*camaraderie de malheur*«.

Deshalb vielmehr, weil irgendeiner, jedermann, sei's ein Betrunkener oder ein Fünfjähriger, jeden von uns jeden Augenblick mit «*métèque*« anschreien kann, wir ihn aber – nicht. Weil, auf welchem Punkt der Weltkarte wir auch stehen (ausgenommen jeden beliebigen – unserer Heimat), wir auf diesem Punkt – und wäre er auch eine ganze Prärie – nicht fest stehen: der Fuß steht nicht fest, die Erde steht nicht fest . . . Weil beim geringsten Funken – über uns der Zorn hereinbrechen wird, der Zorn, den ein Volk immer in Vorrat hat, der rechtmäßige Zorn der Gekränktheit mit seinen unweigerlich und himmelschreiend ungerechten Entladungen. Weil jeder von uns, er sei Aufrührer oder Wolf, hier unweigerlich das Lamm aus der Krylowschen Fabel ist, allbekanntermaßen schuld am getrübten Bächlein. Weil aus dem kleinen Boot, aus dem bei Sturm unverzüglich einer hinausgeworfen werden muß, unverzüglich, schuldlos und schließlich rechtmäßig – wir hinausgeworfen werden. Weil wir alle, vom Afrikaner bis zum Hyperboräer, *camarades* nicht *de malheur*, sondern *de danger* sind. Weil wir, wenn auch alle unter Gott, so doch in einem fremden Land noch dazu unter dem Zorn der Menschen einhergehen. Unter dem Zorn des Pöbels, unter immer demselben Zorn immer desselben Pöbels. Weil Feindschaft eine alte Sache ist und eine mächtige. Den Ausländer liebe ich deshalb, weil er seinen Kopf für alle Fälle zwischen die Schultern gezogen hat oder – was dasselbe ist und für dieselben Fälle – gar zu hoch erhoben trägt.

Nicht »schlecht geht es uns«, aber schlecht kann es für uns kommen.

Man wird mir sagen: »Und bei Ihnen zu Hause, in Moskau?«

Ja, es kam vor, und nicht nur einmal. »Da schau her, die Bourgeoise, ein Hütchen hat sie sich übergestülpt!« (Aus den Augen spricht der Haß der Klasse.) – »Dafür bin ich in Moskau geboren, aber du, was hast du hier zu suchen?« Bei all meiner Überlegenheit, der Erhabenheit über den Geburtsort, konnte ich mich doch gerade mit ihm herausreden! Und dieses Argument »in Moskau geboren«, diesen Boden unter den Füßen wird mir niemand wegziehen, selbst wenn ich, wie jetzt, dreimalneun Länder und Verbote von ihm entfernt bin. Und wenn sie mich erschlagen, – das werden sie mir nicht nehmen!

Ich sagte: *camarades de danger*. Und dennoch – nein. Die Heimat kann zu manchen Zeiten gefährlicher sein als die Fremde, so wie der sichere Tod gefährlicher ist als ein möglicher Unglücksfall. Den Tod fliehend – so flohen viele Flüchtlinge. *Camarades de danger*, aber nicht der physischen Gefahr. Die Angst vor der Beleidigung, nicht die vor dem Tod, läßt uns alle die Köpfe einziehen, und die Herausforderung des unsichtbaren Beleidigers läßt manche von uns ihre Köpfe hoch erhoben tragen. Die Angst vor einer Beleidigung, für die es im Fremdenwörterbuch keine Worte gibt.

Camarades d'orgueil blessé.

Ich kam auf die Post, um ein Manuskript abzuschicken: in Druckbuchstaben, aber von Hand geschrieben, – also eindeutig ein Einschreibebrief, das heißt, für drei Francs etwa, – von Hand geschrieben, aber in Druckbuchstaben, – also vielleicht doch als *imprimé*? Von diesen schwierigen Verhandlungen zwischen meinem Gewissen und meiner Feigheit in Anspruch genommen, verpasse ich den Anfang der Geschichte, die ich hier erzählen will, und begegne ihr schon in Gestalt eines ans Schalterfenster geschmiegten und mit irgendwelchen Sächelchen gestikulierenden Chinesen.

»Drai, drai«, unterscheide ich im feinen, schnellen Fluß seines Kinderstimmchens.

»Was sagt er?« das Fräulein von der Post zu einer anderen auf französisch.
»Das ist ein Japaner«, die zweite, »er spricht japanisch.« Und deutlich, wie zu einem zweijährigen Kind: »Wieviel kostet das?« sie schwenkt vor seinem Gesicht eine leuchtend bunte Kleinigkeit hin und her, die sich als ein Geldbeutelchen erweist. Und, zur Antwort auf seine offensichtliche Verständnislosigkeit, noch kürzer, wie zu einem Einjährigen: »Wieviel – das?«
»Drai, drai, drai!« skandiert der Chinese.
»Das ist ein Chinese, und er sagt drei«, erkläre ich der reizenden Postbeamtin, die sich für das Geldbeutelchen interessiert.
»Madame versteht Chinesisch, sie sagt, es heißt drei«, erklärt das Fräulein flüsternd ihrer nicht weniger gutaussehenden, kauflustigen Gefährtin, die ihr Fenster ganz unverhohlen verlassen und sich vom Schaltertisch der ersten ein anderes, nicht weniger verlockendes Geldbeutelchen geangelt hat.
»Ich verstehe nicht Chinesisch, sondern Deutsch«, erkläre ich ehrlichkeitshalber und, schon von der Philologie gepackt, »auf deutsch heißt es drei und bei uns tri.« Fragezeichen der Augenbrauen. »Ich bin Russin. Wir und die Deutschen sind Nachbarn.«
»Also sagen Sie ihm, Madame«, die Postbeamtin mit einer unerklärlichen Anwandlung von Ehrerbietung, »daß . . .«
»Russe?« plötzlich der Chinese zu mir. »Moskau? Leningrad? Gutt!«
»Sie können auch Russisch?« Ich lasse das Fräulein und wende mich freudig dem Chinesen zu.
»Moskau war, Leningrad war, gutt war!« der, in all seiner liebenswerten Häßlichkeit strahlend.
»Er kennt Rußland«, ich, aufgeregt zum Fräulein, »wir sind ja Nachbarn, er ist beinah ein Landsmann . . .«
»Sagen Sie ihm bitte, zwei! zwei!« das um den Verstand gebrachte Fräulein, zum besseren Verständnis mir schon die gespreizten Finger vors Gesicht haltend.

»Ich habe verstanden: zwei.« Zum Chinesen: »*Zwei*. Dva. *Die Dame gibt zwei Franken.*«
»*Dutsch! Dutsch!* Berlin!« zerfließt der Chinese in ein Lächeln, in dem er den letzten Rest von Augen ertränkt, und, wieder hervorschauend, soweit ihr Verschwinden das zuläßt: »*Zwei* – nee, *drei, drei.*«
»Er will nicht zwei, er will drei«, melde ich, und, erschrocken, ob ich ihn damit nicht ohne alles fortgehen lasse: »Aber vielleicht läßt er auch noch etwas nach. Doch ich warne Sie, *c'est un chinois, ce sera long.*«
Während die Fräulein sich wie kleine Vögel im Käfig wispernd und zwitschernd beraten, zeige ich dem Chinesen den Armreif an meiner linken Hand: ein unbekannter Vogel, der die raubvogelartigen Flügel und den nicht weniger raubvogelartigen, mit Krallen versehenen Schweif einem uns unbekannten Baum entgegen ausbreitet, anscheinend sein Spiegelbild im Wasser.
»Schina! Schina!« jubelt der Chinese und berührt mit seinem gelben Finger zart das massive Silber des Armreifs.
»Das habe ich von einer ›Schina‹ gekauft – in Moskau – im Krieg. *Krieg.*«
»Krieg? Gekauft?« er, fast schon lachend.
Doch selbst wenn du mich verstehen könntest, lieber Beinah-Landsmann, würde ich dir nicht erzählen, wie, denn ich habe ihn folgendermaßen gekauft: Ich gehe über den Arbat und stoße, stoße geradezu, wie an eine Säule auf eine Chinesin, eine seltene Häßlichkeit vom Gesicht her, in hellblauer Sommerbluse, ganz in Silber. Und da ich von Geburt an Silber liebe und von Geburt an riesengroße Ringe, jetzt aber (1916) mehr als alle Ringe – die Zeilen:

An meine Lippen drückst du kalt
Aus Silber deine Fingerringe . . .

Und weiter, auf dem alten, volkstümlichen Ton beharrend:

Und ich, wie viele Male schon,
Küsse die Ringe, nicht die Hände . . .

Und da es gerade Ringe waren, alte, volkstümliche, riesengroße – mit Schilden, in die man alles eingravieren kann –, riesengroße, aber an jeden Finger passend, weil nicht verlötet, sondern zugebogen, strecke ich einen Rubel, auch aus Silber und noch viel riesiger, geradewegs vor die Chinesinnen-Nase: »Gibst du's her dafür?«

»Nee-nee-nee-nee«, die Chinesin, fein und durchdringend, als würde sie mit Nadeln gestochen.

Ich, ungeduldig, schweigend, das zweite Rubel-Rad. Wir wurden uns handelseinig: Ich gab ihr alle meine Rubel und sie mir alle ihre Ringe, die mit blanken und die mit gravierten Schilden, hoffentlich – mit Beschwörungen und nicht mit Verwünschungen! Doch da, schon etwa fünfzig Schritte weiter, – der Glanz eines großen silbernen Reifs in meinen Augen, ein Glanz, der, von Sekunde zu Sekunde wachsend, in das unerträgliche Glühen einer Brandwunde übergeht: Es wird mir bewußt, daß ich ihren herrlichen Armreif mit dem Vogel nicht gekauft habe, den ich in dem Durcheinander von Ringen und Rubeln nicht recht betrachtet, nicht recht erkannt hatte. Ich kehre um – die Chinesin ist fort. Ich suche auf dem Arbat-Platz, auf dem Pretschistenskij-Boulevard, in der Wosdwischenka – sie ist verschwunden.

Einige Tage später, auf demselben Arbat, an derselben Stelle – ich traue meinen Augen kaum: sie! Der erste Blick auf den Arm: er, unversehrt! (Wer in ganz Moskau, außer mir, brauchte damals auch einen silbernen Armreifen?) Ich – einen Zehnrubelschein.

»Gibst du's her dafür?«

»Nee-nee-nee-nee . . .«

Ich – noch einen Fünfrubelschein und mit ihm vor der plattgedrückten Nase winkend: »Ja?« – Gelispel, das lebendige deutsche »*lispeln*« – kein menschliches: blättriges, gleichsam ganz unsinniges, als ob nicht ich nichts verstünde, sondern es gar nichts zu verstehen gäbe – als ob eine Katze aus der Untertasse leckte und – schnapp, meine Geldscheine! Jetzt will ich den Armreif, doch – o Verwunderung, Entrüstung, Verzweiflung, Ernüchterung! – sie gibt den Armreif nicht her, läßt ihn nicht einmal berühren: »Nee-nee-nee-nee-nee . . .« Aber auch das Geld ist schon »nee-nee-nee« – verschwunden: nein, hat sie es am Ende verschluckt?

»Her mit dem Armreif!« ich streng, so gut ich kann. Sie, die Augen geschlossen (das Gesicht ganz götzenhaft) und die bereifte Hand ganz unter den Arm gedrückt (gleich geht sie fort! läuft weg! und ich werde erstarren – bin schon erstarrt).

»Nee-nee-nee . . .«

Doch da – eine Faust. Eine riesige, stumme Faust. Ich drehe mich um: ein Soldat. Ein Soldat, der dastand und die ganze Szene beobachtet hatte.

»Hast du das gesehen?«

Ja, sie hatte es gesehen, durch ihre geschlossenen Augen, die sie sofort öffnete, ebenso wie mit einer eiligen gehorsamen Geste den Armreif an der Hand. Sie gab ihn her. Ich zog ihn an.

»Ach du Gelbling, du schieläugiger!« legte der Soldat schon mehr zum V e r g n ü g e n los. »Das Geld nehmen und das Reifchen – behalten? Na, ich werd dich, du . . .«, aber der zensurwidrige Schluß geht unter in einem schallenden Gelächter, denn die Chinesin läuft schon, schnellt davon, schnellschnell, klein-klein, wie ein kleiner Teufel, wie kleine übereinanderpurzelnde Glasperlen, auf ihren unglaublich winzigen chinesischen Klötzchen-Füßchen.

»Na, eine Närrin bist du doch, Gott verzeih's, mein Fräulein! Ja wie kann man denn nur? Mit diesen Heiden da! Das Geld geben, eh du die Ware in der Hand hast. Fünfzehn, wie, hast du ihr gegeben?«

»Fünfzehn.«

»Man sieht, dein Geld ist nicht gezählt. Ich hätte für so was, Gott verzeih's« (ein zensurwidriges Wort), »nicht einmal einen Rubel, was heißt einen, nicht einmal einen halben hätte ich dafür . . .«

Der Vogel-Armreif ist bis heute an meiner Hand, die Ringe mit den Beschwörungen dagegen, die kein besonderes Glück brachten, nahm ich an einem besonderen Unglückstag kurzerhand ab: Denn selbst wenn es keine Verwünschungen waren, – Gott mag sie kennen, diese Beinah-Landsleute, vielleicht schadet dem Russen, was dem Chinesen – nützt?
»Nee-nee-nee-nee . . .«, lispelt der Chinese, »nai, nai!«
»Er will nicht zwei«, betrübt sich das Fräulein.
»Dann geben Sie ihm doch zweifünfzig.«
»Aber was wird mein Mann dazu sagen?«
»Ihrem Mann sagen Sie: zwei.«
»Meinen Sie?«
»Ja. Nur nehmen Sie schnell, sonst nehme ich es, alle sogar.«
Im Handumdrehen und mit Hilfe noch einiger Hände sind die Geldbeutelchen verkauft: verschwunden der wunderbare, himbeerrote, dickbäuchige Mandarin und der breitausladende – Azaleen-? Magnolien-? – Zweig und die Sänfte und das Reisessen. Mir fiel zu – blieb nur mehr – das letzte, schlechteste und nicht einmal chinesische, sondern japanische Geldbeutelchen: zwei unangenehm magere Japanerinnen mit großen Haarkämmen und ohne jedwede Bäuche. Dann krame ich, aus Freundschaft und ohne jede Hoffnung, in seiner sorgsam gehüteten Ware: schwarzspiegelnde Schatullen mit einem auf einen Schnipser herausspringenden – goldenen Storch, der eine Zigarette hält, goldene Räucher- und Rauchwerkgefäße und – o Überraschung! – chinesische Zigaretten in einer goldenen Schachtel.
»Wieviel?«
»Gutt!« Er näht die Augenschlitze ein und bläst die chinesischen Nasenflügel-Äpfelchen auf.
»Was ist das?« die Postbeamtin, interessiert.
»Chinesische Zigaretten. Billige.«
»Das riecht nach Rosen«, das Fräulein, schnuppernd, – und verträumt: »Wie angenehm und ungewöhnlich das sein muß, Rosentabak.«

Ich, für den Chinesen arbeitend: »Kaufen Sie auch welche!«
»O nein, nein, mein Mann raucht nur ›Gitanes‹, von Rosentabak, wissen Sie, kann einem Mann übel werden.«
»Dann probieren Sie meine!« Auf dem Gesicht des Fräuleins – Entsetzen:
»Aber ich bitte Sie, das sind doch Ihre!«
»Deshalb biete ich Ihnen ja auch davon an.« Zur anderen gewandt: »Und Ihnen.«
»Nein«, das erste Fräulein fest, »das kann ich nicht zulassen, daß Sie wegen mir etwas anbrechen!«
»Aber ich werde sie doch sowieso aufmachen!«
»Zu Hause, vor Ihrem Mann – das ist etwas anderes, aber daß Sie wegen mir . . .«
»Nun, so machen Sie mir die Freude«, flehe ich, »ich werde selbst rauchen, wir alle werden rauchen, auch der Chinese.«
»Ich danke Ihnen unendlich, aber das ist nicht möglich«, das Fräulein, der größeren Nachdrücklichkeit halber mit ihrem Stuhl zurückfahrend.
»Dann werde – ich sie aufmachen!«
Ich mache sie auf und – o Staunen! – statt einer wohlgeordneten Reihe weißer oder wenigstens »rosenfarbener« Zigaretten – ein Mosaik von schwarzen, ineinandergepreßten, rauhen Dreiecken. Ich, unsicher sie vorstreckend: »Aber wie soll man das denn rauchen?«
Das Fräulein, sie zwischen den Fingern drehend, mit einem plötzlichen Aufschrei: »Aber das ist ja – Kohle!« Sie zeigt ihre samtig schwarzen Finger: »Sehen Sie!« Streng zum Chinesen: »Was haben Sie Madame verkauft?«
Der Chinese zieht geräuschvoll Luft durch die Nase und malt Glückseligkeit auf sein Gesicht: »Gutt!«
»Aber das ist doch für ein Räucherfäßchen«, der hinzugekommene Postbote, »meine Schwiegermutter hat genau die gleichen. Und es riecht sogar sehr gut, wenn man sie anzündet.«
»Ich habe auch ein chinesisches Räucherfäßchen«, nicht ohne Stolz das Fräulein, »wir haben es nur nie angezündet.«

»Nehmen Sie sie also?«
»Was?«
»Nehmen Sie die Kohle – fürs Räucherfäßchen.«
»Aber mein Mann . . .«
»Nehmen Sie sie umsonst, tun Sie mir den Gefallen, was soll denn ich damit anfangen, ich habe doch gar kein Räucherfäßchen, in den Herd damit am Ende, sie anstatt einem *boulet* verheizen?« Der Scherz gelang, allgemeines Lachen, aber die Hand entschließt sich noch immer nicht.
»So nehmen Sie sie doch«, der Postbote und Kenner, »Madame ist Russin? Ich kenne die Russen, sie tun alles, was ihnen gerade in den Kopf kommt, und dulden nicht, daß man ihnen widerspricht. Nicht wahr, Madame?«
»Absolut«, bestätige ich ernst, »und mehr noch: wenn man sie nicht tun läßt, was ihnen in den Kopf kommt, dann – verlieren sie diesen Kopf (*ils perdent la tête*) – verstehen Sie?«
Und nachdem ich dem endgültig verschüchterten Fräulein den »Rosentabak« in die Hand gelegt habe, gehen wir hinaus – der Chinese, mein Sohn und ich. An der von Automobilen dicht schraffierten Kreuzung warten wir lange. – »Nee-nee-nee« – der Chinese, den Kopf über die Wagen schüttelnd. Endlich überqueren wir. Er muß nach rechts, ich nach links. Als wir uns zum Abschied die Hand geben, bemerke ich, daß er es macht wie wir: er drückt sie und ist dabei nicht abwesend wie die Franzosen. Und schon einige Schritte weiter – »e-e-e-j-ej-ej . . .« – Klagerufe, wenn auch schwache. Ich schaue mich um: er, gelb, pferdehaarig, läuft heran und winkt mit etwas: mit einer Blume an einem Stäbchen, die er meinem Sohn in die Hand drückt:
»Da, da, meins – deins . . .«
Ich: »Nimm nur, Mur.« Zum Chinesen: »Danke. Wieviel?«
Er winkt mit der schon leeren Hand und bebt vor lautlosem Lachen: »Nee-nee-nee-nee . . . deins gegeben, meins gegeben, meins – deins gegeben . . . meins-deins-meins-deins . . .« Und, das Holzschnitzwerk seines Gesichts zum Himmel gehoben: »Gutt Russe! . . . Gutt – Moskau! . . .«

»Was für ein lieber Chinese«, sagt der Junge, über dem Spielzeug pustend. »Und warum hat sich das Fräulein von der Post so gefürchtet, die Kohle von Ihnen zu nehmen?«
»Weil man hier Unbekannten nichts schenkt, und wenn die schenken – dann erschrickt man.«
»Aber der Chinese war doch auch ein Unbekannter . . .« Und nachdem er das buntscheckige Papier mit Erfolg zu etwas Ähnlichem wie einer Blume, einem Vogel, einer Birne oder einem Schloß aufgeblasen hat: »Mama, wieviel ähnlicher sind doch die Chinesen den Russen als die Franzosen.«

Paris 1934
(»Poslednije Nowosti«, 24. Oktober 1934, Paris)

Anmerkungen

Die Texte wurden nach folgender Ausgabe übersetzt:
Marina Cvetaeva: *Izbrannaja proza v dvuch tomach, 1917-1937*, ed. by A. Sumerkin, tom pervyj, Russica Publishers, Inc., New York 1979;
der Nachtrag zu »Irdische Zeichen« nach der Ausgabe:
Marina Cvetaeva: *Stichotvorenija i poėmy v pjati tomach*, tom vtoroj, Russica Publishers, Inc., New York 1982.

Fremdsprachiges im russischen Original erscheint in der Übersetzung *kursiv*, besonders Akzentuiertes g e s p e r r t. Die Anmerkungen der Autorin selbst sind mit einem Sternchen gekennzeichnet und im fortlaufenden Text jeweils unten auf derselben Seite angeführt.
Ort und Datum der Erstveröffentlichung werden am Ende jedes Prosastückes in Klammern nach den Entstehungsdaten angegeben.

Oktober im Waggon
(Aufzeichnungen jener Tage)

S. 7 *S.* M. Zwetajewas Mann Sergej (Serjoscha) Jakowlewitsch Efron (1893-1939?/41?).

S. 7 *Wenn Sie leben:* Die Ehepartner siezten sich, ebenso wie die Kinder ihre Eltern. Sergej Efron hatte im Juli 1917 die Alexander-Offiziersakademie, eine Moskauer Militärschule für Offiziersanwärter der Infanterie, absolviert und diente seitdem als Fähnrich im 56. Reserve-Regiment. Die Alexander-Offiziersakademie lag Ecke Arbat-Platz/Snamenka-Straße (heute: Frunse-Straße). Im Oktober 1917 war sie Stabsquartier und Hauptstützpunkt derjenigen Truppen- und Bevölkerungsteile, die im Kampf der Bolschewisten um Moskau der Provisorischen Regierung treu blieben. Junker und weißgardistische Offiziere des 56. Reserve-Regiments nahmen am 28. Oktober (10. November) nach blutigen Kämpfen den Kreml ein, wo sie sich verbarrikadierten. Am 1. und 2. (14. und 15.) November jedoch mußten sie den Kreml aufgeben und sich wieder in die Alexander-Offiziersakademie zurückziehen. Nach schwerem Artillerie-Beschuß durch Revolutionstruppen ergaben sie sich und wurden am 3. (16.) November entwaffnet.

S. 7 *Brief ins Heft:* M. Zwetajewa benützte einfache Hefte als Arbeitskladden und Tagebücher, die auch Briefkonzepte enthielten.

S. 8 *werde ich Ihnen folgen wie ein Hund:* Als M. Zwetajewa vor der Rückkehr in die Sowjetunion 1938 in Paris begann, ihr Archiv zusammenzustellen, das sie dann in Amsterdam und Basel hinterließ, schrieb sie auf den Rand dieser Druckseite von »Oktober im Waggon«: »Und so werde ich denn folgen – wie ein Hund (21 Jahre später), 17. Juni 1938.« Ihr Mann war zu diesem Zeitpunkt bereits in die Sowjetunion zurückgekehrt, die Tochter Alja schon im März 1937. Am 12. Juni 1939 trat schließlich auch M. Zwetajewa mit ihrem Sohn Georgij die Rückkehr nach Moskau an.

S. 9 *Pugatschow:* Jemeljan Pugatschow (geb. zwischen 1730 und 1740) war Kosake und Führer eines Volksaufstandes im Ural- und Wolgagebiet. 1775 wurde er auf dem Roten Platz in Moskau hingerichtet.

S. 9 *das erschaffene Licht:* Quelle für diese an Christus erinnernde Antichrist-Metaphorik ist wohl 2. Kor. 11,14: »Denn er selbst, der Satan, verstellt sich zum Engel des Lichtes. Darum ist es nichts Großes, wenn sich auch seine Diener verstellen als Diener der Gerechtigkeit. Deren Ende wird sein nach ihren Werken.«

S. 10 *ich habe meinen Mann im sechsundfünfzigsten:* vgl. die Anmerkung zu *»Wenn Sie leben«*.

S. 14 *von dickem Fell:* der Egoist und Halsabschneider, der überall und jederzeit seine Haut zu retten und seine Felle ins trockene zu bringen weiß, heißt im Russischen »schkurnik«, von »schkura« (Fell, Haut).

S. 15 *Max W.:* Maximilijan Alexandrowitsch Woloschin (1878-1932), russischer Lyriker und Maler; ein Freund von M. Zwetajewa und Sergej Efron, die sich im Mai 1911 in seinem Haus in Koktebel auf der Krim – einem berühmten Treffpunkt von Künstlern und Dichtern – kennengelernt und im Januar 1912 geheiratet hatten (vgl. M. Zwetajewas Portrait »Lebendes über einen Lebenden«, 1932).

S. 15 *Vendée:* historische Landschaft in West-Frankreich, bekannt durch die royalistische Erhebung der Bauern 1793-1796 gegen die Französische Revolution. Erst 1800 setzten sich im blutigen Bürgerkrieg die republikanischen Truppen gegen die Aufständischen durch.

S. 16 *Die Breschko-Breschkowskaja:* Jekaterina Konstantinowna Breschko-Breschkowskaja (1844-1934), »Großmutter der russischen Revolution« genannt, war Mitbegründerin der sozialrevolutionären Partei 1902, zu deren rechtem Flügel sie gehörte. Ihre politische Arbeit begann sie bereits 1873 in der Narodniki-Bewegung. 1874-1896 und 1907-1917 wurde sie für ihre Tätigkeit mit Arbeitslager und Verbannung bestraft. Im Frühjahr 1917 kehrte sie aus Sibirien nach Petrograd zurück und unterstützte die Kerenskij-Regierung. 1919 verließ sie die Sowjetunion.

S. 20 *Salve grüßt vom Ufer aus:* Verse aus Alexander Puschkins »Märchen vom Zaren Saltan« (1831).

Freie Fahrt

S. 21 *Pud:* altes russisches Handelsgewicht (40 Pfund oder 16,38 kg).

S. 21 *Opritschniki:* die für ihre Grausamkeit berüchtigte »Leibgarde« Iwans des Schrecklichen 1565-1572.

S. 23 *eines Tschitschikow:* Held aus Nikolaj Gogols Roman »Die toten Seelen« (1841/42).

S. 25 *ein »Georgier«:* das heißt ein Jude, der sich als Georgier ausgibt.

S. 26 *Arschin:* altes russisches Längenmaß (0,71 m).

S. 28 *Werst:* altes russisches Längenmaß (1,067 km).

S. 32 *Samoskworetschje:* Stadtteil von Moskau, traditionelles Kaufmannsviertel.

S. 33 *Kascha:* Buchweizengrütze.

S. 33 *Dorfkulake:* im zaristischen Rußland ein Großbauer, der auch familienfremde Arbeitskräfte beschäftigte.

S. 36 *Urizkij, Kannegiesser:* Moissej Solomonowitsch Urizkij (1873-1918), Chef der Petersburger Tscheka, wurde am 30. August 1918 in Petrograd von dem Sozialrevolutionär Leonid Kannegiesser erschossen.

S. 36 *Kaplan:* die sozialrevolutionäre Agentin Dora Kaplan gab am 30. August 1918 in Moskau mehrere Schüsse auf Lenin ab, die ihn jedoch nicht lebensgefährlich verwundeten.

S. 38 *Nikolascha:* freundlich-ehrerbietige Anredeform für Nikolaj, hier: für den letzten Zaren Nikolaj II.

S. 38 *Stenka Rasin:* der Donkosake Stepan (Stenka) Rasin, um 1630 geboren, war Führer eines Kosaken- und Bauernaufstandes 1667-1670 gegen die von Peter dem Großen dekretierte Leibeigenschaft der Bauern. Am 6. Juni 1671 wurde er öffentlich in Moskau hingerichtet.

S. 38 *Georgsorden:* ein von Katharina II. 1769 gestifteter Kriegsorden, der einzige Orden der Kaiserzeit, der in der Sowjetunion noch getragen werden darf.

S. 38 *Jessenin:* der russische Lyriker Sergej Jessenin (1895-1925), selbst bäuerlicher Herkunft, besang das russische Dorf.

S. 39 *mein Rasin:* im April/Mai 1917 schrieb M. Zwetajewa den Gedichtzyklus »Stenka Rasin« (publiziert 1922 in Moskau). Als Vorlage diente ihr das russische Volkslied, die

Ballade von Stenka Rasin, der mit seiner Liebsten, einer schönen Perserin, Hochzeit feiert. Als sie am Morgen auf die Wolga hinausfahren, hört Rasin, noch trunken vom Hochzeitsgelage, hinter sich das Murren seiner Leute: Da wirft er seine Braut in die Fluten.

S. 39 *das Wort selbst: Stepan!:* Auf *»Stepan«* läßt M. Zwetajewa ähnlichlautende Worte folgen, die allesamt Helles bedeuten; dasselbe beim Wort *»Ra-sin!«*, das sie zerlegt und umgekehrt zusammensetzt zu »sa-rja« (Morgenröte), dann folgt »rasliw« (Wasserflut) und »rasi« (schlag zu!), entsprechend dem Ereignisverlauf, von dem das Volkslied singt.

S. 39 *Stadt, du schöne:* aus dem Gedicht »Moskau« von Fjodor Glinka (1786-1880).

S. 41 *die Gracchi-Brüder:* Tiberius und Gajus Sempronius Gracchus, Söhne des römischen Konsuls Tiberius und der Cornelia, wurden 133 und 123 v. Chr. zu Volkstribunen gewählt. Ihr Wirken leitete die Epoche der römischen Bürgerkriege ein.

S. 42 *Wenn ihr sie auch abschlachtet:* Im April/Mai 1918 ließ Lenin die Zarenfamilie aus ihrem Exil im westsibirischen Tobolsk nach Jekaterinenburg (heute: Swerdlowsk) überführen. Dort wurden sie von Rotgardisten unter der Führung des Tscheka-Offiziers Jurowskij bewacht. Als sich die tschechischen Truppen Jekaterinenburg näherten, ermordeten Jurowskij und sein Trupp die Romanows in der Nacht vom 16. auf den 17. Juli. Am 20. Juli 1918 wurde die Exekution des Zaren in Moskau offiziell bekanntgegeben.

S. 43 *im Regiment des Thronfolgers:* der Thronfolger Alexej (1904-1918) litt an der Bluterkrankheit. Er wurde zusammen mit seinen Eltern und Schwestern am 17. Juli 1918 ermordet.

S. 43 *Ich sage ihm Gedichte auf:* aus »Das Lager der Schwäne« (geschrieben 1917-21, posthum 1957 in München erschienen), der einzigen Gedichtsammlung M. Zwetajewas (neben den »Gedichten an die Tschechoslowakei« 1938-39), die politisch Partei ergreift, und zwar für die Sache der Weißgardisten.

S. 43 *Tränke – Ställe:* Reimpaar aus dem Gedicht »Die Vollblutpferde ...« (9. März 1918):

»Die Vollblutpferde spannt vor den Bauernschlitten!
Die gräflichen Weine trinkt aus Pfützen!
Alleinherrscher der Bajonette und Seelen!
Verkauft – nach Gewicht – die Kapellen,
Die Klöster – unterm Hammer – auf Abbruch.
Drängt zu Pferd ins Gotteshaus hinein!
Sauft euch voll an der blutigen Tränke!

Ställe – zu Kirchen! Kirchen – zu Ställen!
Aufs Teufelsdutzend – den Kalender gerundet!
Uns unter den Rasen für das eine Wort: Zar! ...«

S. 44 *Wind ging schlafen:* Anfangszeilen aus dem ersten Gedicht des Zyklus »Stenka Rasin« von M. Zwetajewa.

S. 44 *Kibitka:* Zelt der asiatischen Nomadenstämme.

S. 44 *das Jat:* Buchstabe des altrussischen Alphabets, der seit dem 18. Jahrhundert in der Aussprache mit dem Laut »e« zusammenfiel. Er sieht aus wie ein seitenverkehrtes deutsches R. Mit der Orthographie-Reform von 1917/18 verschwand das Jat aus dem russischen Alphabet (an seiner Stelle wurde »e« geschrieben). Der weitere Gebrauch des alten Zeichens galt als »konterrevolutionär«.

S. 44 *Slobode:* großes, nahe der Stadt gelegenes und mit besonderen Privilegien ausgestattetes Dorf.

S. 44 *einer Stadt unter Wasser:* Volkssage von der legendären Stadt Kitesch, die sich vor einem Ansturm der Tataren rettete, indem sie auf den Grund eines Sees versank; nur Auserwählte sollen manchmal noch den Klang ihrer Glokken vernehmen.

S. 47 *M. I.:* Marina Iwanowna (Zwetajewa).

S. 47 *Chitrowka:* Noch bis in die 20er Jahre hinein existierendes Verbrecherviertel. Maxim Gorkij wohnte hier in seiner Jugend und machte die Chitrowka später zum Schauplatz seines Stückes »Nachtasyl«.

S. 50 *Lobnoje Mesto:* »Richtplatz« oder »Schädelstätte« genannter runder Steinbau auf dem Roten Platz, wo früher die Zaren zum Volk sprachen, wichtige Erlasse verkündeten und auch öffentliche Hinrichtungen vollstrecken ließen, allerdings nicht die von Zaren.

S. 51 *Steklow:* Jurij Michajlowitsch Steklow (eigentlich Nachamkis, 1873-1941) war Staats- und Parteifunktionär und von 1917 bis 1925 Redakteur der »Iswestija«. Seine Werke »Die Internationale 1864-1914« (1918), »Karl Marx. Sein Leben und Werk« (1918) etc. sollten zur Popularisierung des Marxismus in den ersten Jahren der Sowjetmacht beitragen.

S. 54 *heulend, aufschreiend, flehend und rufend:* Zitat aus der orthodoxen Liturgie. Nach dem Glaubensbekenntnis und vor dem Abendmahl spricht der Geistliche ein Gebet, das der katholischen Präfation gleicht: »Ein Siegeslied singend, aufschreiend, flehend und rufend: Heilig . . .« M. Zwetajewa variiert ironisch das »singend« mit »heulend«.

Meine Arbeitsstellen

S. 57 *X:* der polnische Kommunist Henryk Sachs (1880?-1937), den M. Zwetajewa auch in ihrer autobiographischen Prosa »Das Haus beim alten Pimen« (1933) erwähnt.

S. 57 *Narkomnaz:* Abkürzung für »Volkskommissariat (russisch: *Nar*odny *Kom*missarijat) für Nationalitätenfragen«, dessen Leiter von 1917 bis 1924 Jossif Wissarionowitsch Stalin war.

S. 57 *Tschreswytschajka:* Abkürzung für »Außerordentliche Kommission (russisch: *Tschreswytschaj*naja Kommissija) zum Kampf gegen Konterrevolution, Spekulation und Sabotage«, die unter Volkskommissar F. Dserschinski 1917-1922 zum Hauptinstrument des »Roten Terrors« wurde.

S. 57 *Das Haus der Rostows:* aus Lew Tolstojs Roman »Krieg und Frieden« (1869).

S. 59 *des Bürgers Sollogub:* der russische Schriftsteller Graf Wladimir Alexandrowitsch Sollogub (1813-1882) stammte aus einem alten litauisch-polnischen Grafengeschlecht.

S. 60 *Steklow:* vgl. die Anmerkung zu »Freie Fahrt«.

S. 60 *Kerschenzew:* Platon Michajlowitsch Kerschenzew (eigentl. Lebedew, 1881-1940), Staats- und Parteifunktionär und seit 1918 stellvertretender Redakteur der »Iswestija«.

S. 61 *fière de mourir comme une Reine de France:* stolz, wie eine Königin von Frankreich zu sterben.

S. 62 *Butyrka:* das ehemalige zentrale Moskauer Gefängnis zur Weiterverschickung, das nahe beim Sawjolowskij-Bahnhof lag.

S. 63 *Wi(pi)r we(pe)rde(pe)n:* diese deutsche Geheimsprache erfand M. Zwetajewa während des Schuljahres 1904/05, das sie zusammen mit ihrer Schwester Assja im streng wilhelminisch geführten Mädchenpensionat der Schwestern Brinck in Freiburg verbringen mußte. Anastassija Zwetajewa schreibt darüber in ihren »Erinnerungen«.

S. 66 *Der Name ist ja derselbe:* Alexander Puschkin heiratete 1831 Natalja (Natascha) Gontscharowa, eine achtzehnjährige, »blendende Schönheit, im übrigen jedoch eine leichtfertige und bedeutungslose Person« (Dmitrij Mirskij).

S. 66 *Pierre:* In Tolstojs Roman »Krieg und Frieden« heiratet Natascha Rostowa schließlich Pierre Besuchow und wird eine gute Hausfrau und Mutter.

S. 67 *Bonivard:* der Republikaner François de Bonivard (1493-1570) wollte Genf von der Herrschaft des Herzogs von Savoyen befreien und mußte sechs Jahre in savoyischer Gefangenschaft im Kerker des Schlosses Chillon verbringen. Nach diesem historischen Stoff schrieb Lord Byron 1816 sein Verspoem »Der Gefangene von Chillon«.

S. 67 *Saschen:* altes russisches Längenmaß (2,13 m).

S. 67 *Die Kessel kochen brodelnd:* Verse aus dem russischen Volksmärchen »Schwesterchen Aljonuschka und Brüderchen Iwanuschka«.

S. 70 *Die Weißrock-Studenten:* so wurde nach dem weißseidenen Unterfutter ihrer Studentenuniform derjenige Teil der Studentenschaft genannt, der der revolutionären Bewegung gegenüber ablehnend und eher konservativ-aristokratisch eingestellt war.

S. 71 *Wie bei Puschkin:* Zitat aus Alexander Puschkins Epigramm »Geschichte eines Versschmieds« (1821), dessen Machwerke, kaum gedruckt, dem Strom der Vergessenheit anheimfallen.

S. 71 *Espère, enfant:* »Hoffe, Kind, auf morgen! Und auf ein neues Morgen ... / Und immer auf ein Morgen ... Laß uns an die Zukunft glauben. / Hoffe! Und jedesmal, wenn sich Aurora hebt, / Laß uns dasein und Gott um seinen Segen bitten. / Vielleicht ...«

S. 71 *A une jeune fille:* leicht abgeändert zitierte Strophen aus dem Gedicht »A une jeune fille qui avait raconté un rêve« (1847) von Alphonse de Lamartine: »Einen Kuß auf die Stirn! Einen Kuß – sogar im Traum! / Doch der frische Kuß flieht meine traurige Stirn ... / Doch die Kraft des Sommers wird nie mehr wiederkehren, / Doch Aurora wird nie die Nacht umarmen – «; »Einen Kuß auf die Stirn! Mein ganzes Wesen bebt, / Man könnte meinen, mein Blut belebte sich von neuem .../ Kind! – sagen Sie niemandem Ihre Träume, / Und träumen Sie nie – oder träumen Sie immerzu!«

S. 72 *Almansor:* Titel einer Verstragödie von Heinrich Heine.

S. 73 *Jat:* vgl. die Anmerkung zu »Freie Fahrt«.

S. 73 *»Casanova«:* ihr Versdrama »Casanovas Ende« (1919), später »Phoenix« betitelt.

S. 77 *turgenjewsches Bürgermädchen:* M. Zwetajewa verwechselt hier Iwan Turgenjews Lisa aus »Das Adelsnest« (1859), die keine Bürgerliche, sondern adlig war (wenn auch »arm«, da unglücklich liebend), mit Nikolaj Karamsins Lisa aus der Erzählung »Die arme Lisa« (1792).

S. 79 *Wolke weißer Mädchen:* Verse, die sich auf die vier, oft in ihren weißen Kleidern photographierten Töchter von Zar Nikolaj II. und Alexandra Fjodorowna beziehen: die Großfürstinnen Olga, Tatjana, Marja und Anastassija.

S. 80 *Barsoi:* russischer Windhund.

S. 80 *Brjussow:* der Dichter Walerij Jakowlewitsch Brjussow (1873-1924), einer der Hauptvertreter des russischen Symbolismus, schloß sich nach der Revolution dem neuen Regime an, trat 1920 der Kommunistischen Partei bei und war 1921 der Begründer und erste Lehrmeister der »Hochschule für Literatur und Kunst«. M. Zwetajewa zeichnete 1925 ein scharfes Portrait von Brjussow mit dem Titel »Held der Arbeit«.

S. 83 *Mandelstam:* den russischen Dichter Ossip Emiljewitsch Mandelstam (1891-1938) hatte M. Zwetajewa im Sommer 1915 flüchtig in Koktebel auf der Krim getroffen; kennen lernten sie sich am 1. Januar 1916 bei Michail Kusmin in Petersburg. Im März kam Mandelstam nach Moskau, um Zwetajewa wiederzusehen. Er war nicht nur in diese Stadt verliebt, sondern auch in die, die sie ihm auf langen Spaziergängen zeigte.

S. 84 *L'amour n'est ni joyeux ni tendre:* Liebe ist weder fröhlich noch zärtlich.

S. 85 *Burka:* der runde kurze Filzmantel der Kaukasier und Kosaken.

S. 86 *»Wie habe ich all das geliebt!«:* Zitat aus dem Gedicht »Den ganzen Tag lag sie bewußtlos . . .« (1864) von Fjodor I. Tjutschew; Worte einer jungen Sterbenden, als sie das Geräusch des Sommerregens vernimmt.

S. 86 *Stachowitsch:* Alexej A. Stachowitsch (1856-1919) war Schauspieler und Lehrer der »feinen Sitte« am Moskauer Künstlertheater, s. u.

S. 87 *Monplenbesch:* Abkürzungswort für »*M*eschdunarodnaja *o*rganisazija po *n*achoschdeniju *plen*nych i *besch*enzew« (»Internationale Organisation zur Auffindung von Kriegsgefangenen und Flüchtlingen«).

S. 91 *Lunatscharskij:* der russische Politiker und Schriftsteller Anatolij Wassiljewitsch Lunatscharskij (1875-1933) war von 1917 bis 1929 Volkskommissar für Bildungswesen und verantwortete die sowjetische Kulturpolitik dieser Zeit.

S. 91 *Dir Tumannyj:* Nikolaj Panow (geb. 1903), der ab 1918 unter diesem Pseudonym gedruckt wurde.

S. 92 *Lauzun:* der französische General Armand-Louis de Gontaut, Herzog von Lauzun (1747-1793), kämpfte 1792-93 als Anhänger der Revolution am Rhein. Im folgenden Jahr erhielt er den Oberbefehl über eine Armee, die sich bei La Rochelle gegen die beginnenden Unruhen in der Vendée sammelte. Trotz einiger militärischer Erfolge wurde er abgesetzt und, als er sein Kommando ganz niederlegen wollte, des Hochverrats bezichtigt und am 31. Dezember 1793 enthauptet.

S. 92 *Lubjanka No. 2:* im Haus einer Versicherungsgesellschaft in der Lubjanka-Straße No. 22 hatte sich im Frühjahr 1918 Volkskommissar Dserschinski mit der Tscheka und ihrem dazugehörigen Gefängnis niedergelassen.

S. 93 *der Iberischen Mutter Gottes:* wundertätige Ikone, die sich bis Ende der 20er Jahre in einer kleinen Kapelle am Roten Platz befand.

Der Tod Stachowitschs (27. Februar 1919)

S. 94 *Antokolskij:* der russische Lyriker Pawel Grigorjewitsch Antokolskij (1896-1978) war 1919 Regie-Schüler im »Dritten Studio« des Moskauer Künstlertheaters, geleitet von Jewgenij Wachtangow, aus dem 1926 das Wachtangow-Theater wurde. Antokolskij begegnet auch in M. Zwetajewas »Erzählung über Sonetschka« (1937) wieder.

S. 94 *Stachowitsch:* Alexej Alexandrowitsch Stachowitsch (1856-1919), ehemals Gardeadjutant und Gutsbesitzer, war seit 1907 Schauspieler am Moskauer Künstlertheater, in dessen Schüler-Studios er auch szenische Bewegung unterrichtete; M. Zwetajewa war 1918-19 dem III. Studio durch Freundschaft verbunden und las dort auch ihre Werke. Michail Bulgakow portraitierte Stachowitsch in seinem »Theaterroman« (deutsch: »Aufzeichnungen eines Toten«, 1936/37) unter dem Namen Komarowskij-Bioncour: »Er wußte am besten, wie man einer Dame das Tuch reicht, wie man Wein einschenkt, außerdem sprach er ein ganz vollkommenes Französisch . . .«

S. 96 *»Der Grüne Ring«:* Titel eines Theaterstücks von Sinaida Gippius (1869-1945).

S. 96 *M-low:* der Regisseur und Theaterpädagoge Mtschedelow (eigentlich Mtschedlischwili, 1884-1924) war seit 1905 Regisseur am Künstlertheater.

S. 97 *einige Verse:* gemeint ist das Gedicht »Die Vollblutpferde spannt vor den Bauernschlitten . . .« (9. März 1918) aus »Das Lager der Schwäne« (s. o.).

S. 99 *Pas de savoir-vivre sans savoir mourir:* Keine Lebenskunst, ohne zu sterben zu verstehen.

S. 99 *Il n'y a pas que le savoir-vivre, il y a le savoir-mourir:* Es gibt nicht nur Lebenskunst, es gibt auch Sterbenskunst.

S. 99 *Point de lendemain!:* Ohne jedes Morgen.

S. 99 *acte de décès:* Sterbeurkunde.

S. 99 *acte d'abdication:* Abdankungsurkunde.

S. 101 *Juschin:* Pseudonym für Alexej Iwanowitsch Sumbatow (1857-1927), Abkömmling eines georgischen Grafengeschlechts, Dramenautor und seit 1902 Schauspieler am Moskauer Kleinen Theater, dessen Leiter er ab 1909 war.

S. 101 *Sudakow:* Ilja Jakowlewitsch Sudakow (1890-1969) war ab 1916 Schauspieler und Regisseur des »Zweiten Studios« des Künstlertheaters, seit 1924 dann Regisseur am Künstlertheater selbst.

S. 101 *bon ton, maintien, tenue:* gutes Benehmen, Haltung, Anstand.

S. 101 *11. März 1919:* M. Zwetajewa orientierte sich noch am Kalender alten Stils, dem Julianischen, der bis zum 1. Februar 1918 in Rußland galt; er bleibt hinter dem Gregorianischen Kalender um 13 Tage zurück, so daß für sie Stachowitschs Todestag auf den 27. Februar, offiziell aber auf den 11. März fiel.

S. 101 *causeur:* Plauderer.

S. 102 *Die Kamenewa:* Olga Kamenewa (1883-1941), die Schwester Trotzkis, war Kulturfunktionärin.

S. 102 *N.-D.:* Wladimir Iwanowitsch Nemirowitsch-Dantschenko (1858-1943) war neben Stanislawskij Regisseur und Leiter des Künstlertheaters.

S. 102 *Liebedienern wollten Sie dem Mob nicht:* Gedichtzeilen aus dem Zyklus »Dem Andenken an Stachowitsch« (März 1919).

S. 102 *Das folgende über das Theater:* offenbar meint M. Zwetajewa hier ihre Glosse »Zwei Worte über das Theater«, erschienen als Vorwort zur Ausgabe ihres Versdramas »Das Ende Casanovas«, Moskau 1922:

Zwei Worte über das Theater

> Das Theater ist nicht günstig für den Poeten
> und der Poet ist nicht günstig für das Theater.

Ich schätze das Theater nicht, es zieht mich nicht zum Theater, und ich achte nicht auf das Theater. Theater (das Mit-den-Augen-Sehen) erschien mir immer wie eine Stütze für die Armen im Geiste, eine Versorgung für Schlauköpfe von der Art des ungläubigen Thomas, die nur an das glauben, was sie sehen, aber mehr noch: an das, was sie betasten. – Wie eine Art Blindenschrift.

Doch Wesen des Dichters ist es, aufs Wort zu glauben!

Der Dichter gibt, mit Hilfe des angeborenen Nichtsehens

des sichtbaren Lebens, das unsichtbare Leben (das Sein) wieder. Das Theater verwandelt dieses – endlich – gesehene Leben (das Sein) von neuem in sichtbares Leben, das heißt in alltägliches Dasein.
Theater empfinde ich immer als Vergewaltigung.
Theater ist eine Verletzung meines Alleinseins mit dem Helden, des Alleinseins mit dem Dichter, des Alleinseins mit dem Traum, – die dritte Person beim Rendezvous der Verliebten.
Und das, was endgültig bestätigt, wie recht Heine und ich haben: in Augenblicken tiefer Erschütterung – erhebst du entweder oder senkst oder schließt du deine Augen.

»Aber immerhin schreiben Sie doch Theaterstücke!« – Das ist kein Theaterstück, das ist ein Poem, – einfach Liebe: die tausendunderste Liebeserklärung an Casanova. Das ist ebensosehr Theater, wie ich eine Schauspielerin bin.
Wer mich kennt, wird lächeln.
Moskau, Oktober 1921 M. Z.

S. 104 *wie recht Heine hat:* angespielt ist auf Heines Wort »Theater ist nicht günstig für Poeten –« aus den »Aufzeichnungen« bzw. »Aphorismen und Fragmenten« –, das der ursprünglich vorangegangene Absatz enthielt (s. o.).

S. 104 *Petronius:* Petronius Arbiter, römischer Schriftsteller, Autor des Romanfragments »Satyricon«, war als Meister der Kunst des feinen Lebensgenusses am Hof Neros hochangesehen, wurde jedoch 66 n. Chr. von Nero zum Selbstmord gezwungen.

S. 107 *Charlotte Corday:* die französische Republikanerin Charlotte Corday d'Armont (1768-1793) erstach, um Blutterror und Bürgerkrieg ein Ende zu machen, am 13. Juli 1793 den Jakobinerführer Jean-Paul Marat im Bade. Sie wurde enthauptet. André de Chénier widmete dieser Figur ein Gedicht.

S. 107 *Reitest du nach rechts:* Formel des russischen Märchens für die Situation des Helden am Wegkreuz: Wohin er sich auch wenden mag, es droht Mißgeschick.

S. 110 *se non è vero:* Wenn es auch nicht wahr ist, so ist es doch gut erfunden.

Dachbodennotizen

S. 112 *Balmont:* der russische Lyriker Konstantin Dmitrijewitsch Balmont (1867-1942). Er reiste 1920 aus der Sowjetunion aus und starb verarmt 1942 bei Paris.

S. 114 *ascensions:* die Besteigungen.

S. 115 *NB!:* Notabene.

S. 116 *eine Rose:* eine Szene aus Alexander Puschkins Novelle »Pique Dame« (1833), die in M. Zwetajewas freier Erzählung jedoch eher an das Libretto zu Tschaikowskis gleichnamiger Oper erinnert.

S. 117 *fort comme la mort:* stark wie der Tod (Hoheslied 8,6).

S. 117 *e-muet:* ein stummes, nicht ausgesprochenes e.

S. 118 *»Wahrheit und Dichtung«:* eine von M. Zwetajewas Eigenheiten ist, den Titel von Goethes Autobiographie konsequent so zu schreiben.

S. 119 *enfants d'amour:* Kinder der Liebe.

S. 119 *Wie viele Nosdrews* etc.: Personen aus Nikolaj Gogols Roman »Die toten Seelen«.

S. 121 *Rosanow:* der russische Schriftsteller und Philosoph Wassilij Wassiljewitsch Rosanow (geb. 1856) starb am 5. November 1919 in Armut im Dreifaltigkeitskloster bei Moskau. Sein letztes Werk, »Die Apokalypsc unserer Zeit«, erschien 1918.

S. 121 *mitten in allerlei Pest:* Anspielung auf Alexander Puschkins Verstragödie »Das Gastmahl während der Pest« (1831).

Über Liebe

(Aus dem Tagebuch)

S. 125 *Marguérite Gautier:* Heldin des Romans »Die Kameliendame« (1848) von Alexandre Dumas; berühmt für ihre Darstellung der Kameliendame war *Sarah* Bernhardt (1844-1923).

S. 126 *Marussja du, Marussja:* aus dem russischen Volksmärchen »Der Vampir«. M. Zwetajewa wurde als Kind Marussja genannt; 1922 schrieb sie in Prag eine Bearbeitung dieses Märchenstoffes, ihr Poem »Der junge Held«.

S. 128 *Smolnyj-Schülerin:* das Smolnyj-Institut in St. Petersburg war eine von Katharina II. gegründete Erziehungsanstalt für junge adlige Mädchen.

S. 130 *Achmatowa:* Schlußverse des Gedichts »Unterm frostigen Dach der leeren Behausung« (1915) der russischen Lyrikerin Anna Andrejewna Achmatowa (1889-1966).

S. 130 *Le remariage est un adultère posthume:* Wiederverheiratung ist posthumer Ehebruch.

S. 132 *Was für ein scheußliches Wort:* das russische Wort für »Mann« (muschtschina) hat als Wurzel »musch«: »Ehemann« (während »Mensch« »tschelowek« heißt) und dann das Suffix »-tschina«, das sonst mit leicht verächtlicher Schattierung Richtungen, Ideen, politische Gruppen usw. bezeichnet (etwa »Oblomowschtschina«: die Oblomowerei) und auch die sonst das weibliche Geschlecht anzeigende Endung -a trägt.

S. 136 *Lieben – einen Menschen so sehen:* M. Zwetajewa führt hier ein Wort Dostojewskijs aus: »Einen Menschen lieben heißt, ihn so sehen, wie Gott ihn gemeint hat.«

S. 136 *Wo allzu fein gesponnen wird, da reißt es:* Sprichwort und zugleich Titel einer Komödie von Iwan Turgenjew aus dem Jahr 1847.

S. 137 *par dépit:* aus Trotz.

S. 137 *Brief über Lauzun:* Portrait des Schauspielers Jurij Sawadskij, mit dem M. Zwetajewa befreundet war.

Über Dankbarkeit

(Aus dem Tagebuch von 1919)

S. 140 *Celle-là – je l'épouserai, par reconnaissance:* Diese da – die werd ich heiraten, aus Dankbarkeit.

S. 140 *Dankbarkeit: ein Geschenk:* M. Zwetajewa zerlegt hier das russische Wort »blagodarnost« (Dankbarkeit) in seine Wurzelwörter »dar« (Geschenk) und »blago« (Wohl, Heil).

S. 146 *Der Ring des Polykrates:* Ballade von Friedrich Schiller über den Tyrannen von Samos, dessen reiche Opfergabe ihn vor Unglück bewahren sollte.

Auszüge aus dem Buch »Irdische Zeichen«

S. 150 *Werst: fort-führende!:* nach ihrer Ineinssetzung von Werst und Zeit (aus Raum und Zeit hinausführende Werst) gebraucht M. Zwetajewa abgrenzend Begriffe aus der Kanzleisprache: »ausgehende« oder »eingehende« Werst/Zeit, wie etwa Ausgang und Eingang von Post oder Waren.

S. 151 *Kitesch:* vgl. die Anmerkung zu »Freie Fahrt«.

S. 151 *Herkulaneum:* antike Stadt in der Campagna, nicht weit von Pompeji, die beim Ausbruch des Vesuvs 79 n. Chr. von Lava und Asche verschüttet wurde.

S. 152 *Bei Mandelstam:* das Gedicht »Dein Gesicht, das quälend umrißlose . . .« (1912) aus »Der Stein«.

S. 154 *Die Theaterleute:* M. Zwetajewa war 1918/19 mit dem III. Studio des Moskauer Künstlertheaters verbunden, das Wachtangow leitete. Sie las dort im Dezember 1918 ihr Versdrama »Schneesturm«.

S. 155 *Theater ist nicht günstig:* in Heines »Aufzeichnungen« (bzw. »Aphorismen und Fragmenten«) heißt es lediglich: »Theater ist nicht günstig für Poeten –«

S. 156 *Lazarus – Augen:* M. Zwetajewa spielt hier mit dem ähnlichen Wortklang von *»Lasar«* (Lazarus), *»glasa«* (Augen und dem deutschen *»Glas«*; *»glas des morts«* bedeutet Totenglocke, Totengeläut.

S. 158 *Der krumme Weg führt ans Ziel:* russische sprichwörtliche Redewendung, für die es im Deutschen offenbar keine Entsprechung gibt. Hier lautet die (Volks-?)Weisheit genau umgekehrt: »Der gerade Weg ist der beste«, »Geradezu ist der nächste Weg. Je krümmer, je schlimmer« usw.

S. 166 *Konjonkows Stenka Rasin:* der russische Bildhauer Sergej Timofejewitsch Konjonkow (1874-1971) beteiligte sich nach der Oktober-Revolution an der Realisierung von Lenins Plan einer »Denkmal-Propaganda« und schuf 1918 die Gruppe »Stenka Rasin und seine Freischar«. Die bemalte Holzskulptur wurde am 1. Mai 1919 mit einer vom Lobnoje Mesto aus gehaltenen Rede Lenins auf dem Roten Platz eingeweiht, stand aber nur zwei Wochen dort (heute: im Russischen Museum in Leningrad).

S. 168 *Sonetschka Holliday:* Schauspielerin des II. Studios des Moskauer Künstlertheaters und Freundin von M. Zwetajewa, die 1937 das Prosastück »Erzählung über Sonetschka« schrieb.

S. 168 *Werschok:* altes russisches Längenmaß (etwa 4,5 cm).

S. 168 *Geißler:* Sekte der Altgläubigen (Chlysten). Eine autobiographische Prosa M. Zwetajewas über ihre Kindheit auf dem Landhaus in Tarussa trägt den Titel »Die Geißlerinnen« (1934).

S. 169 *Memnon:* Gott der griechischen Mythologie, der den Trojanern zu Hilfe kam und von Achill getötet wurde. Seit der Ptolemäerzeit nannten die Griechen die nördliche der beiden Statuen von König Amenophis III. »Bild des Memnon«. Die Memnonsäule soll bei Sonnenaufgang zu tönen begonnen haben.

S. 171 *Hohes Maß:* das russische Wort für »Hochmut« heißt, in seine Bestandteile übersetzt: »hohes Messen«.

S. 172 *Eremitage:* Name eines öffentlichen Gartens mit Sommertheater in Moskau.

S. 172 *mauvais sujet d'Artois:* dem verdorbenen Subjekt Artois.

S. 173 *Temple:* Hauptniederlassung des Templerordens in Paris. Im Turm wurde Ludwig XVI. mit seiner Familie nach Erstürmung der Tuilerien am 10. August 1792 gefangengesetzt.

S. 174 *»Der Springbrunnen von Bachtschissaraj«:* Verspoem Puschkins von 1823.

S. 174 *Strömen . . . Struktur:* Zwetajewa reiht hier Reimworte, die alle mit str- oder s- beginnen. »Streben« (*strem*lenije), hat denselben Wortstamm wie »jählings« (*strem*glaw).

S. 175 *Dieu et mon droit:* Gott und mein Recht.

S. 183 *Plus royaliste que le Roi:* Königlicher als der König.

Über Deutschland

S. 185 *Über Deutschland:* M. Zwetajewa gibt ihrem Prosastück einen Heineschen Titel: Heine publizierte 1835 in Paris sein Buch »De l'Allemagne«, das u. a. Abschnitte aus der »Romantischen Schule« sowie aus »Zur Geschichte der Religion und Philosophie in Deutschland« enthielt und gegen Madame de Staëls 1810 publiziertes Werk »De l'Allemagne« polemisierte. 1855 schloß Heine in eine Neuausgabe des Buches seine 1854 veröffentlichten »Geständnisse« ein. Diese Texte bilden den Hintergrund zu Zwetajewas eigener Vision »Über Deutschland«. – Deutschland heißt russisch »Germanija«. Ein Adjektiv dazu gibt es nur in der altertümlichen Bedeutung von »germanisch«: germanskij; das zeitgenössische »deutsch« heißt: nemezkij, und dazu gibt es eben kein Substantiv. M. Zwetajewa gebraucht hier neben »nemezkij« auch »germanskij«: entweder analog zu »Germanija« (im Sinne von Deutschland und nicht von Germanien!) als Ableitung vom selben Wortstamm, oder sie will damit die altertümlich-kulturhistorische Bedeutung aktualisieren. Die aber ist in unserem Sprachempfinden heute durch den Nationalsozialismus diskreditiert. Wenn Heine die Worte »Germanien/germanisch« gebrauchte, so schon immer dezidiert ironisch. Das ist bei Zwetajewa hier aber nicht der Fall. Die Übersetzerin entschied sich in beiden Fällen für »deutsch« (mit einer Ausnahme: dem Vergleich Heine – Rolland). Ebenso übersetzte sie auch das Paar Frankreich – Gallien, französisch – gallisch (mit derselben Ausnahme) nur mit »Frankreich/französisch«.

S. 186 *Tout passe, tout casse, tout lasse:* Alles vergeht, alles zerbricht, alles ermattet.

S. 186 *Excepté la satisfaction:* Ausgenommen die Befriedigung, seine Pflicht getan zu haben.

S. 186 *confetti:* Konfekt.

S. 187 *Zitto, zitto, e morto il Signore:* Still, still, der gnädige Herr ist gestorben.

S. 187 *ihr und alle:* Variation der Einsetzungsworte beim Abendmahl: »Nehmet und trinket alle daraus, das ist der Kelch des Neuen und Ewigen Bundes, mein Blut, das *für euch und für alle* vergossen wird zur Vergebung der Sünden.«

S. 189 *Rasins Perserin:* vgl. die Anmerkung zu »Freie Fahrt«.

S. 189 *Fidèle:* Heiligen-Name.

S. 189 *Fidelka:* im Rußland des ausgehenden 18. und des 19. Jahrhunderts ein beliebter Name für Schoßhündchen.

S. 190 *Und ich sage euch . . .:* in Heines »Aufzeichnungen« (bzw. »Aphorismen und Fragmenten«) lautet diese Stelle: »Ich will prophezeien: Ihr werdet einmal im Winter eine Revolution erleben – die wird schrecklicher sein. Wenn das Blut im Schnee rinnt – – –«

S. 191 *Der rote Sarafan:* Lied des russischen Komponisten Alexander Jegorowitsch Warlamow (1801-1848), das bald zum Volkslied wurde. Es handelt von einem Mädchen, das nicht heiraten (den »Sarafan« tragen), sondern sich noch der goldenen Freiheit ihrer Mädchenzeit erfreuen will.

S. 192 *Las Cases:* 1815/16 diktierte Napoleon Las Cases, seinem Kammerherrn, auf St. Helena einen Teil seiner Memoiren, das achtbändige »Mémorial de Sainte-Hélène« (1822/23).

S. 192 *Fabergé:* Carl Fabergé war der Juwelier und Goldschmied um die Jahrhundertwende in Moskau (Firmensitz) und Petersburg, besonders berühmt sind seine Arbeiten für die Zarenfamilie. »An der Ecke Kusnezki Most und Negliny ist jenes Juweliergeschäft, das beinahe jeder Journalist in liebevollster Übertreibung schilderte, um darzutun, daß das Arbeiterregime den schwelgenden Luxus nicht verdrängte ... Der Laden gehörte dem ›Mjut‹, der Moskauer Abteilung der Juweliergewerkschaft, deren Agenten die staatliche Bewilligung haben, Gold und Juwelen von Privaten einzukaufen« (E. E. Kisch, 1927).

S. 193 *Rangstreit:* im alten Rußland war es Sitte, Ämter bei Hof nach Vorzügen der Geburt zu besetzen, daher der Rangstreit unter dem alten russischen Adel.

S. 193 *seine Ströme ...:* M. Zwetajewa gibt hier jeweils nach dem russischen Wort in Klammern das deutsche als dessen genaue Übersetzung an: »reki (*Ströme*!)« Eine Dopplung in der deutschen Übersetzung wäre überflüssig: besser ließe es sich nicht sagen.

S. 194 *Urahne, Ahne, Mutter und Kind:* Anfangsverse der Romanze »Der Feiertag« (bzw. »Das Gewitter«, 1828) von Gustav Schwab.

S. 196 *In der Beschränkung ...:* aus Goethes Sonett »Natur und Kunst, sie scheinen sich zu fliehen ...« (1802).

S. 197 *pour aimer il faut être deux:* um zu lieben, braucht es zwei.

S. 197 *pour tuer:* um zu töten.

S. 198 *den plombierten Lenin:* Als Lenin am 3. (16.) April 1917 aus der Schweiz über Deutschland, Schweden und Finnland nach Rußland zurückkehrte, hatten befreundete Sozialisten ihm die Erlaubnis der deutschen Regierung erwirkt, in einem plombierten Zug quer durch Deutschland zu reisen.

S. 198 *Vous avez pris l'Alsace:* »Alsace et Lorraine« (1873), Lied der französischen Revanche von G. Villemer und H. Nazet-Ben Tayoux, das Zwetajewa eigenwillig variiert: »Elsaß und Lothringen habt ihr eingenommen, / Aber unser Herz, das werdet ihr niemals bekommen! / Ihr habt geglaubt, die Lande zu germanisieren, / Doch trotz euch werden wir französisch bleiben . . .«

S. 198 *Wacht am Rhein:* »Die Wacht am Rhein«, 1840 von Max von Schneckenburger gedichtet, wurde zum Kampf- und Siegeslied im deutsch-französischen Krieg von 1870/71.

Die Lebensversicherung

S. 199 *Wie ingeniös:* Im Original verbindet der Junge das französische Wort »*habile*« (geschickt) mit der russischen Adjektivendung -nyj, so daß die Mutter zunächst glaubt, das gleichklingende russische Wort »*obilnyj*« (reich, Überfluß habend) zu verstehen, und korrigiert: »Und überhaupt sagt man das eher von Ländern.« Die Auflösung des »neuesten Wort-Mestizen ihres Sohnes« gibt M. Zwetajewa dann in Klammern: »(*habilnyj*)«.

S. 200 *Sûreté:* Sicherheitspolizei.

S. 200 *Assurance:* Versicherung.

S. 201 *annuellement:* jährlich.

S. 204 *âme slave:* die russische Seele.

S. 204 *dans un bonnet d'Astrakhan:* mit einer Astrachaner Kappe.

S. 206 *On prend tous ses plaisirs ensemble:* Wir unternehmen all unsere Vergnügungen gemeinsam.

S. 206 *Service militaire:* Militärdienst.

S. 208 *profession manquée:* der verfehlte Beruf.

Der Chinese

S. 209 *métèque:* herabsetzender Ausdruck für einen in Frankreich ansässigen, aber unerwünschten Ausländer.

S. 209 *camelot:* marktschreierischer Straßenhändler.

S. 209 *eines Arabers, Mohren:* M. Zwetajewa gebraucht im Spiel mit gleichklingenden Wörtern nach »arabowu« (Araber) das alte Wort »arapowu« (Mohr), das an den wohl berühmtesten russischen »métèque« Alexander Puschkin denken läßt, mütterlicherseits ein Urenkel des Mohren von Zar Peter dem Großen.

S. 210 *das Lamm aus der Krylowschen Fabel:* in der Fabel »Der Wolf und das Lamm« (1808) des russischen Fabeldichters Iwan Andrejewitsch Krylow (1769-1844) tritt das Lamm an den Bach, um zu trinken. Der Wolf will es fressen. Doch um einen Schein von Recht zu wahren, beschuldigt er es, ihm das Wasser getrübt zu haben.

S. 211 *Camarades d'orgueil blessé:* Kameraden im verletzten Stolz.

S. 211 *imprimé:* Drucksache.

S. 213 *c'est un chinois, ce sera long:* das ist ein Chinese, das wird lange gehen.

S. 213 *An meine Lippen drückst du kalt:* Verse aus dem Gedicht »Grauer Morgen« (1913) der Gedichtsammlung »Harfen und Geigen« (1908-1916) von Alexander Blok.

S. 218 *boulet:* Brikett.

S. 218 *Mur:* M. Zwetajewas Sohn Georgij (1925-1944) wurde in der Familie »Mur« genannt, nach E. T. A. Hoffmanns »Lebensansichten des Katers Murr«.

Nachwort

Wer bisher etwas über das alltägliche Leben der frühen Sowjetzeit erfahren wollte, konnte zumindest in zwei Tagebüchern deutschsprachiger Autoren nachlesen. Walter Benjamins »Moskauer Tagebuch« durchsetzt die Geschichte seiner Liebe zu Assja Lacis, der lettischen Revolutionärin und Theaterregisseurin, mit all den im Winter 1926/27 erlebten Kontrasten und Widersprüchlichkeiten des sozialen, politischen und kulturellen Sowjetalltags. Die glänzende Tagebuchreportage »Zaren – Popen – Bolschewiken« (1925/26) von Egon Erwin Kisch zeichnet ein weitumspannendes, tief auslotendes, natürlich viel weniger persönliches, doch offen engagiertes Portrait der jungen Sowjetunion. Wo aber sind die Tagebücher der unmittelbar Betroffenen? Geschrieben wurden sie zweifellos. Ein Beleg dafür sind Alexej Remisows 1921 in Reval veröffentlichte literarische Impressionen des Petersburger Revolutionsgeschehens »Geräusche der Stadt« oder seine tagebuchähnliche Prosa der Kriegs- und Bürgerkriegszeit »Aufgewirbeltes Rußland« (Paris 1927). Allerdings wurde die Fortführung solcher Tagebücher in den dreißiger Jahren der Stalin-Ära lebensgefährlich. Wie viele mögen der Vernichtung entgangen sein, wie viele noch in den Archiven unter Verschluß liegen?

I

Bald nachdem die russische Lyrikerin Marina Zwetajewa (1892-1941) ihrem Mann Sergej Efron 1922 aus Moskau über Berlin in die Emigration nach Prag gefolgt war, bemühte sie sich um die Herausgabe ihrer Tagebuchaufzeichnungen der Revolutions- und Bürgerkriegsjahre. Das Buch sollte den Titel »Irdische Zeichen« tragen. Der russische Verlag »Helikon« in Berlin zeigte Interesse. Aus Prag schreibt Zwetajewa an den in Berlin lebenden Kritiker Roman Gul über ihr Vorhaben:

17. Februar 1923.
»Ein Buch mit Aufzeichnungen (Alltag, Gedanken, Gespräche, Träume, das revolutionäre Moskau – eine Art Chronik der Seele), zusammengehalten durch die Jahre (von 1917 bis Ende 1919) und mein Wesen: alles läuft letztlich auf ein und denselben Nenner hinaus.«
5./6. März 1923.
»Helikon hat geantwortet; die Vertragsbedingungen sind hervorragend ... aber: keine Politik. Ich habe meinerseits geantwortet: Moskau 1917-1919 – wie denn, lag ich da noch in der Wiege? Ich war 24-26 Jahre alt, hatte Augen, Ohren, Hände, Füße: und mit diesen Augen sah ich, mit diesen Ohren hörte ich, mit diesen Händen hackte ich Holz (und machte Aufzeichnungen!), mit diesen Füßen ging ich von morgens bis abends über die Märkte und an Wachposten vorüber, – wohin sie mich nur trugen!
Politik gibt es in diesem Buch keine: leidenschaftliche Wahrheit gibt es: die parteiergreifende Wahrheit der Kälte, des Hungers, des Zornes, Des Jahres! (..) Ach, Helikon und Co! Ästheten! Die sich die Hände nicht schmutzig machen wollen!
An ›Politik‹ gibt es in meinem Buch: 1) die Fahrt zu einem Requirierungs-Punkt (der Roten), – jüdische Offiziere, russische Rotarmisten, Bauern, den Waggon, Raubzüge, Gespräche. 2) Meine Arbeit im ›Narkomnaz‹ (reinster Humor! Grausiger). 3) Tausend kleine Szenen: beim Schlangestehen, auf den Plätzen, auf den Märkten (..), – der ganze Alltag des revolutionären Moskau. (..) Soviel über die ›Politik‹. Darüber hinaus aber – alles: Träume, Gespräche mit Alja, Begegnungen mit Menschen, die eigene Seele, – mein ganzes Ich. Das ist kein politisches Buch, keinen Augenblick lang. Das ist – eine lebendige Seele in der Todesschlinge – und trotzdem lebendig. Der Hintergrund ist düster, nicht ich habe ihn ausgedacht.«
11. März 1923.
»Helikon (der Frechling!) antwortet nicht, ob er es nun nimmt

oder nicht. (. .) Das Buch ist interessant, ganz klar sind zwei Elemente: das alltägliche Dasein (das heißt die Revolution) und das Sein (ich). Halten Sie das nicht für Unverschämtheit – das Sein, das ist das, wie es sein soll, man braucht doch wenigstens ein Eckchen auf der Welt, das nicht entstellt ist!«

27. Mai 1923.

»Das Buch ist (. .) zutiefst wahrheitsgetreu und durchaus widersprüchlich. (. .) Es ist ein Buch des lebendigen Lebens und der Wahrheit, das heißt politisch (das heißt aus dem Blickwinkel der Lüge!) fällt es mit Sicherheit durch. In ihm gibt es bezaubernde Kommunisten und untadelige Weißgardisten, erstere werden nur die letzten sehen und letztere nur die ersten.«

9. Juni 1923, an den Literaturkritiker Alexander Bachrach:

»Und noch eine Bitte: Finden Sie mir einen Verleger für ein Buch mit Prosa, ›Irdische Zeichen‹, – Moskauer Aufzeichnungen von 1917 bis Ende 1919. Hier sind Moskau, die Revolution, der Alltag, meine Tochter Alja, meine Träume, Gedanken, Beobachtungen, Begegnungen, – eine Art Tagebuch der Seele und der Augen. (. .) Riffe dieses Buchs: die Konterrevolution, der Haß auf die Juden, die Liebe zu den Juden, die Lobpreisung der Reichen, die Bloßstellung der Reichen, bei unzweifelhaftem Weißgardistentum – voller Tribut der Begeisterung für einige untadelige, noch lebende Kommunisten. Und außerdem: wilde Liebe zu Deutschland und Verspottung des Hornochsen-Patriotismus (der Russen!) im ersten Kriegsjahr.

Mit einem Wort, der Verleger muß, wie mein eigener Brustkasten, alles aufnehmen können. Hier sind alle empfindlich berührt, alle beschuldigt, alle gerechtfertigt. Es ist ein Buch der Wahrheit. – – – So ist das. – – –

In Stücke reißen werden dieses Buch (mit den Zähnen!) alle . . . außer den wirklichen, nicht-voreingenommenen, die wissen, daß die Wahrheit eine Überläuferin ist. Aber solche gibt es wenig.«

Als Ganzes konnte das Buch zu Lebzeiten Zwetajewas nicht erscheinen. All seine Gleichzeitigkeit des Ungleichzeitigen, diese ureigenste revolutionäre Kraft der Literatur, war den Verlegern aus jeweils anderen politischen Gründen nicht genehm. Ab 1924 erschienen lediglich Teile daraus in verschiedenen Zeitungen und Zeitschriften der russischen Emigration. Diese Publikationen bilden die Grundlage zur vorliegenden Ausgabe. Gelegentliche Überschneidungen zwischen den Texten, etwa zwischen »Meine Arbeitsstellen« und »Irdische Zeichen«, wurden beibehalten. Sie ergeben sich daraus, daß Zwetajewa ein und dasselbe Tagebuchmaterial für verschiedene Veröffentlichungen neu zusammenstellte, und sind Ausdruck ihres jeweiligen Kompositionswillens. An Fürst Dmitrij Schachowskoj, den Redakteur der Brüsseler Exil-Zeitschrift »Blagonamerennyj« (»Der Wohlgesonnene«, im vorrevolutionären Rußland auch: »Der Regierungstreue«), der ihre Aphorismen »Über Dankbarkeit« herausgab, schreibt sie am 30. Dezember 1925:

». . . ›Dankbarkeit‹, ›Über Liebe‹, ›Aus dem Tagebuch‹ und alles, was noch in den Spalten der Zeitungen erscheinen wird, ist eins, das heißt, getrennt nur durch die Tagebuchseiten, auf denen es geschrieben steht. Tag für Tag, Stunde für Stunde, Augenblick für Augenblick – sind einander nicht gleich. Aber im Endergebnis – mein ganzes Ich. *›A prendre ou à laisser‹* und *›plutôt à laisser qu'à prendre‹* [Nehmen oder es bleiben lassen, und eher es bleiben lassen als nehmen].
Das Gespräch mit Antokolskij ist einfach ein Spiel der Phantasie. Als solches gebe ich es auch wieder. Ich bin kein Philosoph. Ich bin ein Dichter, der auch denken (Prosa schreiben) kann.
Meine einzige Sünde ist die, daß ich diese Auszüge getrennt veröffentliche. Gäbe es in Rußland einen Zaren oder wäre ich in Rußland, würde dieses Tagebuch sofort und vollständig gedruckt. Da stünde das lebendige Leben vor Augen, besser –

meine ganze unteilbare Seele. Aber so – Bruchteile, Auszüge ... *Misère de nous!* [Unsere Misere]«

Die vorliegende deutsche Übersetzung ergänzt Zwetajewas »Irdische Zeichen« um zwei weitere, 1934 in Paris entstandene Erzählungen desselben Tagebuchstils. Im Unterschied zu ihren autobiographischen Erinnerungen, die retrospektiv in den 30er Jahren im Exil geschrieben wurden (etwa »Vater und sein Museum«, 1933, oder »Mutter und die Musik«, 1935), handelt es sich hier, von »Oktober im Waggon« bis zu »Der Chinese«, um unmittelbar gegenwartsbezogene und vor Ort entstandene Texte, um Tagebuchprosa eben. Einzige Ausnahme und zugleich Brücke zwischen den Moskauer Aufzeichnungen und denen des französischen Exils ist das eigenwillige Portrait »Über Deutschland«. Es entwirft aus dem Moskau des Bürgerkriegs heraus (und, wie Zwetajewa an Bachrach schreibt, in scharfem Gegensatz zum Feindbild des Ersten Weltkriegs) das Idealbild eines Deutschland des Geistes, – den ersehnten ›jenseitigen‹ Ort, der sich im Exil dann alles andere als wunderbar ausnehmen sollte.
Gerade an den Pariser Tagebucherzählungen läßt sich aber erkennen, daß die ungewöhnlich sprach- und lebensbewußte Lyrikerin ihren in Moskau begonnenen Weg mit erschreckender Konsequenz auch im Exil weiterging. Wenn nun diese Sammlung »Auf eigenen Wegen« betitelt wurde, so hat das noch einen anderen Grund als nur den, daß sie mehr als der ursprünglich von Zwetajewa geplante Band »Irdische Zeichen« umfaßt. Unter »irdischen Zeichen« verstand Zwetajewa dreierlei: Einmal bedeutet es – ein ungewöhnlicher Gebrauch dieses Wortes – soviel wie Ritus: »Ich bekreuzige mich immer, wenn ich über einen Fluß fahre (. .). Gibt es im Volk solch einen Brauch?« Am häufigsten wird es im Sinn von »Vorzeichen« verwandt, so auch in Zwetajewas geplantem Buchtitel. Doch ist die Zukunft dieser neuen, nachrevolutionären Epoche eben ablesbar aus ihren konkreten irdischen Anzeichen.

Zeichen der Erde treten an die Stelle der einstigen Zeichen des Himmels, an denen noch Puschkin sein Schicksal (»Vorzeichen«, 1829) und das seiner Zeit ablas (in »Vorzeichen«, 1821, verbirgt sich auch ein Zeitgedicht). Schließlich meinen die »irdischen Zeichen« Zwetajewas aber auch ihre tägliche Arbeit, ihr poetisches Werk, und von dem sagt sie: »Ich stehe für keines meiner irdischen Zeichen ein (. .). Ich stehe nicht einmal für die Gesamtheit meiner irdischen Zeichen ein, ich stehe nur ein für ihr Recht auf Existenz und für die Wahrheit – meiner Existenz«, also – für ihren eigenen Weg.
1924 wurde in Prag die russische Zeitschrift »Auf eigenen Wegen« (»Swoimi putjami«) gegründet. Einer ihrer Initiatoren und Redakteure war Zwetajewas Mann Sergej Efron. Der Name der Zeitschrift scheint auch ein mot propre für den Menschen Zwetajewa zu sein. In der Nummer vom August/Oktober 1925 antwortet die Autorin auf eine Umfrage der Zeitschrift über den gegenwärtigen Stand der russischen Literatur und beginnt:

»Heimat ist nicht die äußere Bedingtheit eines Territoriums, sondern die Unverbrüchlichkeit des Gedächtnisses und des Bluts. Nicht in Rußland zu sein, Rußland zu vergessen – kann nur der fürchten, der Rußland außerhalb seiner selbst denkt. Wer es aber in sich trägt – der verliert es erst zusammen mit seinem Leben.«

Die Tagebücher waren für Zwetajewa solch ein unverbrüchlicher Heimatort und – bei aller untrüglich scharfen Wahrnehmung der irdischen Zeichen ihrer Zeit – ein Freiraum, ungehindert »auf eigenen Wegen« gehen zu können, oder richtiger: diese überhaupt erst zu suchen.

II

Als am 25. Oktober (7. November) 1917 die Revolution ausbricht, ist Marina Zwetajewa gerade 25 Jahre alt. Mit ihren beiden ersten Lyrikbänden – »Abendalbum« (1910) und »Laterna magica« (1912) – hat sie bereits Anerkennung gefunden und ein vielversprechendes Dichtertalent bekundet. Im Sommer 1911 hatte sie im Haus von Max Woloschin – einem ihrer ersten Rezensenten, der bald ein Freund und selbstloser Förderer wurde – in Koktebel auf der Krim den ein Jahr jüngeren, tuberkulosekranken Sergej Efron kennengelernt, dessen Mutter, die Revolutionärin Jelisaweta Efron-Durnowo, sich im Jahr zuvor in der Verbannung in Paris das Leben genommen hatte. »Wir sind 17 und 18 Jahre alt. Ich gelobe mir, mich niemals von ihm zu trennen, was auch geschehen mag«, erinnert Zwetajewa sich 1939. Im Herbst 1911 beziehen sie gemeinsam eine Moskauer Wohnung. Im Januar 1912, beide noch Gymnasiasten, heiraten sie, gegen den Willen von Zwetajewas Vater und gegen alle Bedenken der Freunde. »Wir werden uns niemals trennen. Unsere Begegnung ist ein Wunder. (..) Er ist mir der allernächste fürs ganze Leben. Ich könnte niemals irgendeinen anderen lieben, in mir sind viel zuviel Schwermut und Widerspruch. Nur mit ihm zusammen kann ich so leben, wie ich lebe – vollkommen frei« (an Wassilij Rosanow, den 7. März 1914). Im September 1912 wird ihre erste Tochter Arijadna (Alja) geboren. Im April 1917 kommt Irina zur Welt.
Sergej Efron, der seit 1916 die Alexander-Offiziersakademie besuchte, schloß im Juli 1917 mit dem Fähnrich-Examen ab und wurde ins 56. Reserve-Regiment der Infanterie versetzt. Die Arbeit dort geht über seine Kräfte. Er und Marina bitten Woloschin, sich für seine Versetzung zur Artillerie auf die Krim zu verwenden. In Moskau herrscht Lebensmittelknappheit, der Winter steht bevor und Zwetajewa ist vom Alltag so ausgezehrt, daß sie an eine Übersiedlung auf die Krim denkt,

zumindest aber sich dort einen Monat erholen möchte. Noch zögert sie, ohne Serjoscha abzureisen. Am 19. Oktober jedoch fährt sie alleine nach Feodossija zu ihrer Schwester Anastassija (Assja). Dort erlebt sie, gerade in das Buch von Anatole France »Der Garten des Epikur« vertieft, den 25. Oktober: betrunkene Soldaten, die einen Weinkeller plündern ... Am 31. Oktober reist sie, in völliger Ungewißheit über das Schicksal ihres Mannes, nach Moskau ab. Drei Tage und zwei Nächte lang dauert die Fahrt. Am 2. November beginnt sie Tagebuch zu schreiben. »Oktober im Waggon«, – das ist die Geburt der Prosaautorin Zwetajewa. Waren ihre bisherigen Gedichtbände schon ein lyrisches Tagebuch (eine »Chronik der Seele«), so hat die Tagebuchprosa noch etwas Wesentlicheres mit ihrer Lyrik gemeinsam. Sie entspringt demselben Urimpuls: einem Anschreiben, oder besser: Ansprechen gegen den Tod. Sie ist eine einzige Beschwörung des Lebens, so sehr eingebunden in die konkrete, gegenwärtige Situation und so sehr bezogen auf den angesprochenen Partner, daß sie sich in Brief-Form, wenn nicht unmittelbar im Dialog äußert: »Wenn Sie leben, wenn ich Sie noch einmal wiedersehen darf –«, »wenn ich Ihnen schreibe, gibt es Sie, denn ich schreibe Ihnen ja!«

Am Morgen des 3. November kommt Zwetajewa in Moskau an. Sergej Efron lebt. Er hatte seine Uniform gegen einfache Kleidung vertauscht und sich so aus der Offiziersakademie retten können. Jetzt will er nach Südrußland, wo sich die Weiße Armee formiert. Als sie noch am selben Tag nach Koktebel abreisen, lassen sie die Kinder in Moskau zurück. Während der folgenden drei Wochen auf der Krim beschließen sie, daß Marina die Kinder nachholen und mit ihnen bei Woloschin leben soll. Am 25. November reist Zwetajewa wieder nach Moskau ab. Ihre Prosa »Oktober im Waggon« dokumentiert nun aber noch etwas Neues im Unterschied zur bisherigen Lyrik. Erstmals bricht Geschichte, die ganze Vielfalt der sie umgebenden Wirklichkeit in Zwetajewas bis dahin exklusive – und nicht allein ihrer Zugehörigkeit zum Moskauer Großbürgertum wegen exklusive – Welt ein: die Tataren in Otusi, die Waggon-Gespräche, die geflügelten Worte des unbekannten ›einfachen Mannes‹ (»Gott, Genossen, ist der größte Revolutionär!«), Volkssprache . . . In Moskau angekommen, ist ihr jedoch eine Rückkehr auf die Krim durch die politische Realität verwehrt: Zwischen Norden und Süden, Rot und Weiß hat sich eine Front gebildet, der Bürgerkrieg hat begonnen. Am 18. Januar 1918 sieht Zwetajewa Sergej Efron zum letzten Mal. Heimlich war er für einige Tage nach Moskau gekommen, bevor er – »Marina« auf seinen Offiziersdolch eingeritzt und mit dem Abschiedswort »Leben Sie!« – nach Rostow am Don abfuhr, um sich der Freiwilligen Armee von General Kornilow anzuschließen. Sie wurde im April 1918 bei Jekaterinodar grausam geschlagen. Aber bis zum März 1919 weiß Zwetajewa noch, daß ihr Mann lebt. Dann bleibt sie ohne jede Nachricht von ihm.

Alleine, mit zwei kleinen Kindern und ohne jedes Einkommen (ihre 100 000 Rubel »arbeitsloses Einkommen« auf der Staatsbank verliert sie, doch dieser Verlust schmerzt sie am wenigsten) ist Zwetajewa zum ersten Mal in ihrem Leben ganz allein auf sich angewiesen. Ihr Haus in der Borisoglebskij-Gasse No. 6 (die heutige Pisemskaja), wo die Efrons seit 1914 lebten, wird requiriert (»ausgeraubt und demoliert«, schreibt sie der Schwester Assja) und »proletarischen« Familien zur Bewohnung freigegeben. Zwetajewa, ihren beiden Töchtern und dem Kindermädchen Nadja bleiben immerhin drei Zimmer, damals beinah ein Luxus. Den Kampf gegen Hunger und Kälte führt sie mit nichts als ihren Gedichten und der Hilfe von Freunden. Es ist das Jahr 1918, in dem Zwetajewa die Worte »mieux vaut être qu'avoir« und »Freundschaft heißt Handeln« zu ihrer Devise macht. Als Mutter von zwei kleinen Kindern ist sie zwar von der Arbeitspflicht befreit, erhält jedoch auch keine Lebensmittelzuteilungen. Die Erzählung »Freie Fahrt« gibt ein Bild von der Mühsal des Überlebens. Am 15. September 1918 reist Zwetajewa zur Beschaffung von Grundnahrungsmitteln für zwölf Tage in die Provinz. Die Konfrontation mit der alten, »ewigen«, ewig leidenden Welt der Bauern und der neuen, blutig ideologischen Welt der Rotarmisten entlädt sich in groteske, humoristisch-scharfe, schreckenerregende und herrlich schöne Notate einer Frau, die keiner der beiden Welten angehört, in beiden Paria ist. Nur der Rotarmist »Rasin« unterscheidet sich von der einfachen Tagesmoral des Stärkeren. Er ist ein Mensch, der Widersprüchliches in sich zusammenhalten kann: ein Kommunist, der ungebrochen die Ansichten seines Vaters ehrt und die Erinnerung an das vorrevolutionäre, österliche Moskau bewahrt. Das erst macht eine Verständigung zwischen ihm und dem Dichter möglich. Seine Erzählung der Kitesch-Sage schenkt Zwetajewa ein Bild, in dem sie von da an Macht- und Zeitenwechsel, das Fortleben (Fortklingen) der alten, erinnerten Welt in der neuen, gegenwärtigen darstellen wird. Schon in den »Irdischen Zeichen« begegnet das Kitesch-Motiv wieder als Metapher für jenen überzeitlichen Ort der Seele, der sich mit jedem Trennungs- und Verlusterlebnis reicher bevölkert.

Am 26. November 1918 schließlich nimmt Zwetajewa vorübergehend eine Arbeit im Volkskommissariat für Nationalitätenfragen an, um so zumindest für die Kinder Lebensmittelrationen zu bekommen. Das Archivieren von Zeitungsmeldungen über die Siege der Roten Armee und die Niederlagen der Weißen ist ihr zuwider, aber ihrem obersten Dienstherrn, Stalin, offenbar vonnöten. Unter seinem Schutz gewissermaßen schreibt Zwetajewa am Arbeitsplatz drei ihrer Versdramen (»Das Abenteuer«, »Fortuna« und »Das Ende Casanovas«), stiehlt bedenkenlos Papier und Tinte und portraitiert ihre Mitarbeiter. Dazwischen notiert sie Straßenszenen, Begegnungen und das endlose Schlangestehen. »Die Schlange – das ist mein Kastalischer Quell!« vermerkt sie zur selben Zeit. Aber auch die Geschichte des Gebäudes, in dem sie arbeitet, gibt ein Bild der Zeit: einst gräfliches Palais, jetzt Volkskommissariat, bald »Palast der Künste« (und heute das Haus des Schriftstellerverbands in der Worowskij-Straße 52). Und immer wieder gelingt der Phantasie – sei's im Dialog, sei's in Gedanken – aus aller existentiellen Bedrückung heraus die Volte in den Humor, die Freiheit. Die Szene, in der dem Abteilungsleiter X ein Kater ins großbürgerliche Prunkgemach gesetzt wird, weist voraus auf Margarita (aus Bulgakows Roman »Der Meister und Margarita«, 1928-40), die als Hexe in der Spießerwohnung eines mächtigen Literaten lustvoll wütet. Es sind diese »Fröhlichkeit, die Gedankenschärfe, die Ausbrüche von Freude beim geringsten Gelingen, die leidenschaftliche Gespanntheit der ganzen Existenz«, die Zwetajewa die Wände ihres Dachbodens mit lauter Gedichtzeilen und Notabene fürs Notizbuch bekritzeln lassen. Die Erfahrung der Solidarität, die ihr vor allem von den ›einfachen Menschen‹ und weniger aus den ›besseren Kreisen‹ kommt, schlägt sich in den Tagebuchnotizen nieder, schlägt um in die Lust an der Verantwortung. Trotz des ungeheuer schweren und zuinnerst einsamen Alltags oder vermutlich gerade seinetwegen bricht in den Jahren 1917-22 eine große schöpferische Produktivität aus, die sich erstmals auch in anderen Gattungen versucht. Sechs romantische Versdramen (1918-19) entstehen, vier volkstümliche Verspoeme (1920-22), fünf Gedichtsammlungen, von denen »Das Lager der Schwäne« (1917-20) und »Handwerk« (1921-22) vor allem an Sergej Efron gerichtet sind, und schließlich auch die sogenannten »Notizbücher«, eine Mischung aus Tagebuch- und Arbeitsnotizen, die Zwetajewa in den Jahren 1917-1920 beinahe alles bedeuten. Dicke, selbst zusammengenähte Hefte füllt sie auf dem Dachboden in der Boris-und-Gleb-Gasse mit den irdischen Zeichen ihrer Zeit, dem Material für ihre ersten Prosastücke, die von 1924 an in der Emigration erscheinen werden. Es ist wohlgemerkt nicht die Emigration, sondern die Revolution, die Zwetajewa zur Prosaautorin gemacht hat. Doch noch bleibt all das im Verborgenen. »Von 1912 bis 1920 habe ich kein Buch veröffentlicht, obwohl ich ununterbrochen

schrieb ... Ich lebte, die Bücher lagen« (an Jurij Iwask, den 4. April 1933).
Ins Jahr 1918 fällt Zwetajewas kurze, aber intensive Beziehung zum Theater. Durch den Dichter Pawel Antokolskij, Schauspieler und Regieschüler bei Wachtangow im III. Studio des Künstlertheaters, lernt sie andere Theatermitglieder kennen, hält Leseabende im Studio und schreibt (weniger gute) romantische Versdramen, deren Hauptrollen auf bestimmte Schauspielerfreunde hin gestaltet sind: »Der steinerne Engel« etwa für Sonja Holliday, die Figur des Lauzun in »Fortuna« für Jurij Sawadskij, »Das Ende Casanovas« für Alexej Stachowitsch. Wie in all ihren Beziehungen sucht sie auch ihren Erfahrungen mit dem Theater auf den Grund zu gehen, im sprachlichen Kondensat eine Bestimmung seines Wesens und seiner Wirkungsweise zu gewinnen. So definiert sie in den »Irdischen Zeichen« ihren eigenen Standpunkt, das heißt Wesen und Aufgabe des Dichters, im Kontrast zum Schauspieler neu. Auch gibt sie hier ein knappes Bild ihrer identifikatorischen (doch in der Selbstreflexion schon wieder aufgehobenen) Zuschauerhaltung: »Ich gehöre zu den Zuschauern, die nach Beendigung des Mysteriums Judas in Stücke reißen.« Höher als die Lust am ästhetischen »als ob« setzt sie das existentielle Für-wahr-Nehmen der Kunst, eine Art Lust an der Verführung zum Ernst, die jedoch an der Schauspielkunst kaum Befriedigung findet. Mit einer Ausnahme allerdings: dann nämlich, wenn Wort und Wesen des Schauspielers in seiner Stimme zur Deckung kommen und eins werden. Eine solche durch ihre existentielle Wahrheit »bezaubernde« Stimme hatte für Zwetajewa der 65jährige Alexej Stachowitsch. Als einstiger Gardeadjutant und Aristokrat war er ein Angehöriger der alten Welt, für den es in der neuen keinen Platz mehr gab; nur das Theater, zu dem er ursprünglich als Rebell gekommen war, bot ihm noch ein Refugium. In ihrem literarischen Essay »Die Zeder« (1923) über Fürst Sergej Wolkonskij findet Zwetajewa eine Formel für jene Generation und die mit ihr zugrunde

gehende Kulturepoche: »Die Bauern wurden 1603 an die Scholle gebunden, die Adligen (1918) – an die Luft.«
Als Stachowitsch – der so ganz »18. Jahrhundert«, das heißt »Leben« war – Selbstmord begeht, fragt sie sich mit übersteigertem Schuldvorwurf, ob nicht Liebe ihn hätte erden können. Ihr Nachruf »Der Tod Stachowitschs« markiert ihren Abschied aus der Theaterwelt und, mehr noch, den Beginn einer Reihe von Prosa-Epitaphen, die sie einer an der Revolution zerbrochenen Generation setzen wird. Die Revolution hat Zwetajewa nicht nur zur Prosaautorin gemacht, sondern auch zur öffentlich und stellvertretend für eine ganze Gesellschaft Trauernden. Doch sind diese Epitaphe alles andere als schwächlich morbide Nekrophilie oder ein spannungslos elegisches Lamento. Es ist noch einmal und immer wieder »irdisch«-konkrete, scharf konturierende, ins Allgemeine umschlagende persönliche Rede: Lebendes über Lebende.
Neben den Tagebuchtexten mit einem größeren Erzählzusammenhang begegnet man in den thematisch zusammengestellten Aphorismen-Sammlungen »Über Liebe« und »Über Dankbarkeit« sowie in den Alltagsbeobachtungen und Reflexionen »Irdische Zeichen« Zwetajewa gewissermaßen bei der Arbeit im Sprach-Steinbruch. Wie sie da Worte und Klänge herausschlägt, die genau das Material für die Form ihres Gefühls oder Gedankens abgeben, das sich schließlich zur festen Formel fügt, – das beschreibt auch ihren Weg vom ersten Eindruck bis hin zum maximal verknappten lyrischen Vers: »Ich denke nicht, ich höre zu. Dann suche ich nach der genauen Verkörperung im Wort. Das Ergebnis ist der eisige Panzer einer Formel, darunter – nichts als Herz.« Die kompromißlose Genauigkeit, Freiheit und Unabhängigkeit ihres Fühlens – fern von erstarrter, abgestandener Moralität, aber auch fern von breiigem Überwältigtwerden – zog sich natürlich den Vorwurf zu, »rationale Überlegung« und nicht Gefühl zu sein. Doch das Bemühen um Genauigkeit und Deutlichkeit der Gefühle – etwa eines im Hungerjahr 1919 so aktuellen wie der Dankbar-

keit, von »Sein und Nichtsein im Geliebten« ganz zu schweigen – meint letztlich ein Bemühen um Klarheit in den menschlichen Beziehungen. Dabei ist in all dieser Gefühlsanalytik und Anatomie des Augenblicks »die Auswahl der Worte vor allem eine Auswahl und Reinigung der Gefühle. Die Arbeit am Wort ist die Arbeit an sich selbst«, schreibt sie Alexander Bachrach 1923. Robert Musils gefordertes »Erdensekretariat der Genauigkeit und Seele«, – in Zwetajewa hätte es eine Erste Vorsitzende gehabt.

Wendungen wie »ich fühlte – ich hieß mich fühlen –, daß« oder »[ich] suggerierte es ihm mit all meiner Autosuggestion« (»Der Tod Stachowitschs«) verweisen jedoch auf die innere Tragik eines trotz aller Intensität des Erlebens dem Leben gegenüber mehr und mehr distanzierten Menschen. (Selbst das »Gefühl der Zusammengehörigkeit« mit dem »einfachen Volk« war doch nur eine Nähe »auf 1000 Werst Entfernung«.) Der Wunsch, »möge mein ›ich will nicht‹ ein ›ich kann nicht‹ sein: das große und letzte ›ich will nicht‹ meines ganzes Wesens« (»Irdische Zeichen«), sollte sich mit Zwetajewas Selbstmord 1941 in der Evakuierung in Jelabuga auf furchtbare Weise erfüllen. 1919 jedoch notiert sie noch froh: »Das ›du kannst‹ wächst mit jedem Tag.«

Um so unvermittelter mag da neben all der Moskauer Realität das Idealbild »Über Deutschland« stehen. Doch scheint gerade auch sein übersteigerter Bekenntnischarakter eher erklärbar aus Zwetajewas innerster Distanziertheit gegenüber einer ihr plötzlich und gewaltsam nah gekommenen Gegenwart denn aus dem Ärger über das Deutschland-Feindbild der Russen während der Kriegsjahre. Für Zwetajewa ist Deutschland eine Kindheitserinnerung, eng verbunden mit der letzten gemeinsamen Zeit zusammen mit der über alles Maß verehrten Mutter, deren Liebe sie sich nie sicher war. Dennoch war es für Zwetajewa vielleicht die Zeit der innigsten Zugewandtheit zur Welt, vor jedem Trennungs- und Todeserlebnis. Und so lassen sich die vielen Blindheiten ihres Deutschland-Portraits eher aus dessen kompensatorischer Funktion begreifen. Vergessen scheint, daß der geliebte Heine Deutschland nur aus der Ferne der Emigration ertrug, daß Hölderlin eben nach dem Scheitern aller revolutionären Hoffnungen für sein Land die restlichen 36 Jahre in seinem Tübinger Turm krankte (und aus dem Salinen-Assessor Novalis wird bei Zwetajewa, nebenbei bemerkt, seltsamerweise ein Bankangestellter); vergessen scheint auch die eigene einjährige, in Freiburg erlittene Erfahrung wilhelminischer Erziehung zur Unfreiheit. Nein, Deutschland ersehnt sich Zwetajewa in diesem Augenblick als »Festung des Geistes«, »Land der Freiheit« und »Der Musik«. Kurz: dies ist ihr Bekenntnis zur wahrhaft entgrenzenden, leidenschaftlichen, ewigen »Internationale« und Deutschland – nur sein höchst unvollkommener Anlaß.

Währenddessen greift die Realität unerbittlich in Zwetajewas Leben ein. Am 17. November 1919 hatte sie die jüngste Tochter Irina in ein Kinderheim nach Kunzewo bei Moskau gegeben. Während Alja an Malaria erkrankt und zwei Monate von der Mutter gepflegt wird, stirbt Irina am 15./16. Februar 1920 an Unterernährung. In einem Brief vom 25. Februar schreibt Zwetajewa: »Jetzt brauche ich jemanden, der an mich glaubt und sagt: ›Aber Sie sind trotzdem gut – weinen Sie nicht – S. lebt – Sie werden ihn wiedersehen – Sie werden einen Sohn haben – alles wird noch gut werden . . .‹ (. .) Ich habe keine Zukunft, keinen Willen, ich habe vor allem Angst. Besser wäre es zu sterben. – Wenn S. nicht mehr unter den Lebenden ist, werde ich sowieso nicht länger leben können.« Kurze Zeit nach Irinas Tod wird Zwetajewa durch Vermittlung von Freunden Mitglied des »Palasts der Künste« und erhält eine feste Lebensmittelzuteilung. Das tägliche Leben wird etwas leichter. Doch noch immer, seit März 1919, lebt sie ohne Nachricht von ihrem Mann. Er war im November 1919, nach dem gescheiterten Moskau-Feldzug, mit den Resten der Freiwilligen Armee auf die Krim geflüchtet und hatte sich General Wrangel angeschlossen. Mit dem Sieg der Roten Armee im

Kampf um Perekop im November 1920 endete der Bürgerkrieg. Die Krim wurde besetzt. Sergej Efron konnte jedoch in die Türkei flüchten und gelangte von dort weiter nach Prag. Am 14. Juli 1921 erhält Zwetajewa durch Ilja Ehrenburg einen Brief von ihrem Mann: »Ich lebe im Glauben an unser Wiedersehen. Ohne Sie wird für mich kein Leben sein, leben Sie! Ich werde nichts von Ihnen verlangen – ich brauche nichts, nur, daß Sie leben ...« Zwetajewa notiert in ihrem Tagebuch: »Vom heutigen Tag an – Leben.« Anfang Mai 1922 verläßt sie mit ihrer Tochter Alja Moskau. An Rilke schreibt sie rückblickend im Mai 1926: »Aus der russischen Revolution (nicht dem revolutionären Rußland, die Revolution ist ein Land mit seinen eigenen – und ewigen – Gesetzen!) ging ich – durch Berlin – nach Prag.«

»Wenn ich auf jene Jahre des Exils zurückschaue, sehe ich mich und Tausende anderer Russen ein seltsames, aber keineswegs unangenehmes Leben in materieller Armut und intellektuellem Luxus führen, ein Leben unter völlig belanglosen Fremden, geisterhaften Deutschen und Franzosen, in deren mehr oder minder unwirklichen Städten wir, die Emigranten, zufällig unser Domizil genommen hatten. (..) Doch gelegentlich, recht häufig sogar, überkam ein schrecklicher Krampf diese Geisterwelt, durch die wir in heiterer Gelassenheit unsere Kümmernisse und Künste trugen, und sie zeigte uns, wer der immaterielle Gefangene war und wer der wahre Herr. (..) Irgendwo an der Rückseite ihrer Drüsen sekretierten die Behörden die Vorstellung, daß, so übel ein Staat – zum Beispiel Sowjetrußland – auch sein mochte, jeder Flüchtling von vornherein zu verachten war, da er außerhalb einer nationalen Verwaltung lebte; und so begegnete man ihm mit der hanebüchenen Mißbilligung, die gewisse religiöse Kreise einem unehelichen Kind entgegenbringen. Nicht alle von uns waren willens, Bastarde oder Gespenster zu sein ...« So schreibt Vladimir Nabokov in seiner Autobiographie »Sprich, Erinnerung, sprich«. Zwetajewa zumindest (sie war 1925 weiter nach Paris emigriert) war nicht willens, Bastard oder Gespenst zu sein; aber sie hielt auch nicht die Menschen, unter denen sie lebte, für »völlig belanglose Fremde«. Der Franzose, der ihr eine Lebensversicherung verkaufen will, hat ihr staunendes Interesse. Es ist für sie von Belang, daß da ein junger Mann zur größeren Überzeugungskraft seines zwanghaften Sicherheitsdenkens bis ins Groteske hinein »ingeniös« wird. Sie selbst, deren Leben ein einziges riskantes Wagnis ist, aber auch nichts anderes sein soll, erfährt sich daran aufs neue. In dieser Erzählung ist etwas von jener wahrhaft »generösen« russischen Wesensart enthalten, die schon Gogol an ihrem Gegenteil schilderte: »Schiller – nicht jener Schiller, welcher den ›Wilhelm Tell‹ und eine ›Geschichte des Dreißigjährigen Krieges‹ geschrieben hat, sondern der bekannte Schlossermeister Schiller in der Mestschanskaja – ... Schiller war ein echter Deutscher in der ganzen Bedeutung dieses Wortes. Schon mit zwanzig Jahren, in jener glücklichen Zeit, da der Russe in wildem Überschwang draufloslebt, hatte sich Schiller sein ganzes Leben zurechtgelegt und wich keinen Fingerbreit von seinem Ziel ab ...« (»Der Newskijprospekt«). Aber auch der Ausländer in Gestalt des Chinesen ist für Zwetajewa von Belang. Eine ebenso einfache wie humorvolle Solidarität verbindet diese beiden camarades de danger et d'orgeuil blessé. In »Der Chinese« und »Die Lebensversicherung« gelingt Zwetajewa die Integration von Alltagsbeobachtung, Ich-Aussprache (einmal auch in der dritten Person!) und aphoristischer Reflexion. Hier tritt deutlich die Erzählerin hervor. Und gegenüber den früheren, wie unter Hochdruck produzierten, atemlos voraneilenden, endlos sich verschachtelnden Satzperioden herrscht nun ein weit flüssigerer Erzählton.

Trotz der äußersten Armut und Schwere ihres Emigrantenlebens blieb Zwetajewa doch innerlich ungebrochen. Bis der ihr Nächste zugleich der Fernste wurde. Sergej Efron hatte sich in Paris dem vom stalinistischen Geheimdienst unterstütz-

ten »Bund der Rückkehrer in die Sowjetunion« angeschlossen und war, wie Zwetajewa im November 1937 erfuhr, an einem politischen Mord beteiligt. Er floh nach Spanien und von dort weiter in die Sowjetunion. Die Tochter Alja war bereits im März 1937 nach Moskau zurückgekehrt. Als Zwetajewa 1938 in Paris begann, ihr Archiv zusammenzustellen, das sie vor der Abreise in Amsterdam und Brüssel hinterlassen würde, schrieb sie auf den Rand der Druckseite von »Oktober im Waggon«, ihrem früheren Schwur getreu: »Und so werde ich denn folgen – wie ein Hund (21 Jahre später), 17. Juni 1938.« Am 12. Juni 1939 trat sie zusammen mit ihrem 14jährigen Sohn Georgij die Rückkehr nach Moskau an. Das Wiedersehen war kurz, an Gedichte nicht mehr zu denken. Im August 1939 wurde Alja verhaftet und ins Lager verschickt. Wenig später, im Oktober, wurde Sergej abgeholt und vermutlich schon bei einem der ersten Verhöre erschossen. Am 31. August 1941 folgte Zwetajewa ihm, freiwillig, ein letztes Mal nach. »Das Allerwertvollste in den Gedichten wie im Leben ist das, was mißlang.«
Georgij fiel 1944. Einzig Arijadna Efron überlebte.

III

Nun wäre es naiv anzunehmen, die hier vorliegenden Tagebuchtexte dokumentierten das wahre, authentische, gar intime Leben Marina Zwetajewas. Sie selbst sah eine solche Lesererwartung voraus und schrieb an Roman Gul am 27. Mai 1923: »Auf dieses Buch wird man sich aus übler Neugier stürzen: so wie man fremde Briefe liest.« Die originalen Tagebücher, die 15 »Notizbücher« der Jahre 1913-1939, befinden sich im Zentralen Staatsarchiv für Literatur in Moskau und bleiben (nach dem Willen von Arijadna Efron) bis zum Jahr 2000 unter Verschluß. Bei dem Veröffentlichten dagegen handelt es sich um von der Autorin ausgewählte und bearbeitete Auszüge. Ist bereits jedes Tagebuchschreiben schon ein Gestalten seiner selbst, das allmähliche Schaffen der »Fiktion einer individuellen Identität« (Manfred Jurgensen), so haben wir es hier also mit erklärtermaßen fiktionaler Prosa zu tun, die einem ganz bewußten Gestaltungswillen unterlag. Dem versucht der Begriff »Tagebuchprosa« Rechnung zu tragen, wobei das Wort »Prosa« eben auf die ästhetische Komponente dieser Texte hinweisen will. Wo aber, so könnte man fragen, ist dann »die Wahrheit«, das »wirkliche« Leben geblieben? Zwetajewa selbst scheint diese Frage noch durch eine Bemerkung in den »Dachbodennotizen« zu komplizieren: »Das Leben meiner Seele – Aljas und meiner – wächst aus meinen Gedichten – Stücken – ihren Heften hervor. Ich hatte nur den Tag aufschreiben wollen.« Ist also das authentische Ich, »die Wahrheit« gerade in der Dichtung zu suchen, während das Tagebuch nur den Tag, das unerhebliche Äußere der Existenz enthält? Daß »Seele« und »Tag«, Werk und Tagebuch so nicht zu trennen sind, belegen jedoch schon Zwetajewas eigene Worte von 1923 über ihr Buch »Irdische Zeichen«: »eine Art Chronik der Seele, zusammengehalten durch die Jahre (. .) und mein Wesen«. Aber wenn jedes Tagebuchschreiben schon an sich eine Fiktionalisierung und Literarisierung des Ich in der Selbstreflexion ist, wann und wodurch wird es dann zum eigens ästhetischen? Etwa allein dadurch, daß die ursprünglich pragmatische Situation (das tägliche Fortschreiben) aufgehoben wird durch eine Veröffentlichung als Buch? Betrachten wir zuletzt einige Merkmale der Tagebuchprosa Zwetajewas näher.

Ein Effekt der Bearbeitung ist zweifellos das Wegfallen der Datierung der einzelnen Tagebuchauszüge. Sie werden nur noch durch größere Absätze voneinander getrennt. Einige Prosastücke haben jedoch Daten beibehalten. So nennt »Oktober im Waggon« die für Zwetajewa wichtigsten Tagesdaten im historischen Geschehen: 2. November 1917, 25. November . . . Auch »Meine Arbeitsstellen« ist – in ironischem Kontrast zum dort geführten Journal der Zeitungsausschnitte! – als Journal der Qual konzipiert, von genau datiertem Vorspiel und Anfang bis zu Ende und Nachspiel der Arbeit; wobei das Scheitern an ihr blitzartig Zwetajewas Scheitern am Kommunismus (nicht an den Kommunisten, wohlgemerkt!) erhellt: ihre Unfähigkeit zu »klassifizieren«. Und auch der Nachruf auf Stachowitsch trägt Daten. Er beginnt bezeichnenderweise erst die Zeit nach Stachowitschs Tod, die Tage der subjektiven Trauer um ihn, zu datieren: 16. März 1919, 19. März ... Ebenso markieren die »Dachbodennotizen« den Tag des letzten Abschieds von Sergej Efron und der Erinnerung an ihn. Die Aphorismen »Über Liebe« schließlich tragen großzügige Jahresangaben: Liebe im Jahr 1917, Liebe im Jahr 1918 ... Überhaupt nicht datiert sind dagegen die großen historischen Ereignisse im Nachtrag zu den »Irdischen Zeichen«: die Erschießung des Zaren, das Attentat auf Lenin ... Das weiß schließlich jeder und nicht darauf kommt es an. In Zwetajewas Tagebuchprosa geht es ganz offensichtlich um die Darstellung einer subjektiven Zeit, deren Geschichte sich gegenüber dem objektiven Zeitverlauf zu behaupten sucht.

Grundlage all ihres Schaffens war unverhohlen von Anfang an ein Festhalten und Verewigen des Subjektiven und Vergänglichen (ich nannte das den »Epitaph-Charakter« ihrer Dichtung). Doch führte dieses literarisch-autobiographische Tagebuch in all seinen verschiedenen Formen bis hin zum letzten Gedicht vom 6. März 1941 zu immer größerer Objektivität und Aussagekraft. Gerade die Tagebuchaufzeichnungen der Jahre 1917-20 sind in ihrer Auswahl und Bearbeitung auch mehr als nur »Notizen« oder flüchtige Bestandsaufnahme »für später«. Im Alltäglichen machen sie etwas so Unanschauliches und zugleich Sensationelles wie »die Revolution« in all ihrer Widersprüchlichkeit anschaulich. Deutlicher noch ist aber ihre Funktion der Orientierungshilfe für das Ich. An seiner ästhetischen Gestaltung läßt sich rückblickend erkennen, wie das Tagebuch als Ariadnefaden diente, der aus dem Labyrinth einer lebensbedrohenden Krise, Vereinsamung und Isolation herausführen sollte. Orientierung heißt dabei für Zwetajewa immer auch Distanzierung, Schutz (das In-Formeln-Bannen des Chaos). Der Ariadnefaden der Selbsterhellung und Selbsterhaltung will aber mehr noch dem eigenen Ich und seiner subjektiven Wahrheit durch die konkret gesehene Wirklichkeit hindurch Wege bahnen.

Diese ständige Suche nach einem Durchbruch ins Leben geschieht im Dialog. Ein dramatisches, sich selbst problematisch gewordenes Ich sucht sich im Dialog mit sich selbst und mit anderen zu vergewissern. Die dialogische Ich-Erzählung der Tagebuchprosa Zwetajewas fächert aus in vielfältigste Rollenprosa, und viele erzählerische Passagen zwischen den unmittelbaren Dialogpartien wirken wie knappe (das Prädikat auf Partizipien verkürzende, wenn nicht ganz auslassende) Regieanmerkungen oder Beschreibungen der jeweiligen Szenerie. Da ist die unverwechselbare, individuelle Rede der Heiratsvermittlerin in Usman, des Rotarmisten »Rasin«, des Esperantisten im Volkskommissariat . . . Und mitten hinein in diese dramatisch-lebendige, wie im selben Augenblick, gegenwärtig sich ereignende Vielstimmigkeit klingen die Einwürfe Zwetajewas, ihre entschiedenen, treffenden Repliken und ihre leisen Beiseite in Klammern. Dazwischen aber, in den reflektierenden Partien, wird der radikalste Dialog geführt, Auge in Auge mit sich selbst; Passagen, die von ihrem Rededuktus her und in ihrer Zuspitzung auf knapp pointierende Formeln der Lyrik Zwetajewas am nächsten stehen.

Es ist gerade diese lebendige Vielfalt individueller mündlicher Rede, die noch einmal neu die Frage nach »der Wahrheit« dieser Tagebuchprosa aufwirft. Zunächst einmal, so hält Zwetajewa in den »Irdischen Zeichen« fest, gibt es der Wahrheiten mehrere: »Jede Wahrheit (aus dem Reich des Dort) muß zur Lüge werden im Reich des Hier. Jede Lüge (aus dem Reich des Hier) muß zur Wahrheit werden im Reich des Dort. Die Wahrheit ist eine Überläuferin.« Im »Hier« ist sie nie ganz zu haben. In den Briefen an Roman Gul spricht sie von der »leidenschaftlichen«, »parteiergreifenden Wahrheit« ihrer Aufzeichnungen und gesteht: »Das Buch ist (. .) zutiefst wahrheitsgetreu und durchaus widersprüchlich.« Deutlicher könnte man es vielleicht umgekehrt sagen: Eben weil es durchaus widersprüchlich ist, ist es zutiefst wahrheitsgetreu und »ein Buch des lebendigen Lebens«. Diese irdischen Zeichen stehen für ihr Recht auf Existenz ein und für die Wahrheit der Existenz ihrer Autorin, die eine vielstimmig widersprüchliche Welt in ihrer Widersprüchlichkeit wiedergibt. Im Offenlegen der einzig subjektiven, unvollkommenen Wahrheit liegt die vitale ästhetische Kraft dieser Tagebuchprosa.

Von daher wird Zwetajewas konsequente Umschreibung des Titels von Goethes Autobiographie als ästhetische Selbstaussage erkennbar. Ihre Bezeichnung »Wahrheit und Dichtung« (in den »Dachbodennotizen«) enthält ebenso Kritik an all dem ›Eingesetzten‹, ›Schematischen‹ und ›Vorsätzlichen‹ in Goethes Lebensbeschreibung wie die Forderung nach einer ›ungezwungenen‹, reicheren Vorführung dieses Lebens selbst. Doch ist sie sich der Gefahr der Selbststilisierung angesichts der Öffentlichkeit natürlich bewußt. Gerade im scheinbar intimsten Teil ihrer Tagebuchprosa, in »Über Liebe« und nur hier, äußert sie sich über die Absicht einer Veröffentlichung und weiß, daß der Leser ihr gerade hier die größte Selbststilisierung und -verteidigung unterstellen wird. Nun, Auswahl bedeutet Stil, aber nicht unbedingt Stilisierung. Es ist vielmehr jene subjektive Wahrheit der Existenz, die sich immer wieder in »Wahrheit und Dichtung« in den Vordergrund drängen wird. Zwetajewa argumentiert bisweilen offen mit ihrer eigenen Unvollkommenheit: Ein wahres Buch über den Hunger im Moskau des Jahres 1919 würde sie gerne schreiben, »wenn nicht diese romantische Strähne in mir wäre, nicht meine Kurzsichtigkeit, nicht all meine Eigenheit, die mich manchmal hindert, die Dinge so zu sehen, wie sie sind« (»Dachbodennotizen«).

Und so müßte wohl eher der Wahrheitsanspruch des Lesers von Tagebuchprosa in Frage gestellt werden. Wieso erwartet er ausgerechnet hier das, was nirgendwo in der Wirklichkeit und auch in keiner anderen Form literarischer Selbstdarstellung zu finden ist: Identität, »Wahrheit«? Liegt doch der ästhetische Reiz von Tagebuchprosa gerade im Fragmentarischen, im vollendet Unvollendeten. Lohnender wäre es, sich auf dieses unabgeschlossene Gespräch eines im Werden befindlichen Ich einzulassen. In den fiktionalen Elementen der Tagebuchprosa Zwetajewas, etwa in ihrer eigenen, subjektiven Zeit, die sich gegen die objektive, sozialpolitische behauptet, liegt die gesteigerte ästhetische Wahrheit ihres Ich.

Die »Irdischen Zeichen« berufen sich auf das alte delphische Orakel, das am Anfang alles Schöpferischen steht: »– Erkenne dich selbst! – Ich habe mich selbst erkannt. – Und das erleichtert mir nicht im geringsten das Erkennen eines anderen.« Daß es Zwetajewa auch auf diese Bewegung ankommt, auf das Erkennen des anderen als einer Erweiterung und Erneuerung des eigenen Selbstverständnisses, das bezeugt ihre Tagebuchprosa bis hin zu »Der Chinese«. In ihr ist der allmähliche »Durchbruch zum sozialen Ich« (Manfred Jurgensen) zu verfolgen: »Verantwortung! Welche Lust kann sich mit dir vergleichen! Und welcher Ruhm?!« Das subjektive Geschichtsbuch Zwetajewas offenbart allerdings auch »die biographische Gegenversion zur gesellschaftlichen Verdammnis« (M. Jurgensen); es beharrt auf einer Freiheit der Rollenwahl und Selbstgestaltung, wie sie letztlich nur Tagebuch oder Werk zuließen.

Am 26. Dezember 1938, kurz nach der Okkupation der Tschechoslowakei durch die Deutschen, bittet Zwetajewa ihre Prager Freundin Anna Tesková brieflich: »Notieren Sie alles über die Tschechoslowakei, alles, all die kleinen Vorfälle (. .). Führen Sie ein Tagebuch Ihres Landes. Wer wird alte Zeitungen wiederlesen? Und auch in die Zeitungen wird wohl nicht alles gelangen. Einfache Aufzeichnungen: Da und da – dann und dann – das und das. Ein paar Zeilen am Tag. Das wird ein Denkmal geben.« Das liest sich wie ein nachträgliches Deuten und Bewerten dessen, was Zwetajewa selbst im Oktober 1917 begann. Doch war ihr Movens damals noch ein anderes, subjektives: Sie beschwor das Leben ihres Mannes und schrieb später um ihr eigenes. Mit der Entdeckung der eigenen Geschichtlichkeit in jener Zeit begann auch Zwetajewas zunehmendes Desinteresse, ja die Abkehr vom rein Literarisch-Fiktionalen: »Den Büchern gegenüber bin ich gleichgültig (. .), das, was ich brauche, schreibe ich selbst« (an Anastassija Zwetajewa, den 17. Dezember 1920). Im Briefwechsel mit Vera Bunina 1933 stellt sie die poetische Anordnung realer biographischer Fakten zu einem die Zeit überdauernden »Denkmal« dem scheinbar zeitunabhängigen, absichtslos »Künstlerischen« wertend gegenüber: »Aufzeichnungen, das Lebendige, alles Lebende (. .) sind meiner Meinung nach tausendmal wertvoller als ein Kunstwerk, in dem alles umgemodelt, eingepaßt und nicht wiederzuerkennen ist« (24. August 1933). Von daher verbindet sie den »Roman« mit Vergänglichkeit und Vergessen-Werden, das »Tagebuch« dagegen mit Fortdauern und Erinnern.

Marie-Luise Bott

Die Übersetzerin dankt Valentina Dondorff und Michail Gasparov für Rat zu Text und Kommentierung. Besonderer Dank gilt Alexej Eisner (St. Petersburg 1905 - Moskau 1984). Seinem Andenken und dem baldigen Erscheinen seiner Erinnerungen an den Spanischen Bürgerkrieg ist diese Übersetzung gewidmet.

Benutzte Biographien:

Maria Razumovsky: Marina Zwetajewa. Mythos und Wahrheit, Wien 1981 (Age d'Homme).

Simon Karlinsky: Marina Tsvetaeva: The Woman, her World and her Poetry, Cambridge/London etc. 1985 (Cambridge University Press).

Anna Saakjanz: Marina Zwetajewa. Stranizy schisni i twortschestwa (1910-1922), Moskau 1986 (Sowetskij pisatel).

Inhalt

Oktober im Waggon
(Aufzeichnungen jener Tage) 7

Freie Fahrt 21

Meine Arbeitsstellen 57

Der Tod Stachowitschs (27. Februar 1919)
(Aus dem Tagebuch) 94

Dachbodennotizen
(Aus den Moskauer Aufzeichnungen 1919-1920) 111

Über Liebe
(Aus dem Tagebuch) 124

Über Dankbarkeit
(Aus dem Tagebuch von 1919) 140

Auszüge aus dem Buch »Irdische Zeichen« 147

Über Deutschland
(Tagebuchauszüge aus dem Jahr 1919) 185

Die Lebensversicherung 199

Der Chinese 209

Anmerkungen 221

Nachwort 245